문예신서
359

마조히즘

권력의 예술

닉 맨스필드

이강훈 옮김

東 文 選

마조히즘

Nick Mansfield

MASOCHISM

차 례

서 론

이 책의 목적은 마조히즘이라고 불리는 특정한 성적 심리 유형에 대한 정의를 내리거나 마조히즘적 행동에 대한 여러 문헌들을 살펴보는 것이 아니다. 오히려 이 책에서 우리는 마조히즘이 어떻게 그리고 왜 하나의 조건으로서 분리되었으며 마조히즘의 구성에서 왜 예술, 특히 문학에서 마조히즘의 재현이 그토록 필수적인 것이 되었나라는 문제를 살펴볼 것이다. 다시 말해서 이 책은 마조히즘을 모더니즘과 포스트모더니즘 문화의 한 전조가 되는 사건, 특히 미학, 권력, 주체 사이의 관계에 놀랄 만한 통찰을 제공해 주는 그러한 사건으로 다루게 될 것이다. 마조히즘은 때로 과학적 범주로서, 때로 재현과 정치의 은유로 작용하면서 정신병리학과 문화 사이의 표면적인 경계를 가로지르고 또 다시 가로지른다. 나의 목적은 단순히 **마조히즘이라는 것이 과연 존재하는가?**라는 질문을 던지는 것이 아니다. 이러한 질문은 단지 미셸 푸코 이후로 거의 유행이 되다시피한 추세, 즉 성적 정체성이란 본질적인 것이 아니라 역사적인 것일 뿐이라는 주장을 반복하는 것에 불과하다. 오히려 나는 **마조히즘이 어떻게 존재하는가?**라는 문제, 그리고 더 중요한 문제로서, 이에 대한 대답이 20세기 문화에 대해 우리에게 무엇을 말해 줄 수 있는가라는 문제를 조사해 보고자 한다.

간단하게 말해서 나의 결론은 마조히즘이 권력에 대한 특정한 실험이며 이 실험에서 주체는 쾌락과 고통, 능동성과 수동성, 권력과 권력의 부재 사이에 차이가 존재하지 않는 그러한 시나리오를 꿈꾼다는 것이다. 1장의 목적은 레오폴트 폰 자허-마조흐의 소설, 지그문트 프로이트와 R. 폰 크라프트-에빙의 정신병리학, 장 폴 사르트르의 철학을 통해 차이가 존재하지 않는 이러한 현상——내가 차이의 부재(indifference)라고 부르는——에 대한 개요를 제공하는 것이다. 이들의 텍스트들은 마조히즘에 대한 허구적 방식과 실제적 방식 사이에 어떤 균형이 존재한다는 사실을 보여준다. 이들은 또한 마조히즘의 현대성, 특수성, 미학에 대한 의존, 권력과 성에 대한 복잡한 조종에 관심을 보인다는 공통점이 있다.

자허-마조흐의 경우에서, 마조히즘적 주체는 그가 통제하는 권력이 타인에게 속하는 것처럼 재현되는 그런 허구적 공간을 구성하려고 시도한다. 그는 상대자로 하여금 자기 자신이 구성한 욕망을 표현하도록 구슬리고 조종한다. 결국 상대자인 그녀는 그의 욕망의 또 다른 형태, 또는 이미지가 되며, 실제로 《모피를 입은 비너스》에서 남녀 주인공들 간에는 복잡한 주체의 교환이 이루어지고 있다. 이 시나리오에서 두 가지 중요한 결과가 도출된다. 첫째, 권력과 권력의 부재를 동시에 극화시키려는 시도가 필연적으로 모순과 불가능성으로 이어진다는 것이다. 둘째, 마조히스트는 그럼에도 불구하고 그러한 불가능이 구체화될 수 있는 영역을 찾아야 한다는 것이다. 이 영역은 미학적 영역으로서, 특히 몇몇 해석자들의 표현을 빌리자면, 마조히즘적 '장면' 또는 '드라마'의 구성을 가능케 해주는 영역, 즉 문학의 영역이다. 사실 미학은 마조히즘적 충동에 실제적 표출구를 제공하는 데 그치지 않는다. 사실상 마조히즘 그 자체가 하나의 미학적 구성물이다. 마조히즘의 모순들과 불가능성들이 화해할 수 있는 유일한 곳은 "쾌락과 고통을 동시에 수반하는"(리오타르, 1984. 77) 그 독특하고도 비논리적인 경험, 칸트에서 리오타르까지 현대미학이 숭고미라고 불렀던 바로 그 독특한 지역이다. 2장은 마조히즘과 이 특정한 방식의 미학 사이의 연관성을 살펴본다. 문학이 마조히즘에 제공하는 드라마의 무대가 될 수 있다는 사실과 마조히즘 자체의 본연적인 미학적 본질이 결합되었을 때 비로소 왜 마조히즘에 대한 모든 사례 연구와 정신병리학적 설명에서 항상 문학의 중요성이 언급되는지를 설명할 수 있다.

3장과 4장에서는 모더니즘 소설에 나타난 마조히즘의 네 가지 중요한 유형들을 살펴볼 것이다. 우선적으로 살펴볼 두 작품은 프루스트의 《잃어버린 시간을 찾아서》와 조이스의 《율리시즈》이다. 여기에 나타난 마조히즘 에피소드들은 1장에서 살펴보았던 차이의 부재와 그에 따른 상호 주체성(intersubjectivity) 문제를 마조히즘적 주체의 좀 더 확실한 모델로 확장시킨다. 이항대립들간의 차이의 부재라는 마조히스트의 꿈은 자체 내에 모든 대상들과 모든 타자들을 포함하려는 불가능하고 비이성적인 주체가 보여주는 환상의 일부이다. 마조히즘적인 '통합적 주체'(total subject)는 동시에 남성이자 여성이기를, 성적 욕망의 주체이자 그 욕망의 대상이기를 꿈꾼다. 이러한 유형의 주체에게는 이질적인 것이 존재하지 않는다. 이항대립들을 전복시키고 이를 무수한 차이들의 장에 산포시키는 (표면적으로 드러나는 해체주의의 필연적인 결과) 대신, 마조히스트는 모든 요소들이 서로간의 적대성을 드러내지 않은 채 공존할 수 있는 그러한 주체를 상상한다.

마조히즘은 급진적 차이로 이어지지 않는, 따라서 매우 골치 아픈 이항대립 형태의 한 모델이 된다. 마조히즘을 다룬 모더니즘의 두번째 작품들——바타유의 《눈 이야기》와 주네의 《장미의 기적》——은 포스트모던 문화가 다른 어떤 것보다도 중시하는 문제, 즉 위반이라는 정치적 전략과 관련하여 앞에서와 동일하게 얽혀 있는 마조히즘의 복잡한 논리를 다시 한 번 보여준다. 이 텍스트들은 위반이 후기구조주의 비평가들이 주장하는 권력의 재구성이 없이도 본질주의나 남근중심주의를 부정할 수 있다는 사실을 보여준다. 흔히 문화적 형태는 권력의 의지처로 간주되고 있지만 여기에서 우리가 보게 되는 것은 문화적 형태의 내부가 아니라 외부에서 위반을 통해 작용하고 있는 권력의 이미지이다.

통합적 주체는 따라서 권력을 조작하며 동시에 거부한다. 이것이 포스트모던 시대에 대부분의 정치적 행위가 이루어지는 방식의 한 모델이다. 이 모델에 따라 대통령에서 압력단체에 이르기까지 권력자들은 항상 자신들의 권력을 부정한다. 이것은 또한 가장 관습적이고 전통적인 권력(즉 남성성)이 작동되고 또 급진적인 이론에 의해 전복되기도 하는 정교한 운용방식의 한 모델이기도 하다. 스스로 모순되고 자신을 부정하는 권력의 구성체로서 마조히즘은 우리가 지금까지 익숙해진 관습적인 정치적 경계를 가로지른다. 이는 주체에 대한 가장 보수적이고 비판적인 이론가들에게서도 발견된다. 또한 이는 프로이트의 글 그리고 푸코나 들뢰즈와 가타리처럼 가장 단호하고 야심만만한 비평가들의 글의 모델이기도 하다. 5장에서는 몇몇 후기구조주의의 핵심적인 텍스트들을 분석함으로써 마조히즘과 문화이론 간의 관계를 세부적으로 살펴보게 된다. 텍스트들 중에는 마조히즘을 직접적으로 다루고 있는 경우도 있고——들뢰즈의 '냉정함과 잔인성'(Coldness and Cruelty), 베르사니의 《프로이트적 육체》, 들뢰즈와 가타리의 공저 일부——그렇지 않은 경우——바르트와 푸코의 글들——도 있다. 여기에서의 목적은 본질주의자들의 주체성에 대해 그토록 급진적인 비평가들이 현대 권력의 마조히즘적 본질을 흐리게 하며 동시에 마치 그것이 전복적인 것인 양 마조히즘의 논리를 반복하고 있다는 사실을 보여주는 것이다. 그들의 태도에는 권력이 항상 유동적인 이성중심주의의 모델들에 순응해야 한다는 것, 다시 말해서 권력은 자기 자신을 통해서만 확인되며 우선권과 동일성을 유지해야 한다는 바람이 드러나 있다. 그러나 마조히즘은 자기 포기를 통해서 자신을 강화하고 자기 부정 나아가 자기 절단 행위를 통해서 스스로를 확장시키는 그러한 권력의 모델을 보여준다. 이렇게 해서 권력은 재구성됨이 없이도 전복의 모든 이미지와 수사학을 펼쳐 보인다. 4장의 논리를 적용해 보면, 권력은 자신을 약화시키는 것이 아니라 강화시키는 방식으로 위반을 조종할 수 있다는 것이다.

이 연구를 통해서 나는 불가능하고 모순되며 숭고미의 형태를 띤 주체를 모더니즘과 포스트모더니즘 시대의 중요한 권력의 한 형태로 제안하고자 한다. 이러한 제안을 하는 목적의 하나는 긍정적이든 부정적이든 마조히즘에 대한 편향된 태도를 지양하는 것, 특히 최근에 페미니스트들 사이에서 상당한 논란의 대상이 되었던 교감적 사도마조히즘에 대해서 편향된 태도를 지양하자는 것이다. 권력과의 유희를 즐기는 사람이나 공상에 빠지는 사람들이 모두 기존의 정치적 구조의 꼭두각시이거나 희생자라고 할 수는 없다. 급진적인 비판이 권력에 대해 흑백논리식 태도를 취한다면, 다시 말해서 권력은 언제 어디서나 나쁜 것이며 정확한 이론으로부터 최대한 거리를 두어야 하고 결코 욕망의 대상이 되어서도 안 된다고 주장한다면 그것은 정직하지 못한 태도이다. 반대로 마조히즘이나 그와 관련된 몇몇 성적 유희가 기존의 이성애적 실천과 정체성을 위반하며 따라서 전복적이라고 보는 시각도 정확치 않다. 마조히즘과 정치 사이의 관계는 그렇게 단순한 범주 속에 포함되지 않는다. 카야 실버만이 〈마조히즘과 남성적 주체성〉에서 주장했듯이 '변태성'은 "항복이자 동시에 반역"(실버만 1988, 32)으로 이해되어야 한다. 마조히즘은 근본적으로 성적, 문화적 투자로 묘사되는 것들을 뒤흔들어 놓는다. 그러나 권력과 투자가 동일시된다고 해서 마조히즘이 권력을 위협하거나 강화시킨다고 생각해서는 안된다. 마조히즘은 자체적인 정치적 형태로 기능하며, 권력을 향하는 경우도 있지만 그렇지 않은 경우도 있다. 모더니즘과 포스트모더니즘 문화의 정치학을 이해하는 열쇠는 아마도 이러한 정치적 형태들을 우리가 신뢰하는 정치적 모델들에 따라 분류하지 않고 있는 그대로 분석하는 데 있다고 할 수 있다.

몇 가지 미리 밝혀두고 싶은 사항이 있다. 첫번째는 마조히즘과 성 사이의 관계에 대한 것이다. 마조히즘의 수동성을 여성성과 동일시한 프로이트의 사려깊지 못한 생각은 이 분야와 관련해서 가장 악명 높은 공헌이라 할 것이다. 이러한 동일화의 문제에 대해서는 프로이트를 논하는 자리에서 좀 더 자세히 언급하게 될 것이다. 지금으로서는 자허-마조흐 연구, 초창기 정신병리학, 모더니즘과 포스트모더니즘 문학, 그리고 철학을 통해 이 책이 다루는 마조히즘 문제가 남성적인 형태라는 것을 밝혀두는 것으로 충분할 것이다. 성의 범주를 조종하는 것은 가장 중요한 마조히즘적 유희이다. 그러나 마조히스트가 여성성을 사칭하거나 여성과 동일시한다 하더라도 결코 그가 자신의 남성성을 포기하는 것은 아니며, 더 수동적이라는 이유 때문에 여성성을 선택하는 것도 아니다. 마조히즘과 여성성 문제에 대해서는 많은 논의가 있었다. 그러나 문학, 철학, 이론을 통한 마조히즘의 문화적 의미에 대한 연구가 반드시 여성성을 중심으로 한 논의로 이어지지는 않는다. 사실은 그 반대이다. 마조히즘은 남성적인 것도 여성적인 것도 아니다. 그러나 역사적으로 볼 때 남성들이 주도한 것이 사실이다. 마조히즘과 여성성의 동일화는 남성성을 수동성보다 적극성으로 보는 조잡한 이항성에 근거한 것이다. 그러나 이는 필자의 입장에서 볼 때 남성적 권력의 본질에 대한 완벽한 오해일 뿐이다.

　두번째 문제는 마조히즘과 사디즘, 그리고 사도마조히즘의 관계에 대한 것이다. 〈냉정함과 잔인성〉에서 들뢰즈가 보여준 바와 같이, 프로이트식의 모델을 날카롭게 비판한 비평가들은 사디즘과 마조히즘 사이에 반드시 연관성이 있는 것은 아니라고 주장했다. 어떤 사람들은 그 혼합 형태인 사도마조히즘이 심리학적 근거가 전혀 없는 허구에 불과하다고까지 주장한 바 있다. 이러한 논의는 근본적인 질문에 다시 한 번 불을 댕긴다. 마조히즘이란 무엇인가? 성적 '지향성'인가? 초자아 기능의 실패인가? 오이디푸스 콤플렉스에 대한 부적응인가? 아니면 여흥인가? 또는 급진적인 미학적 행위인가? 마조히즘은 한편으로 개인의 성적 행위 전반의 중첩된 교차로 위에 존재하지만 다른 한편으로 공적·문화적 교차로 위에 존재하기도 한다. 따라서 성적 정체성의 무형성이나 유동성을 억압하는 방식으로 범주들을 구분하거나 통제해서는 안 된다. 이 모든 것들이 다 마조히즘이기 때문이다. 포기하기 위해서 도움을 요청해야 할 통제 불가능한 성심리학적 충동이든지 자유롭고 즐겁게 선택 가능한 성적 대중문화에 대한 침범이든지, 그 다양한 형태들을 수직적 계층 구조처럼 분류해서는 안 된다. 가장 중요한 것은 마조히즘을 의미와 무의미의 가능성들을 조건지우는, 주체성과 정치학 간의 역동적이고도 모호한 영역으로 들어가는 입구로 보아야 한다는 것이다. 우리가 그토록 조사하기를 원하는 문제의 출발점이지만 언제나 집중적으로 조명하기에 앞서 꺼리게 되는 것은 이것이 성과 관련된 분야의 다른 여러 형태들과 마찬가지로, 예술·철학·이론·문학·정신병리학·개인적 행위에 이르는 매우 복잡한 현상이기 때문이다.

1

마조히즘과 모더니티: 하나의 계보

이 장의 목적은 마조히즘을 '발견'이라는 관점에서 살펴보는 것이다. 마조히즘을 독립적인 것으로 분리시키고 이에 명칭을 부여한 것은 푸코가 **성의 과학**이라고 불렀던(푸코 1980, 53-73) 더 큰 규모의 문제, 즉 성의 병리학 문제에서 상당한 역사적 중요성을 가지는 하나의 사건이라고 할 수 있다. 그리고 이 사건을 분석함으로써 우리는 마조히즘에 대한 논의가 왜 그토록 중요하며 어떻게 그런 중요성을 가지게 되었는지를 이해할 수 있을 뿐 아니라, 마조히즘 자체의 본질에 대한 통찰력도 얻을 수 있을 것이다. 이 사건 속에는 문학·과학·철학 사이의 복잡한 상호 연관성이 드러나 있다. 따라서 이에 대한 분석의 목적은 성심리학적 조건으로서 마조히즘의 기원과 진행 방식에 대한 새로운 이론을 만들어 내는 것이 아니라, 마조히즘을 어느 날 갑자기 생겨난 것으로서 분명하고 과학적인 설명을 필요로 하는 어떤 행위, 그리고 그것을 둘러싼 여러 가지 논의들의 집합체로 이해하는 것이다. 마조히즘의 문화적·역사적 의미는 바로 이러한 복잡한 발전과정에 있다.

이 장에서 논의하게 될 작가들은 필자가 소개하고자 하는 마조히즘의 '현대적' 의미, 모더니티 일반과의 연관성, 특히 모더니즘 문화와의 연관성에 대한 일정한 관점들을 보여준다. 크라프트-에빙은 마조히즘에 명칭을 부여했으며 그 조건을 현대를 규정하는 어떤 특정한 순간으로 이론화시켰다. 자허-마조흐는 문학을 통해 마조히즘을 재생산했고 거기에 자신의 이름을 제공했다. 프로이트는 마조히즘을 정신병리학의 일반 이론에 통합시키려 했으며 사르트르는 현대적 존재를 주체와 타자 사이에서 끊임없이 확장되는 상호 관계의 가능성들로 보면서 이 과정에서 마조히즘을 하나의 핵심적 요소로서 논하고 있다. 마조히즘은 이 네 작가들이 서로 겹쳐지고 간극을 드러내는 가운데 형성된다. 이들은 어떤 의미에서 마조히즘의 이정표라 할 수 있으며 따라서 앞으로 마조히즘과 함께 포스트모더니티와 현재를 향하는 노정에서 이들의 논의를 자주 언급하게 될 것이다.

크라프트-에빙: 마조히즘과 모더니티

우리가 사용하고 있는 '마조히즘'이라는 용어는 리하르트 폰 크라프트-에빙의 《성의 정신병리학》에서 유래한 것이다. 이 용어에 대한 크라프트-에빙의 설명은 매우 함축적이다. "아마 이 성적 변태성을 '마조히즘'이라고 불러도 별 문제는 없을 듯하다. 작가 자허-마조흐가 **그 이전까지 과학의 세계에 그런 식으로는 전혀 알려지지 않았던** 이 변태성을 빈번하게 자신의 글의 토대로 삼았기 때문이다"(크라프트-에빙 1965, 87; 필자 강조). 이 언급에는 세 가지 중요한 개념이 드러나 있다. 첫째, 마조히즘의 현대성, 둘째, 문학과의 관계, 마지막으로 통일성이 그것이다. 이 문제를 순서대로 살펴보자.

첫번째 문제와 관련해서 크라프트-에빙은 마조히즘이 자허-마조흐의 시대 이전까지는 과학의 세계에 알려져 있지 않았다고 말한다. 지금 우리가 언급하고 있는 그 시대는 19세기 말이다. 자허-마조흐는 1836년에서 1895년까지 살았다(렌저 1975, 277). 가장 많이 논의되고 있는 그의 대표적 작품인 《모피를 입은 비너스》의 출판일자는 정확하지 않지만 대체로 1870년일 것이라는 데 의견이 모아지고 있다. 그러나 크라프트-에빙의 말은 역사 발전의 특정 모델을 지칭하는 것도 아니고 어떤 역사적 순간을 지칭하는 것도 아니다. 자허-마조흐는 당시 조금씩 움트기 시작하던 모더니티를 배경으로 글을 쓰고 있었을 뿐 아니라 여기에서 그의 묘사를 보면 모더니티를 그 패러다임으로 하고 있음을 알 수 있다. 이는 발견이라고 하는 모더니스트들의 고전적인 비유를 통해 이루어진다. 발견이란 언제나 완벽한 지식의 분류학이 무한한 확장에 처했을 때 존재한다. 그것은 개인주의와 혁신적 발전의 이미지로서 여기에서 창조력과 통찰력 사이의 구별은 모호해진다. 과학자 개인은 역사적으로 정확하고 중대한 순간에 진리를 재조정한다. 만약 크라프트-에빙의 말처럼 자허-마조흐의 시대 이전까지 마조히즘이 "과학의 세계에 그런 식으로는 전혀 알려지지 않았다"면 마조흐라는 소설가는 변태성에 대한 현대적 과학자인 셈이다. 면역과 마취학의 선구자들처럼, 그는 자신의 신체를 대상으로 실험했다. 자신의 신체와 상상력에 과학적 시행착오라는 모험의 표식을 새긴 것이다.

자허-마조흐의 글은 그를 일종의 현대과학의 영웅들과 같은 위치에 올려 놓았을 뿐 아니라 그의 글 자체가 분명 '현대적'이기도 하다. 일반적으로 볼 때 그의 글은 19세기 소설보다는 주체의 분열을 다루는 모더니즘 소설에 더 가깝다. 또한 구조상으로 볼 때 《모피를 입은 비너스》는 프로이트의 사례 연구의 선구자이기도 하다. 이는 작품의 구조적 장치들 중 한 가지만 보아도 쉽게 알 수 있는데, 이 작품은 부르주아 계층의 서재에서 이루어지는 두 남자들 간의 대화의 형태를 띠고 있다. 두 사람 중 좀 더 완전한 지식을 가진 사람의 이름만이 나타나 있다. 그들의 토론은 두렵고 이해할 수 없는 꿈에 대한 이야기로 시작된다. 게다가 그들이 회상하는 인생은 어린 시절의 성적 경험으로 시작해서 '치유'로 끝난다. 이 외에도 우리는 또 다른 유사성을 발견하게 된다. 예를 들어 프로이트와 자허-마조흐 모두 자신들의 목적을 위해 여성적 주체성의 모델을 이용하고 있다. 한 사람은 리비도로, 또 한 사람은 이론으로 이용했다는 차이만 있을 뿐이다. 그러나 지금으로서는 자허-마조흐의 글이 최소한 고전적인 모더니즘 장르의 하나가 시작되는 그 출발선상에 서 있었다는 사실만을 지적하는 것으로 충분할 것이다.

두번째 요점은 마조히즘의 본질이 문학적이라는 것이다. 크라프트-에빙은 마조히즘의 발견이 문학을 통해 이루어진 것이라는 점을 분명히 하고 있다. 그 이전까지는 과학의 세계에 알려진 적이 없었다는 것이다. 따라서 자허-마조흐의 글은 이미 기존에 존재했던 병리학적 실천을 가장 성공적으로 이미지화한 경우이다. 종래의 상투적인 마이크로 드라마와 그 인물들이 보여주는 마조히즘적 행위는 분명 그 이전에도 있었을 것이다. 그러나 문학을 통해 구체화되기 전까지는 마조히즘의 조건이 명확히 분리될 수 없었다. 그 조건은 문학과 함께 비로소 존재할 수 있게 되었던 것이다. 게르트루드 렌저는 그 순간에 비로소 마조히즘이 "좀 더 현실적인 것이 되었다"(렌저 1975, 248)고 말한다. 이 흥미로운 문구는 지식이 그 대상을 창조한다는 다소 진부한 사실뿐 아니라 19세기 과학과 19세기 문학이 가로지르는 장소——특히 크라프트-에빙의 **현실적인** 것——까지도 반영하고 있다. 정신분석학이 포스트모던 시대까지 소중히 보존했고 마조히즘이 끊임없이 문제화시켰던 것은 바로 이 텍스트성과 살아있는 인간의 경험 사이의 분명하고도 부정할 수 없는 교차점이었다.

마조히즘의 기원은 문학으로부터 분리될 수 없으며 문학 또한 마조히스트의 실천에서 매우 중요한 역할을 한다. 이는 대부분의 정신병리학자들도 인정하고 있는 사항으로서 사실 양자간의 이 특수한 연결관계를 설명하는 것이 본 연구의 목적들 중 하나이기도 하다. 그런데이는 부분적으로 정신병리학의 문학적 특성을 통해 설명할 수 있다. 정신병리학은 결국 일종의 글쓰기이며 문학에서 그 이미지와 근거를이끌어 내기 때문이다. 그러나 좀 더 넓은 의미에서, 나는 그것이 마조히즘에서 주체가 기획한 계획의 논리적 불가능성과 모순들을 전통적으로 역설과 불가능성에 대해 호의적이었던 영역, 즉 미학의 영역 속에 위치시켜야 할 필요성의 결과라고 주장하고 싶다(이에 대해서는 다음 장에서 자세히 논하게 될 것이다). 사실상 크라프트-에빙의 논의에도 문학의 이미지가——거의 사로잡혀 있다고 할 수 있을 정도로——스며들어 있다. 무엇보다도 그의 목적은 쾌락과 고통의 결합이라는 단순하고 표면적인 독해가 아니라 마조히즘에 대한 좀 더 복잡한 설명또는 정의를 제공하는 것이었다. 크라프트-에빙의 분석에 따르면 마조히즘의 핵심은 고통의 즐거움이라기보다는 복종의 '드라마'에 있다. 그리고 이 복종은 환상이나 아이디어와 같은 일종의 허구적 형태로 경험된다(크라프트-에빙 1965, 142). 또한 이것은 어떤 '시적인 것'이 내포되어 있는 하나의 상징적 행위이기도 하다(130). 크라프트-에빙은 이와 같이 마조히즘을 일종의 문학으로 정의하고 있다.

그러나 문학을 자주 환기시키게 되는 이유가 단지 문학이 가진 이미지의 힘과 그 다양성 때문만은 아니다. 프로이트의 경우, 문학적인요소는 사례 연구의 문학적 특성을 통해 계속 재생산된다. 프로이트의 원초적 장면은 무의식 속에서 계속 반복되면서 이후 주체의 정신생활과 성을 결정짓게 되는 계기를 만들어 내는 하나의 마이크로 드라마이다. 이 드라마의 확고함과 재생산성은, 비록 전이되거나 가장

된 형태이겠지만 프로이트에게 심리학을 정의하는 데 근본적인 것이었다. 크라프트-에빙의 경우에서도 유사한 면을 발견할 수 있다. 《성의 정신병리학》이 보여주는 가장 완전한 마조히즘에 대한 정의는 그것이 선천적으로 전해진 것으로서 성적 상대자에 대한 과장된 복종(〈성적 속박〉 137)이라는 것이다. 이러한 인종 심리학적 시각은 분명히 혈연과 가족 관계를 통해 인간의 모든 행동을 병리학적으로 설명하려는 시도의 일부이다. 그런데 그 원인이 역사적인 것이든 현실적인 것이든, 여기에서도 어떤 연극적인 것이 유전처럼 끊임없이 반복 재생산된다는 믿음이 반영되어 있다. 크라프트-에빙의 이미지를 따르자면, '드라마'는 실제로 우리의 핏줄 속으로 들어올 수 있다.

마조히즘에 대한 묘사와 관련해서 우리는 어디에서나 문학을 발견하게 된다. 마조히즘에 대한 과학자들의 글쓰기 스타일에서도 발견되고 마조히스트들의 실제 행동에서도 발견되는데 그들의 행동은 문학적 이미지를 통해서 가장 잘 묘사될 수 있으며 사실 그들이 즐기는 역할 놀이 자체도 문학에서 유래한 것이다. 그리고 무엇보다도, 마조히즘이라는 조건의 명칭 자체가 원래 소설가의 이름이다. 우리는 크라프트-에빙이 자허-마조흐의 이름을 따서 마조히즘이라고 명명했다는 사실을 이미 언급한 바 있다. 크라프트-에빙이 설명한 그 핵심적인 문구를 다시 살펴보자. 그의 설명에 따르면, 마조히즘은 자허-마조흐의 글 이전에는 전혀 **'그런 식**으로는 알려지지' 않았다. 그렇다면 만약 이 소설가의 작품에 나타난 그 특정 요소를 발견하지 못했다면 과연 마조히즘의 통일성과 특수성이 이러한 특정한 형태로 구체화될 수 있었을까? 물론 자허-마조흐의 아이디어나 구조는 크라프트-에빙의 경우뿐 아니라 다른 의학 자료들에서도 중첩되거나 반복되어 나타난다. 그러나 크라프트-에빙의 표현에는 자허-마조흐가 마조히즘의 간단한 지도를 제공하고 자신이 말하고 있는 것이 단순히 우연히 연결된 일련의 쾌락 리스트가 아니라, '그런 식'의 어떤 것이라는 생각을 인정하고 독려하기 전까지는 그 특정한 통일성이 분명치 않거나 쉽게 구별되지 않았다는 사실이 암시되어 있다.

문학과 마조히즘의 상호 관계를 그 출발점에서부터 자세히 언급하는 목적은 모든 형태의 지식이 결국은 문학의 일종일 뿐이라는 후기 구조주의의 정설을 되풀이하려는 데 있는 것이 아니다. 이 논의를 통해 알아보고자 하는 것은 주체성의 의미는 미학적으로 접근해야만 가장 잘 이해할 수 있다는 것이다. 마조히즘의 모순들을 문학 속에 위치시키는 것은 모더니즘과 포스트모더니즘 문화 속에서 불가능성들을 해결하거나 최소한 이를 미학적으로 구체화하려는 지속적인 시도——비록 기원은 아닐지라도——의 일부이다. 따라서 나의 논의의 목적은 포스트모더니즘의 믿음을 반복하는 것이라기보다는 여기에 포스트모더니즘이 무시했었던 역사를 제공해 주는 것이다.

자허-마조흐: 모순적인 욕망들

자허-마조흐의 작품에서 크라프트-에빙으로 하여금 독자적인 명칭이 필요하다고 느끼게 했을 정도로 중요하고 바로 그 명칭이 아니면 안 된다고 생각할 정도로 독창적이었던 그 성적 구성은 정확히 어떤 것인가? 이 문제에 답하기 위해서 지금부터 자허-마조흐의 가장 논란이 많았던 작품인 《모피를 입은 비너스》를 살펴보자. 부분적으로 내가 주장하는 바는 우리가 '마조히즘'이라고 부르고 있는 것을 자허-마조흐의 작품들을 통해서만 이해해서는 안 된다는 것이다. 그의 작품들은 마조히즘의 좀 더 폭넓은 전개 방식의 한 부분이며 여기에는 또한 이 특정한 조건을 분리시키고 이것을 다시 특정한 성적 행위와 의미로 분류하여 그에 대해 쓰고자 하는 충동이 포함되어 있다. 어쨌든 마조히즘과 관련하여 《모피를 입은 비너스》에서 무엇을 알아낼 수 있을까?

분명 이 책에는 가장 직접적인 의미에서 우리가 마조히즘과 연관시키게 된 모든 속성들이 들어있다. 《모피를 입은 비너스》는 지배자 여성에 대한 남성 주인공의 복종 의지를 극화한 드라마이다. 세브린 폰 쿠지엠스키는 카르파티아 산맥에 위치한 요양소에서 젊은 과부인 완다 폰 두나예프를 만난다. 세브린은 숙소 근처의 공터에서 "잔인한 여신"(자허-마조흐 1989)인 비너스의 조각상에 매혹된다. 조각상에 대한 그의 강박증은 곧 완다에게로 전이된다. 그리고 세브린과 완다는 육감성, 기후, 여성의 변덕에 대해서 이야기를 나눈다. 세브린은 자신의 과거를 들려준다. 일종의 가족 이야기인 것이다. 그가 어떻게 젖가슴을 거부했는지, 어떻게 아버지의 서재에서 비너스의 조각상을 끌어안고 키스했는지, 하녀가 자신을 유혹하려 했던 일, 그의 부모가 집을 비웠을 때 소볼 백작부인이 담비모피를 입고 자신에게 채찍질을 가한 일 등을 모두 들려준다. 세브린은 제안을 하게 되고 이는 문서화된 계약서로 구체화된다. 그와 완다는 앞으로 1년간 노예와 여주인으로 살아가게 될 것이고 그 후 결혼한다는 내용이다. 이렇게 해서 세브린이 채찍질과 모욕을 당하는 장면들이 시작된다. 그는 하인으로 살면서 여행 기간 동안 계속해서 모욕과 불편을 감수한다. 그리고 이 과정에서 고통과 모욕에 대한 쾌감, 완다의 모피로 대표되는 의복 페티시, 여성 지배자에 대한 남성의 복종, 채찍질, 속박 등 마조히즘의 전형적인 장면들이 묘사된다. 그런데 완다와 세브린 사이에는 정확히 무슨 일이

벌어지고 있는 것인가? 그들의 관계의 본질은 무엇이며 그것은 무슨 의미인가? 이런 문제에 대답함으로써 우리는 왜 마조히즘이 계속해서 모순, 미스터리, 문제, 역설로서 언급되는지를 이해할 수 있게 될 것이다.

문제의 핵심은 완다의 욕망에 대한 묘사에 있다. 완다는 과연 지배자 여성으로서 자신의 역할을 즐기는 것인가 아니면 세브린을 사랑하기 때문에 억지로 그가 원하는 대로 행하는 것인가? 간단히 답하자면 완다에 대한 자허-마조흐의 묘사가 매우 일관성이 없다는 것이다. 세브린이 계획하고 부여한 역할을 단순히 반복하는가 하면 때로 지배자 여성으로서의 역할을 즐기고 있다고 주장하기도 한다. 한편으로 세브린의 의지의 산물이며 또 한편으로 지배하고 모욕을 주는 독립적인 욕망의 원천으로서 완다가 보여주는 이러한 모순은 마조히즘 문제를 요약해서 보여준다.

마조히스트는 그가 지배자 여성을 위해 스스로 구성했고 요구하는 그 강력한 역할이 실제로 그 여성의 욕망의 표현이라고 믿고 싶어한다. 그 여성은 그의 욕망과 권력의 구현이어야 하며 동시에 그 한계에 대한 폭력적이고 완벽한 재현, 그의 욕망과 권력이 완전히 무력화되고 그 실제성과 유효성이 부정되는 지점이어야 한다. 완다는 세브린이 그녀에게 요구하는 역할을 수행하는 동시에, 그와 우리에게 자신의 역할이 세브린의 욕망에 대한 철저한 거부이고 파괴라는 것을 확신시켜야 한다. 따라서 완다는 그녀 자신에게 부여된 것을 수용하고 실행할 정도로 유순하면서도 또한 자신이 지배자의 역할의 기원이며 이를 설명할 수 있는 독자적인 주체로 보일 정도로 강력한 카리스마를 보여주어야 한다. 완다는 세브린이 요구하는 것을 행해야 한다. 그러나 그녀는 세브린의 권력의 지평선이자 한계가 됨으로써만 그것을 행할 수 있을 뿐이다. 결국 이론적으로 볼 때 권력의 대안적인 원천인 셈이다.

소설의 중요한 장면에서 완다는 자신에게 부여된 것과는 반대되는 행위를 보여준다. 완다와 세브린이 만나는 장면으로 시작하는 이 장면은 곧 지배와 복종의 드라마가 시작될 것이며 이것이 희생자 역인 세브린을 위해, 그의 부탁으로 이루어진다는 사실을 알려준다.

"완다!" 나는 달려가 여인을 끌어안고 키스한다. 그러나 여인은 뒤로 물러서며 나를 위아래로 노려본다.

"너는 내 노예야!"

"주인님!" 나는 무릎을 꿇고 가운에 입을 맞춘다.

"그래, 그래야지."

"너무나 아름답군요!"

"그래서 즐거운가요?" 여인은 거울 앞에 서서 자신의 모습을 비춰보며 만족스러운 표정을 짓는다(104).

세브린이 완다에게 접근했을 때 완다는 이미 역할을 잘 수행하고 있었고, 그는 복종의 쾌감을 느끼며 완다의 발 아래 무릎을 꿇는다. 완다는 그가 스커트에 키스하고 그녀를 찬양하는 동안 사악한 지배자 여성의 모습을 유지한다. 그러나 완다는 그의 찬양을 복종이나 마조히즘적 드라마의 일부로 해석하지 않는다. 그것은 자신의 모습이 연출된 것임을 인정하는 것일 뿐이다. 그녀는 자신의 연기가 만족스러웠는지 묻는다. "그래서 즐거운가요?"

이 장면은 세브린의 각본과 계획에 의한 것임이 분명하다. 완다는 대상화되어 있고 그녀의 질문의 목적은 의상이 세브린의 요구를 충족시키는지——성적 대상으로서 자신의 연기가——여부를 묻는 데 있다. 세브린은 자연스러운 의미에서의 완다가 아니라 그가 키스하는 완다의 의상, 그리고 완다가 거울을 보며 평가를 기대하는 그녀의 이미지에 매혹되어 있다. 여기까지는 별 문제가 없어 보인다. 아직까지는 세브린의 욕망의 권위를 의심하려는 시도가 없기 때문이다. 이 장면의 이중 구조는 명백하다. 마조히즘의 유희는 세브린이 완다에게 복종하는 모습으로 이루어져 있다. 그러나 좀 더 깊이 들여다보면 정반대의 구조임이 분명하다. 완다의 지배는 세브린이 계획한 것이며 그 지배를 통제하고 결정하고 평가하는 것도 세브린 자신이다.

그러나 장면이 이어지면서 세브린의 욕망이 주제로 떠오른다. 그 장면의 원래 극적 논리는 단순한 것이었지만 복잡한 교환 속에서 원래의 관계 구조가 의문시되고 결국 위기를 맞게 된다.

"정말 대단해!" — 나도 모르게 튀어나온 말이다.

"조용히 해, 노예 주제에!" 여인은 얼굴을 찌푸리고는 갑자기 나를 향해 채찍을 휘둘렀다. 다음 순간 여인은 동정심으로 가득 찬 채 내게 달려와 목덜미를 부드럽게 어루만진다. "아팠어요?" 여인이 묻는다. 두려움과 부끄러운 표정이 역력하다.

"아니오, 전혀." 내가 대답한다. "아팠다 하더라도, 당신이 준 고통이라면 제게는 즐거움입니다. 당신만 즐겁다면 저는 상관없습니다."

"하지만 나는 전혀 즐겁지 않아요."

또다시 그 형언할 수 없는 짜릿한 느낌이 온몸을 스친다. "때려 주세요." 나는 애원한다. "인정사정없이 더 힘껏!"(105)

우리는 완다의 행동이 그녀 자신의 욕망에 의한 것이 아님을 다시 한번 확인한다. 그녀는 소극적이기는 하지만 세브린이 원하는 것을 주고자 할 뿐이며 세브린이 다치는 것도 원치 않는다. 이 장면은 분명 세브린의 통제하에 있다. 그러나 그의 욕망이 구현되려면 그는 완다의 욕망과 그 욕망이 반영하는 그녀의 주체적 자율성이 반드시 등장해야 한다고 믿고 있다. 따라서 그녀는 세브린에게 채찍질을 가해야만 한다. 단지 그것이 "그녀에게 즐거움을 준다"는 조건하에서 말이다. 그러나 완다는 채찍질이 자신에게 즐거움을 주지 않는다고 말한다. 그 장면에서 벗어나고 싶은 것이다. 그러나 세브린의 욕망은 걷잡을 수 없이 타오른다. 그는 예전의 관계를 복원하고 이 드라마를 끝내고자 하는 완다의 시도를 무시한다. 결국 그녀의 시도는 극적, 성적 에너지 가 분출되면서 어둠 속에 묻혀 버리고 만다. 물론 세브린은 완다의 일부, 그녀의 욕망을 원하지만 있는 그대로의 욕망을 원하는 것은 아니다. 그는 완다의 욕망을 통해 자신이 원하는 것이 그 장면에서 구체화 되기만을 원하고 있을 뿐이다. 따라서 그녀의 진짜 욕망은 배제되어야 한다. 다시 말해서 마조히즘적 주체는 지배자의 욕망이 그 장면에 구현되기를 원하지만 그것은 동시에 그녀의 욕망에 대한 자기 자신의 욕망과 완전히 일치해야만 한다. 그는 그녀의 주체성이 진심으로 드러나기를 그리고 저절로 드러난 것처럼 보이기를 원한다. 그러나 그가 정해 놓은 테두리를 벗어나거나 마조히즘적 장면의 범위를 거부하는 자율적 욕망이라면 무시하거나 자신의 욕망의 힘으로 파괴시켜야만 한다. 타자의 주체성은 무(無)가 되어야 하며 그것은 통합된 것으로 드러나야 한다.

장면이 진행됨에 따라 우리는 세브린과 자허-마조흐가 완다의 자율적 주체성을 파괴하고자 하는 모습을 보게 된다. 그들의 관계에서 발생하는 모든 일이 세브린에 의한 것이라는 사실을 재확인시켜 주기 위해 그 장면의 도입부에는 세브린의 욕망에 대한 완다의 복종이 반드시 드러나야만 했다. 그러나 이제 그녀는 세브린의 환상이 그녀에게 요구했던 역할, 즉 지배의 욕망이 그녀 자신의 것처럼 드러나는 그러한 역할을 수행하기 시작한다. 완다의 욕망이 드러나는 이 장면은 그러나 그 욕망의 포기가 정점에 달하는 장면이기도 하다. 이러한 욕망의 전이는 완다가 "이런 야만스러운 놀이는 정말 역겨워요. 내가 정말로 자신의 노예를 채찍질할 수 있는 그런 여자라면 당신은 아마 겁에 질려 떨고 있을 거예요"(105)라고 말하는 장면에서 극에 달한다. 이 말은 세브린의 욕망의 심각성을 시험하기 위한 도전이며 그는 완다의 말을 부정하면서 그 도전에 맞선다.

다음 페이지에서 완다는 지배자 여성의 역할을 완전히 떠맡는다. 그녀는 외친다. **"그래, 너는 내 노예야. 여자의 노예가 된다는 것이 어떤 것인지 실컷 느껴보라구"**(106). 그녀는 채찍을 휘두르며 말한다. "네가 애원할 때까지 사정없이 때려 주겠어, 너는 지금까지 숨겨져 온 나의 잔인한 본성을 건드린 거야"(107). 이제 욕망의 전이는 완벽하게 이루어졌다. 마조히스트는 이제 더 이상 그녀가 자신의 욕망에 복종하고 있다고 믿어야 할 필요가 없다. 사실 그의 욕망은 채찍질이 완다의 욕망으로부터 유래한 것처럼 보일 때에만 성취될 수 있다. 처음에는 수줍고 소극적이던 완다가 이제 완전히 자신감에 찬 지배자로 변했다. 이 장면은 완다를 독립적이고 주체적인 인간으로 만들려는 세브린의 욕망의 논리가 완전히 성취되었음을 보여준다. 그런데 자허-마조흐는 여기에서 그동안의 비일관성을 보상하려는 듯 약간 자의식적인 면을 드러내고 있다. 완다가 보여주는 사디즘이 지금껏 그녀의 본성에 깊이 자리잡고 있어서 그녀 자신도 모르고 있었으며 세브린이 어리석게도 이것을 자극한 것이라고 주장하고 있기 때문이다.

자율적인 여성의 주체성이 묘사되고 있음은 분명하다. 그러나 그것은 오랫동안의 조작, 제안, 계획의 종결점으로 묘사될 뿐이다. 분명 있는 그대로, 자신의 모습으로 등장하고 있지만 그것은 마조히스트가 자신의 욕망의 '외부'를 욕망의 과도한 만족이 가능해지는 지점으로 상상할 필요를 느끼는 바로 그 순간에만 등장할 수 있다. 텍스트가 세브린이나 다른 인물들에게처럼 완다에게도 상당한 자율성을 제공하는 경우가 있지만 그런 경우에도 이 특별한 순간은 마조히즘의 주체인 남성이 자신의 의향과 필요성에 따라 미리 지정해 놓은 그 지점에서만 가능할 뿐이다. 게다가 여성의 충동과 비이성성에 대한 계속적인 논의로 인해 여성은 자발적인 하녀에서 변덕스러운 지배자로 갑작스럽게 변화하는데 이렇듯 여성은 변화를 위한 한 지점으로만 기능한다. 마조히즘이 기대하는 목적은 모욕이나 오르가슴이 아니라 여성적 주체를 자율적 존재로 변형시키는 것, 마조히스트의 환상이 보여주는 가변적이고 불안정한 모순들로부터 결코 벗어날 수 없는 지역에 위치한 그러한 권력으로 변형시키는 것이다. 따라서 자허-마조흐에게 여성적 주체는 전적으로 남성 욕망의 한계에 의해 결정되고 그 속에 포함된다. 이는 페미니즘 문학이나 문화 이론에서도 흔히 볼 수 있는 사항이다. 그러나 여기에서 가장 눈에 띄는 것은 여성적 주체의 자율성을 보여주지만 결코 여성에게 주체성이나 스스로의 모습을 허용하지 않는 잔인한 논리이다. 완다에게 권력이 주어지고 그녀는 그 권력에 누군가를 복종시켜야 하지만 오히려 그 권력이 진정 그녀의 것처럼 보이는 순간에 그 권력의 정의, 목적 또는 범위와 관련해서 그녀는 아무런 발언권도 가지지 못한다.

이러한 비일관성 너머에 있는 논리는 과연 어떤 것인가? 이 장면은 단순히 현실과 재현 사이의 대립을 해체하는 것이 아니다. 위험에 처한 것은 오히려 주체와 타자 사이의 대립, 그리고 이와 관련된 권력과 권력의 부재 사이의 대립이다. 이 대립은 과연 어떻게 될 것인가? 우리는 이미 세브린과 완다 사이의 욕망의 교환에 대해 할 말이 많았다. 세브린의 욕망은 그것이 지배자 여성의 욕망으로 표현되었을 때에만 비로소 구현될 수 있다. 그리고 그녀의 욕망은 다시 세브린의 욕망을 억압하는 형태로 표현되어야 한다. 다시 말해서 마조히즘의 주체는 자신의 욕망이 다른 누군가의 욕망에 의해 완전히 부정되고 사라져 버려 무(無)의 형태로 되돌아오는 것을 경험해야만 한다. 그러나 이것이 가능해지기 위해서는 타인의 욕망의 자율성도 부정되어 사라져야 한다.

요약하자면, 마조히스트는 타자의 욕망을 파괴함으로써 자신의 욕망을 성취한다. 그리고 이 파괴는 마조히스트의 욕망이 사라지고 타자의 욕망이 극대화되어 묘사될 때 발생한다. 마조히스트의 욕망은 사라짐으로써 성취되는 것이다. 반면 타자의 욕망은 성취된 것으로 묘사됨으로써 사라진다. 이렇게 볼 때 **마조히스트는 동일한 행위를 통해 자신의 욕망을 파괴하면서 동시에 성취한다.** 그리고 이것을 가능케 하는 것은 타자의 욕망에 대한 재현의 기술이다. 즉 결코 자율적인 욕망을 생산하지 않으면서 언제나 타자의 욕망을 파괴하는 그런 재현의 기술인 것이다. 이항적 형태로 표현하자면, **마조히스트는 자신의 욕망의 파괴를 재현함으로써 자신의 권력을 공고히 한다.** 권력과 권력의 부재가 차이를 잃고 동일한 행위 속에서 동등하게 결합하는 것이다. 변하지 않는 것이 있다면 그것은 독자적인 욕망을 가지지 못한 타자 측의 손실이다. 더 유감스러운 것은 타자의 욕망이 완전히 자유롭고 표현 가능한 것처럼 재현된다는 사실이다. 타자의 입장에서 아마도 절대적인(그러나 가짜인) 권력을 양보하는 것보다 더 완벽한 권력의 손실은 없을 것이다.

그러나 주체는 단지 타자의 욕망을 통제하거나 유린하는 데 그치지 않는다. 이 문제는 자허-마조흐의 마조히즘과 관련하여 내가 주장하고자 하는 두번째 문제와 연관되어 있다. 우리는 이미 마조히즘적 주체가 어떻게 자신의 욕망을 파괴함으로써 욕망을 생산해 내고 권력의 부재를 통해 다시 권력을 생산하는지 보았다. 이것은 사실상 안정된 주체가 행하는 행위가 아니다. 이것은 어떤 특수한 형태의 주체성으로서 이 속에서 주체와 타자의 대립 또는 주체의 확고함과 분열 사이의 명백한 대립은 무시되거나 억압되는 것이 아니라 일종의 통합적 주체의 구조적 논리로 작용한다. 앞으로 또 나른 장면을 분석하다 보면 이것이 무슨 의미인지 명확해질 것이다. 간단히 말하자면, 세브린은 단순히 완다의 자율성을 유린하는 것이 아니다. 그는 자신의 자율성과 개별성을 계속 유지하면서 그 자신이 완다를 비롯한 여러 대안적 주체들이 된다. 이것이 마조히즘적 주체의 본질적 구조이며 따라서 마조히즘은 단순한 역할 놀이나 가면극이 아니다. 권력과 권력의 부재가 동시에 드러나는 방식은 주체이자 타자이며 자율성의 중심이자 파편처럼 산포된 존재로서 통합적 주체가 꿈꾸는 더 깊은 구조의 표현이다. 여기에서 우리는 마조히즘적 주체가 항상 역설로 묘사되는 이유를 확인한다. 그것은 단순히 우리의 일상적 신체활동이 의지하고 있는 쾌락과 고통 사이의 논리적 대립에 대한 인식을 거부하기 때문이 아니다. 마조히즘은 자신의 파편화되고 파괴된 형태를 수용함으로써 자신을 극대화시키고 강화시키는 그러한 주체의 구조를 생산한다. 이 구조의 논리는 이항대립의 차이를 거부하며, 이 대립을 변증법적으로 지양하거나 급진적으로 증가하는 차이들의 장에 산포시키지도 않는다. 중심화와 탈중심화의 대립은 상위의 논리적 범주에 통합되지도 않으며 전복되고 산포되어 그 어느 쪽에도 무관심한 상태로 남는다. 이와 같은 이항대립의 거부와 재생산의 동시적 행위는 구조적으로 매우 독특한 불확정 상태를 보여주는데 이 상태를 지칭하는 적절한 용어가 없으므로 나는 이를 '차이의 부재'(indifference)라고 부르고자 한다.

이 문제가 《모피를 입은 비너스》에서 어떻게 재현되고 있는지 살펴보자. 우리가 살펴볼 이 장면이 중요한 것은 바로 세브린의 '치료'를 묘사하고 있기 때문이다. 우리는 이미 각각의 서술 구조와 관련해서 프로이트의 사례 연구와 마조흐 작품 사이의 유사성을 살펴본 바 있다. 두 텍스트에서 치료의 의미는 매우 다르지만 양자 모두 주체성의 모델을 보여주고 있다. 프로이트의 경우, 그것은 과학을 확장하고 교정하는 기능을 가지며 자허-마조흐의 경우 도전적이지만 또한 과도기적 상태의 자의식을 생산한다. 일반적인 용어로 표현하자면, 치료는 또한 서술의 종결을 가장 확실하게 표시하는 기능을 가진다. 이 장면의 중요성은 처음부터 드러난다. 완다가 채찍질 장면을 연출함으로써 자신에 대한 세브린의 관심을 부활시키겠다고 약속했을 때(201), 세브린은 어떤 강력한 예감을 체험한다. "묘한 전율이 스쳐 지나갔다. '처형장 앞에 선 기분이군요.' 내가 중얼거렸다"(202). 이 장면의 중요성은 완다가 떠맡고 있는 역할 놀이 때문이 아니다. 세브린이 완벽하게 묶이자 완다는 침대 커튼을 제쳐 세브린의 라이벌인 그리스인을 끌어들인다. 그녀는 그리스인에게 채찍을 넘기고 이제 세브린에게 매질을 가하는 것은——**완다의 모피를 입은**——그리스인이다. "사랑하는 여인의 눈 앞에서 라이벌에게 채찍질을 당하는 기분은 말로 표현할 수 없을 정도였다"(207). 이 장면은 묘사를 거부한다. 인물들이 명확히 구분되고 서로 혼동되지 않아야 한다는 서술의 논리를 벗어나기 때문이다. 이러한 사실은 두 가지 방식으로 드러난다. 첫째, 세브린이 그리스인에게 매질을 당할 때 사실 그는 또 다른 자기 자신, 즉 남성 나르시시즘의 가장 기본적인 반영 형태인 라이벌 또는 분신(double)으로부터 매질을 당하고 있는 것이다. 둘째, 이것이 가장 중요한 문제인데 완다 자신도 세브린의 의복에 불과하다는 것이다. 완다의 주체성은 이런 식으로 완전히 사라진다. 그녀는 단지 세브린과 그의 또 다른 모습 사이의 전이가 이루어지는 한 지점일 뿐이다. 이 자아는 이제 하나 이상의 위치를 점하고 있는 것이다.

그러나 그리스인이 단순히 세브린의 또 다른 모습만은 아니다. 그의 정체성은 완다의 정체성과도 겹쳐 있다. 그녀의 모피를 입고 있기 때문이다. 게다가 여성적 성향까지 가지고 있다. 그리스인의 가상 중요한 속성은 그가 "여성 같다"(184)는 사실이다. 파리에 있을 때 그는 여성의 옷을 입고 다녔고 남성들의 구애 편지가 쏟아졌다. 어느 이탈리아인 가수가 자신의 사랑을 받아주지 않으면 자살하겠다고 하자 그는 여성의 외형 아래 숨겨져 있던 자신의 신체를 드러내 보이며 말했다. "유감스럽게도 당신은 자살을 택할 수밖에 없을 것 같군요"(184). 여성성은 남성적 욕망이 구현되는 상황에서 단지 한순간만 드러나는 것이 아니다. 사실상 여성성 자체가 남성성의 소유물——의상——이다. 여성 인물의 형태로 구현되는 경우에서조차 여성성은 남성성이 또 다른 남성성의 형태로 전이되는 경우에만 관심거리가 될 뿐이다. 여성성은 독자적인 존재가 되지 못한다. 그리스인이 여성의 의상을 입은 것은 완다로부터 여성성을 빼앗아 남성의 통제하에 두기 위한 것이며, 마조히즘에서 여성성은 남성의 소유물이라는 사실, 홀로퍼네스에서 아가멤논까지 이어지는 여성의 지배에 대한 세브린의 아쉬움에도 불구하고, 여성성은 언제나 남성의 자각을 위한 도구였을 뿐이라는 사실을 증명하기 위한 것이다.

따라서 여성의 의상 너머에서 우리는 또 다른 남성을 발견한다. 이 남성은 마조히스트의 라이벌이다. 사실 그는 마조히스트의 이미지를 가진 그의 분신이다. 모피 너머, 여성의 의상 너머에서 마조히스트는 자신을 드러내고 처벌하며 또한 자신을 치료하고 있다. 그리스인의 경우처럼 세브린 역시 완다의 모피가 잘 어울린다. 완다는 하인의 방에서 지내는 그가 추울 것을 걱정하며 자신의 모피 옷들 중 하나를 가져다준다. 갑작스럽게 세브린은 자신의 강박증의 원인, 가장 중요한 완다의 일부분인 그녀의 의상을 걸치게 된 것이다. 그는 말한다. "어느새 나는 완전히 모피에 감싸여 있었다"(138). 마조히스트와 지배자 여성, 흔히 생각하는 남성과 여성 사이의 분명한 주체성의 차이가 완전히 일치될 수 있음을 강조하려는 듯이 완다는 뒤로 물러서서 자신의 모피가 세브린에게 얼마나 잘 어울리는지 감탄하며 말한다. "모피가 아주 잘 어울리는군"(138).

세브린과 완다를 구분 짓는 요소들은 언제나 해체되고 상실된다. 완다의 욕망, 주체성, 성, 나아가 그녀의 모피마저도 세브린에게 귀속된다. 〈마조히즘과 남성의 주체성〉이라는 글에서 카야 실버만은 프로이트의 글에 나타난 여성성이 "여성이 아니라 마조히즘적 남성을 위한"(1988, 52) 것이라고 말한다. 남성성과 여성성, 주체와 타자, 그리스인과 완다는 세브린이라는 주체의 일부분일 뿐이다. 비록 세브린을 거부하고 그에게 대항하는 기능을 가지고 있지만 단지 일종의 엔트로피의 일부로서, 세브린의 자학의 또 다른 형태로서 순환하고 있을 뿐이다. 그의 자아는 완벽하게 극화된다. 그리고 그것은 이러한 원자화된 그의 본질과 추정상으로만 존재하는 그의 핵심 사이의 갈등을 통해서만 완벽히 재연된다.

우리는 앞에서 이미 마조히즘의 주체가 자신을 소멸시킴으로써만 욕망을 충족시킬 수 있다는 것을 밝힌 바 있다. 마조히스트는 권력의 부재라는 형태로 구현될 때에만 비로소 자신의 권력을 향유할 수 있다. 그는 권력과 권력의 부재라는 상반된 극단성 그 자체이며 주체이고 타자이며 남성이자 여성이다. 그는 쾌락과 고통을 동시에 즐기며 능동성과 수동성의 구별도 불가능하다. 마조히즘적 주체는 여러 방식으로 논리를 거부한다. 간단히 말해서 그는 단일하고 안정된 주체의 위치를 가지고 있지 않다. 그는 동시에 서로 상반되는 여러 주체들과 미세 주체들(microsubjectivities)로 존재한다. 그는 동일한 행위, 동일한 순간에 자신을 통합시키며 동시에 해체시킨다. 이뿐 아니라 그는 이야기를 진행시키는 확고한 내러티브의 핵심으로서 자신의 경험을 처음부터 끝까지 문학의 형태로 기록한다. 주체의 분산이라는 포스트모더니즘의 논리와 반대로 마조히스트는 자신을 분산시키고 동시에 통합하면서도 한편으로는 확고한 상태를 유지한다. 이것이 불가능하고 모순적인 마조히즘적 주체의 구조이다. 여기에서 근본적인 상반성이나 차이는 소멸된다. 분명 자허-마조흐에게 쾌락과 고통, 능동성과 수동성, 권력과 권력의 부재, 남성과 여성, 주체와 타자, 중심화와 분산 사이의 차이가 확실히 존재하지만 그 차이가 그에게서 생성되는 것은 아니다. 마조히즘적 주체는 전통적인 자율적 주체를 해체시키지만 자신을 급진적인 차이의 형태로 구현하지는 않는다. 이것이 바로 차이의 부재가 보여주는 구조이다.

프로이트: 마조히즘, 여성성 그리고 문학

최근 레오 베르사니는 성에 관한 프로이트의 관점에서 마조히즘이 차지하는 위상과 관련하여 엄청난 주장을 한 바 있다. 〈성 이론에 대한 세 가지 에세이〉를 분석하면서 베르사니는 프로이트에게 성은 '마조히즘의 동의어'이며 "성은 존재론적인 측면에서 마조히즘에 바탕을 두고 있다"(베르사니 1986, 39)고 해석한다. 한편 조나단 돌리모어는 베르사니를 다음과 같이 읽어내고 있다. "변태성은 정신분석학의 계획 그 자체, 특히 그 보수적인 측면에 도전하고 있는 것으로 보인다"(돌리모어 1991, 201). 베르사니와 돌리모어는 한편으로 쾌락 원리의 독자성과 논리에 대항하고 또 한편으로는 (죽음을 연극이나 유희로 바꿈으로써) 죽음의 충동이 가진 심각성과 목적론적 성향에 도전한다는 의미에서 마조히즘이 프로이트의 도식에서 하나의 긴장요소로 해석될 수 있다고 주장한다. 우리는 이미 프로이트와 자허-마조흐 사이의 텍스트상의 유사성, 특히 프로이트 텍스트의 문학적 성향이 가장 많이 드러나는 사례 연구와의 유사성에 대해 언급한 바 있다. 나의 목적은 마조히즘에 대한 프로이트의 글들을 분석하면서 이 두가지 문제를 좀 더 발전시켜 마조히즘에서 볼 수 있는 성적 차이의 복잡한 양상이 성을 오이디푸스 콤플렉스에 종속시키려는 시도로 이어지게 한다는 것, 그리고 문학이 마조히즘에 침투하게 되는 문제를 함께 살펴보는 것이다. 프로이트의 작업은 《모피를 입은 비너스》의 분석에서도 살펴보았듯이 마조히즘적 주체를 차이의 부재라는 용어로 분석하고, 마조히즘의 유희에서 문학적 요소가 가지는 중요성을 강조함으로써 마조히즘의 현대적 계보를 살펴보려는 우리의 작업에 도움이 된다.

　프로이트에 따르면 마조히즘의 기원은 사디스틱한 환상이 주체를 향할 때 발견된다. 〈성에 대한 세 가지 에세이〉에서 다음과 같은 내용이 불쑥 튀어나온다. "대체로 마조히즘은 사디즘의 확장된 형태로서 사디즘이 주체 자신을 향하는 경우인 것처럼 보인다. 따라서 이 경우 주체는 성적 대상을 대신한다"(프로이트 1905, 71-72). 사디즘과 마조히즘의 이러한 역전성은 마조히즘에 대한 프로이트의 초기 분석의 바탕을 이루고 있다. 그러나 이러한 역전이 발생하는 실제 수단은 무시되고 있으며 이후 좀 더 폭넓은 논의가 있을 때까지 그대로 남겨진다. 여기서 주목해야 할 것은 주체와 대상 사이의 관계가 보여주는 복잡성이다. 마조히즘은 언제나 이러한 이항성의 형태로 이해될 수 있다. 그러나 마조히즘의 작용은 프로이트가 성적 정설로 끌어올리려 했던 깔끔하고 단순한 논리를 확정하기보다는 오히려 그것을 복잡하게 하고 문제화시킨다.

이항성 문제 ──여기서는 성적 차이──는 사디즘과 마조히즘을 이해하는 문제와 관련해서 프로이트가 강조한 양성성(兩性性)의 중요성에서도 다시 드러난다. 〈세 가지 에세이〉에서 '변태성'을 다루는 부분에서도 성적 차이는 중요한 문제로 다루어진다. 프로이트는 다음과 같이 주장한다. "우리는 이 두 가지 상반된 성향들(사디즘과 마조히즘)의 동시적 공존을 정신분석학에서 흔히 능동성과 수동성의 대립으로 대체되어야 할 대조의 하나, 즉 양성성에서 볼 수 있는 남성성과 여성성의 결합과 연결시키는 것이 좋을 듯하다"(프로이트 1905, 73). 우리는 《모피를 입은 비너스》에서 완다와 세브린 그리고 그리스인 사이에서 벌어지는 매질 장면 분석을 통해 마조히즘적 초주체를 구성하는 과정에서 마조히즘이 어떻게 성적 주체성을 혼란시키고 이에 따라 초주체가 권력 관계를 재구성하는 작업의 일부로서 성적 차이를 초월하고 통합하는지를 살펴본 바 있다. 마조히즘에서 성적 차이의 역동성은 마조히즘에 대한 프로이트의 글에서도 가장 큰 긴장 요소로 작용한다. 그리고 이것은 가장 중요하면서도 동시에 가장 불확실한 주제이다.

마조히즘적 환상을 다룬 프로이트의 연구, 〈어린이가 매를 맞고 있어요〉(1919)에서도 누구의 환상이며 누가 매를 맞고 있는가라는 문제와 관련한 성적 차이의 복잡한 변화를 찾아볼 수 있다. 이 글은 마조히즘 분석에서 양성성 이론이 가지는 가치에 대한 논의로 끝을 맺고 있다. 그러나 사실상 주된 목적은 사디즘이 마조히즘으로 변형되는 메커니즘을 폭넓게 살펴보려는 데 있다. 마조히즘은 아버지의 애정을 대상으로 한 경쟁에서 경쟁자에 대한 사디스틱한 환상이 자아를 향하면서 발생한다.

근친상간적 사랑의 단계에서 환상은 이렇게 말했다. "그(나의 아버지)는 나만 사랑하고 다른 아이는 사랑하지 않아. 그가 다른 아이를 때려 주고 있으니까." 그러나 죄의식은 가혹한 처벌을 통해 이러한 승리를 역전시킬 수 있다. "아니야, 그는 너를 사랑하지 않아. 그가 너를 때리고 있으니까." 이런 식으로 아버지에게 매를 맞는 두번째 단계는 소녀의 죄의식을 직접 표현하며 아버지에 대한 소녀의 사랑은 죄의식에 굴복한다. 결국 그 환상은 마조히스틱한 것이 되는 것이다. 내가 아는 한 상황은 항상 이렇다. 죄의식은 사디즘을 마조히즘으로 변형시키는 불변의 요소이다(174-75).

이 부분의 서술은 놀라울 정도로 간단하고 논리적이다. 모호성과 비논리성이 확연한 이 질병의 원인을 상대적으로 솔직한 바람과 동일화를 통해 정리하고 있는데, 이러한 방식은 이 문제에 대한 프로이트의 다른 글에서도 마찬가지이다(프로이트 1905, 72-73을 볼 것). 프로이트는 왜 가장 단순한 어린 시절의 질투와 원한이 사디즘으로 연결될 수 있는지, 또는 마조히즘으로의 변형에서 가장 중요한 요소인 죄의식이 어디서 유래하는 것인지를 설명하지 못한다. 베르사니는 프로이트의 글 속에 당시 프로이트가 정립시키고자 했던, 그리고 실제로 정립시키고 있었던 체계적인 이론들 외에 그것에 도전하고 그의 시도를 수포로 되돌릴 수도 있는 또 다른 이론적 문제에 대한 불안감이 병존하고 있다는 사실을 철저하게 증명하고 있다. 우리는 여기에서도 그런 모습을 확인할 수 있다. 그러나 이에 대해서는 직접적인 설명이 가능하다. 사디즘이 마조히즘으로 역전되는 모델에는 허점이 가득하다. 그 이유는 프로이트에게 이 문제가 부수적인 것이었기 때문이다. 프로이트의 관심은 다른 곳에 있었다. 그에게 가장 시급한 문제는 남성적 주체성의 구조를 확립하는 것이었다.

마조히즘이 제기하는 문제는 바로 그것이 오이디푸스 이론과 일치하지 않는다는 것이다. 마조히즘 성향의 남성은 아버지가 아니라 여성의 매질을 꿈꾼다. "환상에서나 실제에서나 매질을 가하는 사람은 여성이다. 상당히 혼란스러운 문제이다"(185). 이 문제에 대한 프로이트의 해결책은 여성의 매질을 원하는 남성의 꿈이 일차적인 것이 아니라는 주장이었다. 사실상 지배적인 성적 인물로서 어머니에 초점을 맞추는 이 환상 이전에 이미 매질하는 사람이 아버지인 단계가 있었다고 볼 수 있다(185)는 것이다. 여기에서 우리는 사디즘이 마조히즘으로 변형되는 위의 인용문에서 여성의 경험이 묘사되고 있는 이유를 알 수 있다. 여성 마조히즘을 통해 이 논의를 시작하게 된 것에 대한 원래의 설명은 프로이트가 알고 있던 자료들이 전적으로 여성들의 사례들로 이루어져 있기 때문이라는 것이다(169). 그러나 이 문제를 이런 식으로 시작하게 된 것에 대한 더 근본적인 설명이 있다. 남성 마조히즘을 이해하기 위해서는, 어머니가 아니라 아버지가 매질을 기하는 여성의 환상이 선행되어야만 한다. 그리고 이렇게 해서야 비로소 남성 마조히즘이 오이디푸스화되고 아버지가 중심 인물로 등장할 수 있게 된다.

소녀의 환상은 세 단계로 구성된다. 첫번째 단계에서 소녀는 라이벌이 매를 맞는 것을 자신이 아버지의 애정을 더 많이 성취한 증거로 본다. 두번째 단계에서 소녀가 라이벌에 대한 잔인한 환상으로 인해 오히려 매를 맞아야 할 사람은 자신이라고 생각하며 이에 따라 죄의식은 이전의 상황을 역전시킨다. 세번째 단계(176-77)는 앞의 두 단계를 결합시킨다. 매를 맞는 환상은 억압되고 아버지의 대리자가 다른 사람을 매질하는 장면을 상상하게 된다. 그러나 그 다른 사람은 주체가 투사한 인물이다. 프로이트에 따르면, 소년의 마조히즘 경험도 약간의 조정만 거칠 뿐 기본적으로 소녀의 경우와 동일하다. 단지 단계만 바뀔 뿐이다. 어머니에게 매를 맞는 소년의 환상은 소녀가 다른 아이의 매 맞는 장면을 상상함으로써 자신의 마조히즘적 환상을 외부로 투사하는 세번째 단계와 일치한다. 소녀의 환상 너머에서 그 환상을 결정하는 것은 더 근본적인 구조, 즉 아버지에게서 매를 맞고 싶어하는 소녀의 바람이다. 따라서 남성의 환상에 등장하는 어머니는 숨겨진 단계가 치환된 것에 불과하며 이는 소녀의 환상의 두번째 단계에 해당된다. 이러한 방식으로, 소녀가 선생님에게 매를 맞는 다른 소녀를 상상할 때 실제로 그것은 자신이 아버지에게 매 맞는 것을 상상하는 것과 다르지 않으며 마찬가지로 어머니에게 매를 맞는 소년의 환상도 실제로는 아버지에게 매를 맞는 환상일 뿐이다. 이렇게 세 단계에 걸쳐 묘사된 소녀의 환상은 남성의 환상이 단계의 수만 약간 조정함으로써 소녀의 환상 구조를 이용하여 자신의 것으로 채색할 수 있게 해 준다. 이런 식으로 마조히스트 남성의 환상에서 아버지는 매질하는 여성의 의복을 통해 모습을 드러내며, 남성의 정신생활을 규정하는 오이디푸스적 구조가 다시 한 번 확인된다. 완다는 자신의 채찍과 모피 옷을 그리스인에게 건네 주고 그 후 그리스인이 세브린을 매질한다. 이 장면은 마조히즘적 의미 교환이 결국 여성성을 완전히 종속시키려는 남성적 의도에 불과함을 증명하는 것이다. 프로이트 역시 매질당하는 환상에서 지배자 여성을 완전히 투명한 존재로 만들었으며 그녀를 통해 그 어느 것보다 선행되어야 하는 원리, 즉 원초적인 남성성이 스스로를 반영하며 드러나도록 하고 있다.

　나중에 발표된 〈마조히즘의 경제적 문제〉(1924)에 나타난 도덕적 마조히즘을 분석해 보면 프로이트의 이론과 《모피를 입은 비너스》의 '치료' 장면을 좀 더 자세히 비교할 수 있다. 도덕적 마조히즘의 경우, 주체는 초자아에 내재된 죄의식의 결과로서 자신을 처벌한다. 초자아는 "자아가 이드의 리비도적 충동의 첫번째 대상, 즉 부모를 자신의 내부로 투사함으로써 발생한다"(442). 〈어린이가 매를 맞고 있어요〉에서 아버지는 주체의 내적 영역에 위치한다. 환상 속의 인물, 즉 어머니 너머에 위치해 있는 인물이기 때문이다. 초자아에서 이 환상 속의 인물은 실제로 주체의 구조의 일부분이다. 내재화된 아버지의 처벌은 주체의 자발적인 자기-처벌이 된다. 따라서 초자아는 주체이며 동시에 주체가 아니듯이, 아버지이면서 동시에 아버지가 아니다. 자허-마조흐에게서도 마조히즘적 주체는 언제나 여럿이며 동시에 부분이다. 세브린과 그리스인의 만남은 동일한 주체의 두 가지 양상이 나르시시즘적인 형태로 드러난 것이라고 할 수 있으며, 여기에서 주체의 다양한 형태들 사이의 본질적 차이는 결코 발생하지 않는다. 남성적 구조는 언제나 되돌아오며 다양한 순간과 형태들을 중개하는 여성적 주체의 독자성을 적극적으로 소멸시킨다. 도덕적 마조히즘의 초자아와 관련해서 프로이트는 마조히스트와 그를 지배하는 인물간의 만남이 사실상 마조히스트와 그의 통합적 주체의 다양한 형태들간의 만남이라는 사실을 드러내고 있다. 〈어린이가 매를 맞고 있어요〉를 다시 읽어보면 어머니가 완다의 경우와 마찬가지로 남성의 상호적-내적 주체성 속으로 사라져 버리는 것을 확인할 수 있다.

요약히자면, 마조히즘에 대하 프로이트의 논의에서 여성적인 것은 남성 지배자, 즉 아버지가 그 어떤 알 수 없는 이유로 선택하게 되는 의복이다. 가장 중요한 것은 여성적인 것이 남성의 주체성을 명확히 하는 것을 돕는 이론적 수단이며 분명 프로이트에게는 이것이 그의 이론의 목적이었다. 프로이트는 다음과 같이 쓰고 있다. "만약 내가 한두 가지의 관련성은 제외하고라도 그 문제를 여성의 상황으로 제한하지 않았다면 아마 어린이들의 매맞는 환상 문제를 정확히 살펴볼 수 없었을 것이다"(프로이트 1919, 182). 자허-마조흐에서 마조히즘적 주체는 여성적 주체를 조종하고 결국은 파괴함으로써 자기 자신을 발견한다. 프로이트도 같은 방식을 취하고 있다. 단지 극적이거나 정치적 방식이 아니라 이론적 방식을 이용했다는 것만이 다를 뿐이다. 앞에서 언급했듯이, 카야 실버만은 프로이트가 여성적인 것을 남성의 소유로 취급했다고 보고 있다. 이것이 여성적인 것을 수단화시킨 최종 결과이다. 〈마조히즘의 경제적 문제〉에서 프로이트는 그가 '여성 마조히즘'이라고 불렀던 것에 주목함으로써 마조히즘이라는 미스터리를 해결하는 데 큰 도움이 된다는 주장을 되풀이하고 있다. "여성 마조히즘은… 가장 관찰하기 쉽고 문제점도 적다. 게다가 모든 관계들을 통해 다 살펴볼 수 있다. 따라서 우리는 이 문제부터 살펴볼 것이다"(프로이트 1924, 416). 우리는 프로이트가 보여준 여성 마조히즘의 세 가지 단계가 놀라울 정도로 단순하다는 사실을 떠올리게 된다. 이는 그가 여성의 환상을 실제 경험처럼 꼼꼼하게 분석하지 않았기 때문이다. 프로이트에게 더 모호하고 따라서 더 시급한 이론적 문제였던 것은 남성 주체성 문제였으며 따라서 여성 마조히즘은 이 문제에 접근하는 것을 도와주는 구성물에 불과했다. 여기에서 우리는 여성적인 것은 단순하고 예비적인 것에 불과하다는 생각을 다시 한 번 확인한다. 이렇게 볼 때, '여성적인 것'은 남성들이 자신들의 유희를 위해 택한 한 가지 역할에 불과하다. "남성들은 언제나 자신들을 여성의 일부로 전이시킨다. 다시 말해서, 그들의 마조히즘적 태도는 어떤 **여성적인 것**과 일치한다"(프로이트 1919, 184). 이 역할은 단지 남성이 자기 자신을 확인하는 것을 돕고 남성 과학자가 자신의 환상이 실제로 아버지와의 관계로 코드화될 수 있다는 사실을 증명하는 것을 도울 뿐이다.

마조히즘에 대한 묘사와 관련해서 우리가 프로이트에게서 확인하게 되는 또 다른 사항은 문학적인 것의 구성이다. 이는 〈어린이가 매를 맞고 있어요〉에서 문학을 통해 자신의 환상을 발전시키고 영감을 얻는 마조히스트의 사실적인 행위에서도 나타난다. 처음에는 실제로 매를 맞는 장면을 봄으로써 환상이 형성된다. 그러나 시간이 흐르면서 문학이 그것을 대체한다. 실제 매질의 효과는 청소년들이 교육기관에서 가장 많이 접하는 종류의 텍스트들(프로이트는 《톰 아저씨의 오두막집》을 그 예들 중 하나로 들고 있다)을 통해 "단순히 대체만 되는 것이 아니다"(프로이트 1919, 164). 문학은 어린이의 교육기관과 결합해 분명하고도 풍요로운 환상의 장을 열어 놓는다. "어린이는 아이들이 잘못된 행동으로 인해 매를 맞거나 처벌당하는 여러 가지 상황들을 구성하고 자신의 환상들을 만들어 내면서 소설 작품들과 경쟁하기 시작한다"(164). 이러한 언급에는 교육기관, 육체적 체벌에 대한 목격, 독서와 체벌 장면을 상상하는 환상기관의 구성 사이의 복잡한 상호 교환 관계가 암시되어 있다. 여기에서 현실, 환상, 문학은 서로를 자극하고 경쟁한다. 물론 문학적인 것이 환상의 영감으로만 작용하는 것은 아니다. 문학은 어린이가 자신이 처한 직접적인 상황을 상상적으로 재구성하도록 해준다. 물론 프로이트에게 환상과 문학이 호환 가능한 용어라는 결론을 내리는 것은 불가능하다. 그러나 분명 그 두 가지는 복잡한 상호 교환과 영감의 과정을 통해 주체의 삶 속에 존재하며 손쉽게 이 두 가지를 분리하는 것은 불가능하다.

다음 장에서 우리는 마조히즘과 칸트의 숭고미 사이의 관계를 좀 더 자세히 살펴볼 것이며 그때 문학, 마조히즘적 환상, 유희의 복잡한 관계를 다시 살펴보게 될 것이다. 우리는 이미 자허-마조흐의 '치유' 장면 묘사에서 숭고미의 순간을 언급한 바 있다. 세브린은 "숭배하는 여인의 눈 앞에서 그 여인을 차지해 버린 라이벌에게 매를 맞는다는 것은 도저히 말로 표현할 수 없을 정도였다"(자허-마조흐 1989, 207)라고 말한다. 가장 간략하게 정의하자면, 숭고미는 의사소통이 불가능한 경험이다. 그리스인과 세브린 간의 복잡한 상호 교환 관계를 묘사하는 것은 불가능하다. 세브린이라는 마조히즘적 주체의 한계 내에서 이들의 관계는 불가능하고 비논리적인 경험이다. 마조히스트와 그를 둘러싼 주변 상황들(마조히즘 성향의 어린이와 이 어린이의 현실과 환상을 둘러싸고 있는 교육기관들)을 중재하는 과정에서 환상과 문학에 의존하게 되는 것도 이러한 비논리적이고 모순된 내적 세계를 묘사하는 것이 불가능하기 때문이다. 숭고미는 주체의 확립과 파괴를 동시에 수행하는 이 불가능한 주체가 기존의 관습적인 의미와 논리에 의존하지 않고도 존재할 수 있는 공간을 제공해 준다.

사실 프로이트의 분석에서도 숭고미와 유사한 순간이 등장하지만 프로이트는 최대한 이를 얼버무리고 있다. 마조히즘의 세 가지 진화 단계에서 가장 중요한 것은 매 맞는 어린이의 환상이 자신에게로 전이되는 두번째 단계이다. 이미 살펴본 바와 같이, 세번째 단계는 주체가 매를 맞는 라이벌에게 자신을 투사하는 환상을 덧붙임으로써 첫번째 단계의 환상을 재구성한다. 그러나 프로이트에게 주체가 매를 맞고 있는 타자와 하나가 되는 이 전이 단계는 모호하기만 하다. "이 두번째 단계는 가장 중요하고 또 가장 중대하다. 그러나 우리는 어떤 의미에서, 그것이 실제로 존재했던 적이 없었다고 할 수 있다. 결코 기억된 적도 없고 의식화된 적도 없었다. 그것은 분석 과정에서 구성된 것이다. 그러나 그렇다고 해서 필요하지 않은 것은 아니다"(프로이트 1919, 170-171). 여기에서 우리는 사디즘을 마조히즘으로 번역하는 과정에서 드러난 프로이트의 논리의 단순성을 설명할 수 있는 근거를 발견한다. 가장 중요한 핵심이자 축인 중간 기간은 인위적으로 구성된 것이었거나 기껏해야 추론된 것일 뿐이다. 사실상 프로이트는 주체가 타자로 변하는 문제에 대해 언급하지 않았다. 그 대신 논리적이고 분명하며 일관적인 내러티브를 통해 이 문제를 개괄적으로 묘사했는데, 이는 그의 연구가 실제 환자를 관찰한 것이 아니라 분석가의 입장에서 자신의 논점의 필요성에 따라 계획한 것임을 암시한다.

마조히즘의 문학적·미학적 성향은 단순히 관습이나 도피주의가 아니다. 문학은 불가능한 주체에 대해 과학적 언술처럼 적대적이지는 않다. 따라서 문학은 그러한 주체들이 존재할 수 있는 하나의 방식으로서 쉽게 수용된다. 그리고 이러한 이유로 비논리성을 특징으로 하는 마조히즘은 문학적인 것, 특히 마조히즘의 의미를 포착할 수 있는 그런 문학을 필요로 한다. 다시 말해서, 묘사할 수 없는 것을 묘사할 수 있는 문학, 스스로의 실패를 보여줄 필요가 있는 문학을 필요로 한다. 프로이트에게서도 마조히즘은 우리가 숭고미라고 알고 있는 간격과 불가능성들을 만들어 내고 있다.

사르트르: 실패로서의 마조히즘

프로이트와 관련해서 우리는 어떻게 그가 정신병리학을 통해서 분명하고도 자족적인 하나의 성심리학적 현상을 주체의 구성이라는 더 큰 오이디푸스 이론으로 통합시키고자 했는지 살펴보았다. 마조히즘에 대한 몇 페이지 안 되는 사르트르의 글에서도 마조히즘을 철학 체계 속에 위치시키려는 야심찬 시도를 발견하게 된다. 마조히즘에 대한 현대적 묘사와 관련한 사르트르의 공헌의 장단점도 이러한 야망에서 직접 유래한다. 간단히 말하자면, 사르트르는 흥미롭게도 지금까지의 이론가들이 보여주었던 병리학적 관점이 아니라 상호 주체성이라는 관점에서 마조히즘을 다루었다. 이런 의미에서 그의 프로젝트는 나의 경우와 유사하다. 그러나 이로 인해서 사르트르는 마조히즘을 너무 심각하게 다룰 수밖에 없었다. 물론 마조히즘을 농담처럼 취급해야 한다는 의미는 아니다. 사실 마조히즘은 세계에 대한 심각하고 철학적인 형태로 자신을 드러내지는 않으며 그러한 모습을 기대해서도 안된다. 그런 기대 때문에 사르트르는 내가 마조히즘의 가장 흥미롭고 구체적인 특징으로 지적했던 비논리성과 불가능성을 일종의 실패, 주체와 타자의 관계를 형성하는 데 실패할 수밖에 없는 무의미한 방식으로 볼 수밖에 없었다. 많은 이론가들이 마조히즘과 그 외의 유사한 '변태적 성향들'을 단순히 어떤 것의 증상, 실패의 증거 또는 일종의 성심리학적 실수로 보고자 하는 유혹에 빠진다. 그러나 나는 마조히즘이 실패할 수밖에 없는 어떤 조건이라거나 단순히 삶의 방식에 대한 선택의 문제라고 생각하지도 않는다. 마조히즘은 문화적이고 역사적인 것이다. 또한 우리의 주체성, 성 또는 존재의 다른 형태들과 마찬가지로 쉽게 선택하거나 거부할 수 있는 것이다. 마지막으로, 마조히즘은 명확히 분석할 수 있는 어떤 별개의 실체가 아니다. 사실 마조히즘이 중요한 것은 그것이 우리의 정치, 성, 성적 정의와 주체성을 해석하는 모호하면서도 복잡한 수많은 방식들 때문이다.

사르트르에게 마조히즘은 따라서 어떤 행위나 조건이라기보다는 주체성과 타자성 간의 관계를 유동적으로 재조정하는 순간, 소위 말하는 '태도'의 문제였다. 이러한 사항은 《존재와 무》(1956)의 〈타자들과의 구체적 관계들〉에서 언급되었다. 일반적으로 주체는 타자와의 관계를 통해 형성된 자신만의 주체성을 추구한다. 그러나 마조히즘의 경우 그 주체성 자체가 이 과정의 방해가 되는 것으로 나타난다. 주체의 존재는 타자에 의해 형성될 수 없다. 전자의 주체성 자체가 타자가 주체를 이용하는 데 방해가 되기 때문이다. 따라서 타자에 의한 자기 형성을 가능케 하기 위해서 주체는 자신을 사물화시켜야 한다. 그런데 사르트르의 용어를 빌리자면, 아이러니하게도 주체가 자신을 사물화시킬 때 주체의 **자유**가 실현된다.

따라서 나는 자신을 사물화된 존재로 만들기 위해 전념한다. 나는 사물이 아닌 다른 어떤 것도 거부한다. 나는 타자에 의지한다. 그리고 내가 이러한 사물로서의 존재를 수치로 경험하므로 나는 나의 사물성의 심오한 표시로서 이 수치를 사랑할 것이고 실제로 사랑한다. 타자가 실제 욕망을 통해서 나를 사물로 인식함에 따라 나는 욕망받기를 원하며, 수치 속에서 나는 자신을 욕망의 대상으로 만든다(사르트르 1956, 491-92).

이 글에도 이미 마조히즘의 모순성들이 드러나 있다. 마조히스트는 실제로 타자의 욕망을 원한다. 그래야만 자신의 존재가 보장되기 때문이다. 따라서 그는 자신을 사물화시키고자 한다. 타자가 욕망하는 것은 그의 사물화된 모습이기 때문이다. 그런데 사물로서의 존재는 주체에게 수치의 원인이 된다. 그러므로 마조히스트는 자신을 타자의 욕망의 대상으로 변형시키는 데 성공했다는 증거로서 자신의 수치를 사랑한다. 그러나 이러한 상황이 전개되기를 원하는 것은 자기 자신의 주체성 때문이다. 그는 동일한 행위를 통해서 주체성의 성취와 부정을 동시에 달성해야 한다. 그는 자신을 가둠으로써 자유를 성취한다.

이 글에는 우리가 앞서 이미 자허-마조흐와 관련해서 살펴보았던 차이가 부재하는 주체성과 동일한 종류의 정의가 드러나 있다. 사르트르는 이어서 타자가 단지 여기에서 주체가 자신과 관계를 맺는 과정의 도관 역할만을 할 뿐이라는 사실을 밝히고 있다. "마조히즘은 나의 사물성을 이용해 타자를 매혹시키는 것이 아니라, 타인들을 위한 나의 사물성에 의해 나 자신이 매혹되도록, 다시 말해서 타자의 눈에 비치는 그 자체의 존재에 있어 내가 나의 주체성을 무로 인식하는 그런 방식으로, 타자에 의해 나 자신을 사물로 구성하고자 하는 시도이다"(1956, 492). 따라서 이 과정은 타자의 이익을 위한 것이 아니다. 타자는 주체가 자신이 사물로 인식될 수 있다고 믿도록 허용해 주는 한 지점일 뿐이다. 만약 주체 외부에 타자가 없다면, 주체를 주시하고 영향을 미치는 존재가 없다면 주체가 자신을 사물화된 대상으로 상상하는 것은 불가능하다. 타자는 단지 주체가 자신을 사물로 인식하는 것을, 자신이 완전히 글자 그대로 파괴되어 주체성이 제로에 이르는 것을 인식하도록 도와주는 역할만을 할 뿐이다.

바로 여기에서 모순의 핵심적인 구조가 드러난다. 주체는 타자로부터 분리되어 있어야 한다. 그러나 동시에 주체는 타자가 자신을 인식하듯이 자신을 인식해야만 한다. 주체는 자기 자신으로 남아 있으면서 동시에 타자의 또 다른 주체성을 차지해야만 한다. "내가 사물로서의 나 자신에 매혹되도록 하기 위해서는 직관적으로 이 대상을 **타자를 위한** 것으로 인식할 수 있어야 하는데, 이는 원칙적으로 불가능하다. 따라서 나는 결코 이 소외된 **나**에 의해 매혹되지 못한다. 이는 원칙적으로 불가능한 인식이다"(1956, 492-93). 주체이자 동시에 타자가 되는 것은 '원칙적으로' 불가능하기 때문에 마조히즘은 그 모순된 꿈을 성취하는 데 실패한다. 사르트르에 의하면 주체이면서 동시에 타자에 의해 사물로 인식되는 것은 불가능하다. 그리고 이러한 불가능성으로 인해 사르트르에게 마조히즘은 일종의 실패이다. 실제로 그 결과는 주체와 타자 모두에게 심각한 위협이 된다.

자신의 사물성을 원하면 원할수록 그는 자신의 주체성의 의식 속에 더욱더 빠져든다. 이것이 그의 괴로움의 원인이다. 여성에게 매질을 부탁하는 마조히스트도 상대 여성을 도구로 간주하고 있을 뿐이며, 이로 인해 그는 그녀와의 관계에서 초월적인 위치를 점하게 된다.

이와 같이 마조히스트는 궁극적으로 타자를 사물로 간주하며 타자를 초월해 자기 자신의 사물성을 향한다…. 이와 같이 마조히스트의 사물성은 언제나 그에게서 벗어난다. 그리고… 자신의 사물성을 인식하고자 추구하는 과정에서 타자의 사물성을 발견하게 되며 그것은 자신도 모르는 사이에 자신의 주체성을 해방시킨다(1956, 493).

주체는 그 주체성이 무화(無化)되며 동시에 타자의 주체성으로 전이되는 상황을 만들어 낼 수 없다. 그러한 야망은 아이러니하게도 타자의 주체성이 완전히 절하되고 나아가 파괴되는 결과에 이른다. 타자를 도구화하는 과정에서 드러나듯이, 결국 그 사물성은 타자의 사물성이다. 사물이 되고자 하는 주체의 꿈은 주체의 재생과 자신의 주체성을 재발견하는 결과를 가져올 뿐이다. 따라서 주체는 괴로움에 빠진다.

사르트르는 마조히즘의 유희에서 타자가 보여주는 정치적 결과를 통찰력 있게 분석하고 있다. 주체가 자신을 만나는 과정에서 타자는 조력자 또는 도구로 전락하고 만다. 타자를 위한 대가는 찾아볼 수 없다. 세브린의 마조히즘 유희에서도 완다가 여러 가지 모습으로 등장하고 있지만 완다만의 독특한 모습은 존재하지 않는다. 세브린(그리고 자허-마조흐)이 완다의 주체성이 충분히 가능하며 그렇게 드러나고 있다고 생각하는 경우에서조차도 실제 그런 모습은 찾아볼 수 없다.

그러나 사르트르의 분석은 심각할 정도로 제한되어 있다. 첫째, 사르트르는 마조히즘을 다루면서 주체에게 상상력이나 자의식이 존재하지 않는 것처럼 보고 있다. 따라서 쾌락의 추구 과정에서 가정(假定)이나 연극적 행위, 환상이 개입될 수 있는 여지가 없다. 주체는 그가 꿈꾸는 것이 사실상 '원칙적으로' 불가능하다는 사실에 무관심할 수도 있다. 게다가 주체는 주체성의 경계선에 대해 사르트르가 암시했던 것만큼 그토록 엄격한 모습을 보이지 않을 수도 있다. 실제로 마조히즘에서 주체는 자신을 불가능하고 모순적인 수많은 주체 위치들에 투사하고자 한다. 이러한 사실은 주체와 관련해서 "자신의 사물성을 인식하고자 추구하는 과정에서… 자신도 모르는 사이에 주체성을 해방시킨다"(1956, 493)라고 묘사한 사르트르의 글에도 암시되어 있다. 이 글에서 주체는 행위하면서 동시에 중지되어 있다. 그는 자신을 해방시키면서 동시에 해방되기를 기다리고 있다. 다시 말해서, 완벽한 모순 상태에 놓여 있는 것이다. 자아의 정체성을 능동적으로 생산하고 확인하는 것처럼 보일 때에도 마찬가지이다. 도대체 어느 쪽이 주체인가? 사르트르는 이 문제에 대한 관심을 거부하고 있다.

사르트르는 마조히즘을 주체와 타자의 관례를 규정하기 위한 눈금 저울 위에 위치시켰고 따라서 모순적 존재로서의 마조히즘적 주체를 수용할 수 없었다. 마조히즘은 극복되어야 하는 것으로 논의되고 있는 것이다. 불가능하고 산포되어 있지만 또한 중심을 가진 그러한 주체가 존재할 수 있는 공간은 사르트르의 관심사가 아니었다. 그는 환상이나 숭고미에도 관심이 없었다. 그의 논의에서 묘사가 불가능한 것은 설 자리가 없었던 것이다. 그러나 마조히즘과 문학과의 관계를 논하는 우리의 입장에서 볼 때, 우리가 숭고미라고 부르는 미학의 하부 범주는 그 불가능성이 구현되고 묘사되는 장소를 제공해 주는 것으로 보인다. 현대의 문화 정치학에서 누구보다도 미학의 중요성을 강조해 왔던 장 프랑수아 리오타르는 숭고미와 관련하여 다음과 같이 말한다. "숭고미라는 감정은… 칸트에 따르면, 강렬하고도 모순된 감정이다. 쾌락과 고통이 동시에 수반되기 때문이다. 더 중요한 것은 숭고미에서 쾌락이 고통에서 유래한다는 것이다. 전통적인 주체 개념에서 볼 때… 신경증 또는 마조히즘이라고 불리기도 하는 이러한 모순은 주체의 능력들간의 갈등, 즉 무엇인가를 인식하는 능력과 그것을 '표현'하는 능력간의 갈등에서 발생한다"(리오타르 1984, 77). 우리는 이미 그리스인에게 당하는 매질을 묘사하는 것이 불가능하다는 세브린의 말을 통해 자허-마조흐에게서도 이러한 모순된 인식이 존재하고 있음을 확인한 바 있다. 또한 프로이트가 마조히즘의 두번째 단계를 실제로 본적은 없지만 그 단계가 존재 '해야만 한다'고 했을 때에도 이를 확인할 수 있었다. 사르트르에서도 우리는 동일한 불가능성을 보게 된다. 주체는 자신을 사물로 상상하고자 하지만 그것을 가능케 하는 조건인 타자의 주체성을 소유하지는 못한다. 사르트르는 이 모순을 불가능한 것이라고 불렀다. 나는 다음 장에서 마조히즘이 현대성에 미학적 생산성과 정치적 효과를 제공해 줄 수 있는 근거가 바로 이 주체성의 모순에 있다는 사실을 밝히고자 한다. 철학의 원칙적인 거부와 정신병리학의 협소한 해석에도 불구하고 일종의 초주체성을 계획하는 마조히즘의 능력은 모더니즘과 포스트모더니즘의 정치와 문화에서 핵심적이면서도 제대로 연구되지 않은 문제이다.

차이의 부재

사르트르는 단일하고 의미 있는 위치를 거부하는 주체성에 좌절할 수밖에 없었다. 좀 더 큰 도식의 일부분으로 고정시키는 것이 불가능했기 때문이다. 실버만은 마조히즘에 대해 다음과 같이 쓰고 있다. "환상을 만들어 내는 그 개인이 곧 자기 '자신'의 성적 대상이다. 그가 주시하는 신체는 그 자신에게 속해 있다"(실버만 1988, 54). 실버만은 마조히즘적 주체에 내재되어 있는 모순들 중 하나를 지적하고 있다. 그러나 그녀 역시 마조히즘에서 특권을 가진 어떤 단일한 주체성의 한 지점이 가능한 것처럼, 마치 하나의 단순한 주체 또는 대상이 저기 어딘가에 숨겨져 있다는 식으로 보고 있다.

마조히즘에서 주체성의 전개는 그보다 훨씬 복잡하다. 마조히즘적 주체는 다양한 위치들이자 또한 불완전한 위치들로 존재하며, 권력과 권력의 부재, 능동성과 수동성, 자아와 타자, 고통과 쾌락, 주체와 대상, 남성과 여성의 관계를 불안정하게 한다. 그러나 이러한 복잡성은 변증법적 지양이나 급진적 해체주의와는 다르다. 주체의 산포는 중심화를 배제하지 않는다. 또 두 가지 다 더 의미 있는 상위 범주로 변형되지도 않는다. 더 이상 축소될 수 없는, 끊임없이 확장되는 차이들의 장 속에 흩뿌려지지도 않는다. 차이들은 동일성을 혐오하기보다는 오히려 협력한다. 마찬가지로 마조히즘에는 발전이라는 것이 없다. 성취해야 할 것이 없기 때문이다. 변화와 회귀는 동일한 과정의 일부분이다. 마조히즘에서 이항대립은 놀이이며 예술이다. 그것은 논리적 단계나 고정된 유형이 아니라 흥분과 집중의 대상으로서 거기에서 이항대립은 유희와 패러디의 대상으로 추락하지만 동시에 강화되기도 한다. 차이의 붕괴는 이항성의 극복도 아니고 상위의 의미와 질서의 재생산도 아니다. 마조히즘에서 이상성은 일종의 포르노그래피이고 영감의 수단이며 유희의 출발점이고 정치성의 반영이다.

남성 마조히즘적 주체의 주체성은 일련의 모순적이고 해체적인 상태 속에서 자신을 끊임없이 펼쳐내고 또다시 펼쳐낸다. 그러면서 항상 사소한 인식상의 실수가 발생하면 언제나 자신에게로 되돌아간다. 이러한 불완전하고 작은 위치들 속에 산재하지만 주체는 중심화되고 권위적인 주체성을 보존하기 위한 확고한 수단과 의도를 유지한다. 주체는 흩뿌리면서 보존하고 파편화되면서 동시에 통제한다. 능동적이면서 수동적이고 권력을 소유하면서 또한 권력이 부재하는 것이다. 주체는 언제나 스스로 파괴를 주도하면서도 자신을 재주장하려는 목적을 주장하며, 최소한 고동치는 내러티브의 핵심으로서 이러한 과정 전체에 걸쳐 확고한 모습을 유지한다. 극히 모순적이고, 사르트르의 말대로 '불가능한' 이 과정은 주체적 중심성의 거부가 그러한 거부 행위 없이도 공표되고 실행될 수 있다는 것을 의미한다. 중심화된 주체의 파괴는 그 파괴에 대한 위협이 없이도 가능하다. 마조히즘적 주체의 자기 주장과 자기 파괴 사이에는 차이가 존재하지 않는다. 마조히즘은 주체성과 주체성의 파괴 사이의 **차이의 부재**를 생산한다.

20세기 전반에 걸쳐 이러한 차이의 부재를 생산하고자 하는 시도가 있었다. 숭고미의 패턴을 따라 예술적인 시도를 하는 경우도 있었고 포스토모더니즘의 문화 이론에서 주체를 정치적 측면에서 재정의하려는 시도도 있었다. 이 두 가지 시도들이 바로 이 책이 앞으로 다루게 될 주제이다. 그러나 지금으로서는 단지 마조히즘이라는 모델이 우리로 하여금 현대의 문화적 정치성을 재고하도록 한다는 사실만을 언급하는 것으로 충분할 것이다. 포스트모더니즘의 문화 이론에서 철학적 거대 주체의 죽음은 이제 진부한 이야기가 되었다. 한 가지 예로서, 현대 문화 이론에서 가장 설득력 있고 통찰력 있는 인물들 중 한 사람인 도나 해러웨이는 주체의 죽음과 관련해서 다음과 같이 말한다. "인문학을 공부하는 젊은이들은 주체의 현현, 즉 단일한 의지와 의식의 질서 잡힌 핵심에 대한 이러한 의심을 '주체의 죽음'이라고 불렀다. 그러나 나로서는 이런 식의 판단이 매우 엉뚱해 보인다. 오히려 나는 이러한 의심을 이전의 거대 주체라는 시점에서는 전혀 상상할 수 없었던 비동형성의 주체들, 대리자들, 이야기 영역들의 시작이라고 부르고 싶다"(해러웨이 1991, 192). 해러웨이는 거대 주체의 죽음을 수많은 새로운 주체들의 번성으로 변형시킨다. 그런데 동일한 문제에 대한 이 두 가지 독법, 포스트모더니즘에서 주체를 재정의하려는 이 두 가지 시각들은 상실을 슬퍼하는 남성의 것인가 아니면 자유를 축하하는 '소수자'의 것인가? 아니면 이보다 훨씬 더 복잡한 또 다른 어떤 것인가? 세브린에게 완다가 필요하듯이 새롭고 다양한 차이를 가진 주체성들을 주장하는 것이 오히려 지배적 주체성을 재발명하는 행위의 일부가 아닐까? 물론 나는 페미니즘에서 퀴어 이론(Queer Theory)에 이르는 그 풍요로운 축에서 발생한 새로운 자율성들 때문에 이 새로운 주체성들을 비판하고자 하는 것은 아니며, 진보라는 상투적인 옷을 입고 있지만 전통적 권력에 상당한 질투심을 드러내는 그 형식뿐인 대중언술의 다양성에 이들이 이용될 수도 있음을 경고하고자 하는 것도 아니다.

다시 말해서 마조히즘을 통해서 주체성을 다시 읽을 때 우리는 비동형적 주체들이 마조히즘의 역동성 내에 대안적 주체성을 위한 장소가 존재한다는 것을 알고 있지만 또한 그 주체성의 자율성이 제한되어 있다는 사실도 분명히 알고 있다는 사실을 기억할 필요가 있다. 주체의 '죽음'은 타자의 주체성을 요구하지만 그것이 타자의 이익을 위한 것은 아니다. 주체의 죽음은 남성 마조히즘의 모순들을 통해 확인했듯이 여성적 주체성과 상당히 밀접하게 연관되어 있다. 마조히즘적 주체의 다양성과 유동성에도 불구하고 여성적인 것의 역할은 언제나 고정되어 있다. 그리고 그 과정은 항상 자신으로부터 여성적인 것을 억압하고 훔치면서 진행된다. '여성'은 거대하고 유동적인 남성성의 한계 내에서만 의미가 주어지며 따라서 그 자체는 상실되고 만다.

남성성은 스스로 자신의 권력이 부재하는 상황을 상상한다. 권력은 마치 희생자인 듯이 자신을 드러낸다. 권력은 여성의 권력을 상상함으로써, 특히 남성의 권력을 빼앗는 여성을 상상함으로써 여성을 조종한다. 그런데 이렇듯 강력한 인물이 어떻게 희생자가 될 수 있을까? 특히 여성이 어떻게 그녀의 권력을 창조한 남성 주체의 희생자가 될 수 있을까? 여성으로부터 여성성을 훔쳐냄으로써 남성적 주체성을 성취하는 과정은 남성의 순진성이 극화되고 희생자가 부재하는 극장의 내부에서 이루어진다. 주체는 고통받으며 이미 권력을 포기했다. 그런데 주체가 고통을 내부로 투사하는 순간에 타자는 파괴된다. 게다가 타자의 고통은 인식되지 않는다. 그 고통은 마조히즘적 주체 자신이 시작한 것이고 이미 그 자신이 먼저 겪었던 것이기 때문이다. 타자의 고통은 상실되며 주체의 의식 내에서 그 고통의 재현은 전혀 어떤 의미나 무게를 가지지 못한다. 그 고통받는 타자가 여성이든 식민지이든, 원주민이든 또는 어린이이든, 아름다운 것이든, 또는 장애인, 범죄자, 죽은 자이든 모두 마찬가지이다.

이 구조 속에는 페미니즘과 소수민족정책 일반에 대한 소위 백인의 반격 또는 '정치적 올바름'에 대한 거부 운동 등으로 불리워진 '성난 백인 남성'의 주관적 논리가 새겨져 있다. 이미 권력화되어 있는 자의 식은 권력을 권력의 부재로 정의한다. 한편으로 전략적 이유 때문에, 또 한편으로 도덕적·리비도적 이유를 위한 환상 때문에, 권력은 자기 자신을 희생자로 인식하는데 이것이 바로 권력 작용의 일부분이다. 마조히즘의 역동성을 통해서 우리는 이러한 부인(否認)이 단순히 잘못된 신념이나 자기 기만이 아니라 현대적 권력의 의미 그 자체의 일부라는 것을 확인할 수 있다.

성을 차이의 부재라는 용어로 이론화시킨 경우는 이전에도 있었다. 〈성적 차이의 부재와 레즈비언 문제〉에서 테레사 드 라우레티스는 이리가레이의 구별을 이용해 성적 차이의 부재를 두 가지 유형으로 대비시키고 있다. 하나는 모든 성이 붕괴되어 남성적 이성성(異性性)으로 수렴되는 '호모-섹슈얼'한 것이고, 다른 하나는 본질적으로 다양할 수밖에 없는 인종, 계급, 성의 차이들을 강조함으로써 관습적인 성적 차이의 양극성을 부정하는 '호모섹슈얼'한 것이다(드 라우레티스 1988, 156). 라우레티스가 지적하고 있듯이 후자는 항상 전자와 동일시 될 수 있는 위험에 처해 있으며, "호모섹슈얼리티와 호모-섹슈얼리티를 동시에 각각 다르게 그리고 함께 생각해야 하는 문제가 남아 있다"(드 라우레티스 1988, 177). 본 연구의 목적은 이러한 인식이 지배적인 남성적 패러다임을 동일성으로 이름만 바꾸어 부르는 것으로 끝나서는 안 된다는 것을 주장하려는 데 있다. 마조히즘적 차이의 부재는 동일성의 전략도 아니고 동일성의 재발명도 아니다. 실제로 이 차이의 부재는 권력이 자기 파괴를 통해서, 즉 동일성을 파괴하면서 동시에 재발명함으로써 자신의 권력을 영속화시키는 남성적 권력의 한 가지 모델에 대해 통찰력 있는 이해를 제공해 준다. 이러한 남성성의 권력은 스스로를 지탱하지만 습관처럼 스스로 이에 대한 고백이나 인정을 거부하는 권력이며 이러한 권력을 포기해야 할 필요가 없는 한 정체성, 쾌락, 행복, 만족 등 모든 것을 기꺼이 희생시킨다. 동일성은 이러한 권력의 근본적 구조가 아니라 가부장적 권위를 자신의 특징들 중 하나로 이용하고자 할 때 선택하는 의상일 뿐이다. 따라서 필요할 경우에만 동일성에 의존한다. 또한 자신의 이해를 넘어서는 것은 인정하지 않으며, 어느 곳에나 속해 있다는 믿음을 정당화시키기 위한 방법으로서 차이를 조장한다. 차이의 부재는 정체성이라는 용어로 단순히 정의될 수 있는, 또는 가부장적인 것과 밀접하게 연결되어 있는 권력에 봉사함으로써 서로 다른 것들이 동일한 것으로 수렴되는 것을 의미하는 것이 아니다. 그것은 단일한 실체와 급진적 다양성 사이의 어느 지점에서 이루어지는 차이들의 특수한 중지이며, 동질성과 관련된 유일한 조건은 권력 그 자체가 아니라 권력의 민첩성이다.

1960년대의 실천주의는 자유 민주사회의 복잡한 억압을 파시즘과 동일시하지 못했다. 그 결과 우리는 1980년대 초반 이후로 사회적 타협을 황폐화시킨 자유경제적 근본주의에 더 노출될 수밖에 없었다. 남성성을 동일성과 같은 것으로 보고자 하는 우리의 지적 성향도 미묘하고도 지루한 권력의 문제와 관련해서 그와 유사한 무능력한 모습을 보일 위험이 있다.

2

마조히즘과 숭고미

우리는 이미 마조히즘과 문학, 나아가 미학과의 연관성을 여러 번 언급한 바 있다. 프로이트는 독서가 마조히즘적 환상과 역할 놀이에 기여한 바에 대해 언급한 바 있으며, 크라프트-에빙과 프로이트 모두 마조히즘의 유희를 묘사하면서 문학과 연구에 대한 은유를 이용하고 있다. 게다가 들뢰즈는 사디즘과 마찬가지로 마조히즘이라는 용어가 소설가의 이름에서 유래했음을 상기시키고 있다. 우리는 마조히즘에 대한 분석을 통해 여기에서 구성되는 미학적 관계가 어떤 것인가를 살펴보고자 했다. 그리고 자허-마조흐와 프로이트의 텍스트를 바탕으로 우리는 그것이 숭고미라 불리는 칸트 미학의 특정 부분과 관련이 있다는 결론을 미리 상정한 바 있다. 이 장의 목적은 칸트의 미학과 리오타르의 《판단력 비판》 해석, 특히 그의 《숭고미의 분석에 대하여》를 바탕으로 마조히즘과 숭고미의 관계를 정의하는 데 있다.

프로이트 텍스트의 아포리아는 사디즘에서 마조히즘으로의 전이를 묘사하려는 시도에 있다. 프로이트는 여기에서 세 가지의 명쾌한 전이 단계를 추론하여 실제적인 증거도 없이 환자의 경험에서 하나의 논리를 이끌어 내고 있다. 숭고미를 분석하기 전에 우선 프로이트의 마조히즘 이론이 이후 어떻게 그 단계의 복잡성, 그리고 마조히즘이 가진 문학적 본질의 중요성을 강조하는 결과를 가져왔는지 알아보기 위해 테오도르 라이크의 글을 살펴볼 필요가 있다. 라이크의 글은 마조히즘과 숭고미의 관계를 이해하는 데 도움이 된다. 그의 주된 관심이 마조히즘에서 환상의 역할, 문학과의 관계, 어떻게 마조히즘이 주체와 성에 서술과 미학을 끌어들이는지에 집중되어 있기 때문이다.

라이크는 마조히즘에 대한 프로이트의 작업을 명확히 하고 '그 조건'의 병인학에 대한 세 가지 단계의 대안적 모델을 제공하고자 시도한다(라이크 1941, 13장을 볼 것). 라이크의 첫번째(사디스틱한) 단계에서 주체는 타자가 실행한 것을 객관화시켜 다시 타자에게 되돌려준다. "당신이 내게 한 대로, 그대로 나도 당신에게 되돌려주겠다." 두번째인 중간 단계에서, 타자는 상상된 대상으로 남지만 행위의 대리자를 잃어버린다. 그리고 주체가 타자에게 행하는 폭력은 자기 자신에 대한 폭력과 일치된다. "내가 당신에게 하듯이, 내게도 그렇게 하겠다." 이제 필연적으로 세번째 단계, 즉 진짜 마조히즘 단계로 이어지면서 타자는 지배자의 모습으로 재탄생한다. "내가 나에게 하듯이, 당신도 나에게 이렇게 해달라"(177).

여기에서 우리는 자허-마조흐를 분석하면서 접했던 사항들과 매우 유사한 특징을 발견하게 된다. 예를 들어 라이크와 자허-마조흐의 경우 마조히즘의 전개 양상에서 타자는 단지 마조히즘적 주체가 자신을 객관화시키기 위한 의상에 불과하다. 그리고 주체에 대한 타자의 행위는 주체가 자신에게 행하는 행위의 역전된 형태일 뿐이다. 이것이 바로 우리가 차이의 부재라고 불렀던 마조히즘적 역설의 정치적 논리로서, 주체는 퇴각과 좌절을 통해 자신의 주체성을 강화하고 수행하기 위해 자신의 권력을 권력의 부재라는 형태로 구성한다. 라이크는 다음과 같이 쓰고 있다. 마조히스트는 "다른 사람이 자신에게 강요하도록 강요한다…. 대상에 대한 완전한 복종을 특징으로 하는 마조히스트가 대상의 의지를 무시하고 자신의 의미만이 수행되어야 한다고 주장한다는 사실은 매우 특이한 일로서 고찰의 필요성이 있다"(84-

87). 타자가 주체에게 행해지는 폭력의 원천이자 결정권자로 나타난다 하더라도 이는 마조히스트의 의지와 계획에 완전히 종속됨으로써만 가능할 뿐이다.

라이크가 마조히즘을 이해하는 데 기여한 가장 큰 공헌은 세 가지 단계의 모델이 무엇보다도 환상에 의해 이루어진다고 주장했다는 데 있다. 프로이트의 논의의 아포리아를 다루기에 적합해 보이는 것도 이러한 주장에 근거한다. 라이크에 따르면 환상은 가장 주관적이고 성적인 삶의 일부이다. 그러나 그것이 그토록 중요한 요소가 되는 것은 마조히즘과 관련되었을 때이다.

자아에 대한 사디즘이 방향을 바꿀 때 [마조히즘이] 발생한다고 가정하는 한 마조히즘은 이해할 수 없는 문제로 남게 된다. 대부분의 정신분석학자나 성 전문가들은 동의하지 않을지도 모르지만 나는 마조히즘의 발생지가 환상이라고 생각한다.

마조히즘이 환상에서 유래한다고 주장한다고 해서 그것이 허공에서 생겨난다는 의미는 아니다. 그것은 역할의 교환을 통해 변화되고 변형되는 묘사, 폭력적이고 공격적인 행위에 대한 생각−시연(試演)에서 유래한다(186).

크라프트−에빙과 마찬가지로 라이크의 연구에는 극장 이미지가 내포되어 있다. 마조히즘은 원래부터 극장, 즉 라이크가 말하는 '생각−시연'이다. "마조히즘은 퍼포먼스의 성격을 가지고 있으며 대체로 연극적 분위기가 필수적이다"(78). 여기에서 보듯이 환상과 연극 사이의 관계는 프로이트의 문학과 마조히즘의 유희 사이의 관계보다 훨씬 더 명확하고 간결하다. 마조히즘은 문학을 필요로 한다. 이미 일종의 문학에 뿌리를 두고 있기 때문이다.

그런데 라이크의 '생각–시연'에서 도대체 무엇이 시연된다는 것인가? 라이크가 언급하고 있는 '역할 교환'은 주체와 타자 간의 일종의 자리 옮김을 언급하는 것으로서 이는 이미 마조히즘의 세 가지 단계의 모델에서 살펴본 바 있다. 그러나 여기에는 무엇인가 다른 것, 마조히즘이 필요로 하는 연극이 어떤 종류인지를 명확히 해줄 수 있는 그 어떤 것이 진행되고 있다. 라이크에 따르면 마조히즘은 욕망의 위험을 통제하려는 시도이다. 주체는 제제가 따르는 어떤 쾌락에 매력을 느낀다. 그러나 여기에는 처벌의 위험이 뒤따른다. 쾌락을 갈망하면서 주체는 처벌을 앞당긴다. 이렇게 해서 이론적으로 쾌락에 접근할 수 있도록 하는 것이다. 쾌락의 경험은 처벌의 위험이 제거된 이후에 비로소 가능하다. 다시 말해서 처벌을 먼저 경험함으로써 쾌락에 대한 타협과 금지가 더 이상 남아 있지 않을 때 가능한 것이다. 처벌은 쾌락을 향한 분명하고도 필수적인 과정이다. 결국 주체의 마음속에서 처벌과 쾌락은 서로 밀접하게 연결된다(119).

마조히즘은 따라서 예측에 대한 통제이다. 심리적 차원에서 처벌이 사라진 만큼 마조히스트는 쾌락으로부터 두려움을 느껴야 할 이유가 없다. "불안에 떠는 대신, [마조히스트는] 이미 자신을 고통에 내맡겼으며, 모욕과 처벌의 두려움 대신 그는 이미 스스로에게 그것을 초래했고 따라서 험난한 운명을 극복했다. 이 모든 것을 예측함으로써 그는 그에 대한 두려움을 떨쳐 버렸다. 마조히즘의 메커니즘은――방향성이라는 시각에서 볼 때――미래를 향한다"(70). 이와 같이 처벌은 쾌락에의 접근을 가능케 해준다. 쾌락은 고통을 먼저 경험하기만 한다면 언제나 가능하다. 게다가 처벌과 쾌락을 결속시키는 콤플렉스는 미래에 있다. 즉 주체의 쾌락의 지평선 위에서 떠돌고 있는 것이다. 실제 경험은 훨씬 더 기계적이고 엄격하며 무미건조할 수도 있을 것이다. 그런데 실제 마조히스트의 행위와 관련해서 그가 꿈꾸는 그 쾌락은 실현되거나 성취되지 않는다. 그것은 단지 리허설, 즉 시연이고 재현(再現)일 뿐이다. 쾌락과 고통이 뒤섞인 복잡한 현실은 결코 이루어지지 않는다. 그것은 단지 예측되고 극화될 수 있을 뿐이다. 그것은 마조히즘의 책략이 지향하고 있는 미래에 머물러 있다. 결국 극적 구조가 어떠하든지 마조히즘은 두 가지 사실에 의존해 있다. 첫째, 마조히즘의 호소는 쾌락을 허용하고 드러내며 생산하는 조건으로서 고통에 대한 호소이다. 둘째, 마조히즘은 우리의 미래 또는 지평성에 위치한 복잡한 목적지를 향하며 우리는 단지 예측과 기대만을 경험할 뿐이다.

마조히즘이 환상에서 유래하는 것인 만큼 마조히즘은 원래부터 주관적 삶이나 정신병리학과 같은 범주와는 전혀 관계가 없다. 마조히즘은 문학, 연극 등에서 영감을 얻은 서술, 상상력, 허구로 구성된다. 이러한 의미에서 마조히즘에 대한 논의는 동시에 예술과 그 철학적 영역인 미학의 언어를 통해 이루어질 수밖에 없다. 칸트의 미학에서는 미학이 주로 예술적 대상의 의미, 생산기술, 해석보다는 주관적 삶의 범주로 간주되어야 한다고 강조되고 있다. 그리고 그것은 칸트가 **감정**이라고 부르는(칸트 1987, 48) 것, 특히 의미, 무의미, 쾌락 사이의 복잡한 관계를 향하고 있다. 그런데 마조히즘과 미학의 연계성은 일반적인 관계와는 다르다. 칸트의 글은 그가 미학의 하부 범주로 생각했던 어떤 특정한 유형의 주관적 경험, 미적인 것의 감상에서 발생하는 모든 합목적성과 쾌락의 논리에 공명하면서, 또한 그 과정에서 고통, 불확실성, 불안이 등장하는 그러한 경험을 묘사하고 있다. 이것이 바로 숭고미이다. 그리고 여기에서 우리는 마조히즘과 관련해서 지금껏 이야기했었던 것과의 특이한 연관성을 발견하게 된다.

마조히즘과 숭고미의 관계는 정확히 어떤 것인가? 어느 하나가 다른 하나로 이어지는 관계인가? 마조히즘이 숭고미를 만들어 내는 것인가? 그리하여 철학이나 문화적 정신분석의 경우에서처럼 때로 개인을 확대, 강조해서 문화를 개인적 주체의 표현이나 반영으로 생각하는 관습적인 이론적 추세를 확고히 한다고 보아야 할 것인가? 아니면 숭고미가 마조히즘을 만들어 내어, 어떤 정치적 가능성 또는 자아의 윤리학을 구현하기 위해서 미학을 주체의 범주로 제한하는 후기구조주의의 계획을 정당화시킨다고 보아아 할 것인가? 어떤 모델을 택하든지 결국은 단순한 과학적 또는 서술상의 논리에 따라 연결되어야 하는 독립된 현상으로 다루면서 마조히즘과 숭고미를 구체화시키게 될 것이다. 마조히즘과 숭고미는 동일한 문화적 구성물의 일부이다. 양자간에 공유되는 본질은 부분적으로 미학적인 것과 주관적인 것이라는 각각의 용어들이 속한 범주들이 계몽주의 이후 아직까지 서로 명확히 구분되지 않았기 때문이다. 이 두 가지가 반영하고 있는 것은 쉽게 중지될 수 없는, 따라서 또 다른 언어, 즉 모순과 무의미를 수용할 수 있는 그러한 언어를 필요로 하는 주체성의 불가능성이다.

라이크의 마조히즘적 환상에서 유래한 바와 같이, 우리는 마조히즘에 두 가지 특징이 있다고 말한 바 있다. 즉 고통으로부터 유래하는 쾌락, 그리고 멀리 떨어진 또는 미래의 시간에 존재하는 상상적 대상에 대한 의지가 그것이다. 이제 이 두 가지 속성들이 칸트와 리오타르에서 어떻게 이론화되는지를 살펴보자. 숭고미는 항상 쾌와 불쾌가 결합된 경험이라고 정의되어 왔다. 그리고 그 바탕에는 이러한 복잡하고 모순된 감정이 있다. 칸트는 그것을 "부정적 쾌감"(98)이라고 묘사하면서, "그 대상은 불쾌를 통해서만 가능한 쾌감과 함께 숭고미로 인식된다"(117)고 말한다. 칸트의 숭고미를 다루는 다양한 글에서 리오타르도 이 정의를 그대로 반복하고 있다. 《포스트모던의 조건》에 첨부된 짧막한 글, 〈포스트모더니즘이란 무엇인가?〉에서 그는 숭고미는 "강렬하고도 모호한 감정으로서 쾌락과 고통을 동시에 수반한다. 사실상 숭고미에서 쾌락은 고통에서 유래한다"(리오타르 1984, 77)고 쓰고 있다. 〈숭고미와 아방가르드〉에서도 그는 숭고미를 "고통과 쾌감의 혼합, 고통에서 유래하는 쾌감"(리오타르 1993, 250)으로 묘사하고 있다. 이 문제에 대해 가장 세부적인 논의를 담고 있는 《숭고미의 분석》에서도 그는 동일한 입장을 반복하고 있다. "숭고미라는 하나의 감정에 대해서 어째서 두 가지 감각이 존재하는 것일까? 이는 이 감정이 두 가지의 모순된 감각들, 즉 쾌와 불쾌, '매력'과 '거부감'으로 구성되어 있기 때문이다"(리오타르 1994, 109). 그런데 이러한 글들에는 공시적인 것과 통시적인 것 사이의 혼란이 드러나 있다. 우리는 이 문제를 다시 다루게 될 것이다.

고통에서 쾌락이 유래하는 과정에 대한 칸트의 분석은 정신 에너지와 그 에너지의 흐름이라는 개념에 크게 의존하고 있다. 칸트는 숭고미가 "생명력의 순간적인 금지와 곧바로 이어지는 더욱 강력한 생명력의 유출에 의해 생겨난다"(98)고 쓰고 있다. 리오타르는 이를 다음과 같이 설명한다. "숭고미의 즐거움은… 두 가지 모순된 순간들에서 유래한 감정으로서 '간접적'으로 발생한다. '생명력'은 순간적으로 '방해'… 어떤 금지를 경험하면서 움츠려들고 억압된다. 이것이 풀려날 때, 즉 '방출'될 때… 다음 순간 훨씬 더 강력해진다"(리오타르 1994, 68). 《리비도의 경제학》의 저자인 리오타르는 칸트의 묘사에서 근본적으로 프로이트적인 논리를 발견했으며, 적절한 용어를 통해 양자간의 텍스트적 상호 관계를 드러내고 있다.

우리는 여기에서 마조히스트가 자신이 기대하는 결과로부터 쾌락을 해방시켜 주기 위해서 먼저 고통의 두려움을 초래한다는 라이크의 설명과 동일한 서술 논리를 확인하게 된다. 쾌락은 분명 가능하지만 이는 고통의 경험에 의해 특수한 형태로 변화된 이후에만 가능할 뿐이다. 서술상의 논리에도 불구하고 이러한 상반된 요소들은 서로를 조건 지운다. 마조히스트에게 쾌락과 고통은 매우 복잡하게 연결되어 있다. 숭고미에서도 생명력의 금지 이후에 오는 방출은 '더욱 강력' 하고 '훨씬 더 강력' 하다.

  라이크가 보여준 마조히즘의 또 다른 특징은 대상 또는 지평선에 대한 지향이다. 이것은 마조히스트의 '생각-시연' 에서만 모방될 수 있는 것으로서 주체를 유혹하면서 또한 거부하는 위협적이고 포악하기까지 한 부재이다. 마조히스트와 관련해서 라이크는 "처벌의 이미지에 본능적으로" 매혹되는 경우를 언급한 바 있다(191). 이 감성적이고 거의 영웅적인 구절은 필연적으로 숭고미를 향하는 경험의 규모를 확인시켜 준다. 숭고미에 대한 칸트의 가장 완벽한 정의는 다음과 같다.

  우리의 상상력은 무한을 향한다. 반면 우리의 이성은 실제적인 아이디어로서 궁극적인 통합성을 요구한다. 따라서 감각 세계에 존재하는 어떤 거대한 것들을 평가하는 우리의 능력은 그 아이디어에 적합하지 않다. 그러나 이 부적합성 자체는 우리에게 초감각적 능력이 있다는 느낌을 일깨워 준다. 절대적으로 거대한 것은 감각의 대상이 아니다. 판단력은 단지 그러한 감정을 촉발시키기 위해 어떤 사물들을 이용할 뿐이며 이러한 이용에 비하면 그 어떤 이용도 이보다 클 수 없다. 따라서 숭고미라 불리는 것은 대상이 아니라 반성적 판단을 이용해 지성이 성취하게 되는 어떤 동조(同調)이다(106).

세계를 측정하고 확인하기 위해 우리가 사용하는 상상력은 비록 무한으로 확장된다 하더라도 이성이 요구하는 '궁극적인 통합성'을 성취하지 못한다. 이성의 야망과 상상력의 능력은 양립되지 못한다. 그러나 이러한 경험은 우리의 야망의 규모, 육체적 감각을 초월하는 것에 대한 동조(同調)에 대한 의식을 촉발시킨다. 실패를 통해서 우리는 정상적인 논리와 육체성의 한계 너머까지 우리 자신을 확장시킨다. 바로 이러한 감정 속에 숭고미가 자리잡고 있다. 따라서 그것은 폭풍, 산, 화산같이 우리가 장엄한 것을 묘사하거나 어떤 특정한 감정을 설명할 때 흔히 언급하는 그런 구체적인 사물이 아니다. 대상의 실제 의미는 더 큰 반성을 요구한다. 이 문제는 앞으로 다시 다루게 될 것이다.

리오타르는 숭고미를 다음과 같이 묘사하고 있다.

> 숭고미의 감정은 이중의 거부로 볼 수 있다. 표현의 한계에 다다른 상상력은 더 이상 표현할 수 없다는 사실을 표현하기 위해서 스스로에게 폭력을 행사한다. 반면 이성은 비이성적으로, 스스로에게 부과한 금지, 감각적 직관 내에서 그 개념에 일치하는 대상의 발견을 금하는 그 금지를 파괴하고자 한다. 이 두 가지 상황 하에서 사고는 확장에 매료된 듯이 자신의 한계를 거부한다. 행복과 불행이 공존하는 이 숭고미의 '상태'에서 사고는 바로 이러한 무한성에 대한 욕망을 경험한다(리오타르 1994, 55).

숭고미에 대한 이전의 논의에서 통시성 문제는 이제 의미가 없다. 중요한 것은 감정들의 결과나 어떻게 감정들이 서로를 생성시키느냐가 아니라, 이성과 상상력이라는 용어를 통해 숭고미를 주체와 세계의 관계라는 더 큰 문제 속에 위치시키는 것을 허용하는 불가능성과 모순의 구조이다. 리오타르의 숭고미에서 사고는 "스스로에게 폭력을 행사한다." 상상력은 더 이상 표현할 수 없는 지점을 표현하고 이성은 상상력을 통해 이성의 인식에 합치되는 대상을 찾고자 하는 비이성적인 노력을 기울인다. 그러나 상상력은 그 대상을 표현할 수 없다. 반복해서 그 불가능성을 토로할 뿐이다. 불가능한 것을 가능케 하려는 노력, 그리고 그것이 실패했을 때 비로소 리오타르가 숭고미의 "행복과 불행이 공존하는 '상태'"라고 부르는 그 특수한 감정이 생성되는 것이다.

라이크는 마조히스트의 유희를 처벌 이미지에 대한 생각-시연으로 보았다. 처벌과 쾌락은 극장으로 변한다. 그 자체로서는 구체화될 수 없기 때문이다. 마조히스트는 자신이 완전히 통제할 수 있는 상황을 계획하고 있다. 그의 쾌락을 감시하고 그에게 판결을 내리는 외부의 처벌 체제는 존재하지 않는다. 이것은 환상 속의 권위적 인물을 내재화시킨 것에 불과하다. 주체가 가진 모든 것은 불법, 처벌, 금지된 쾌락의 극장이다. 이러한 구조들이 현실화될 수 있는 지평선, 상상 속의 미래는 결코 오지 않는다.

리오타르는 숭고미가 마조히즘적이고 모순적이라고 말했다. 그리고 라이크는 마조히즘의 기원이 환상에 있다고 말했다. 마조히즘과 관련된 것이라면 어느 것——그 기원, 영감, 의상 등——에서나 항상 서술과 미학의 언어를 발견하게 된다. 마조히즘에서 환상과 극장이 가지는 의미에 대한 연구에서 라이크는 칸트와 리오타르가 숭고미에 대해 언급한 내용과 정확히 일치하는 몇 가지 예를 보여주고 있다. 마조히즘과 숭고미 모두 고통이 쾌락에 선행하는 형태를 보여준다. 마조히즘과 숭고미 모두 어떤 대상, 순전히 주관적인 환상이 투사되는 상상적이거나 또는 실제적인 대상에 의존한다. 이 대상은 멀리 떨어져 있으며, 무엇인가를 부과하고, 언어로 표현할 수 없는 것으로서, 라이크의 처벌 이미지이고 칸트의 장엄한 장면이나 자연이다. 그리고 이러한 대상들은 결코 현실화되지 않는다. 라이크에게 마조히즘은 처벌의 역동성에 대한 환상의 시연(試演)이다. 그것은 철저히 마조히스트의 통제하에 있으며 실제적 구현과는 전혀 무관하다. 칸트의 경우, 그 대상은 단지 환영일 뿐이다. 칸트는 대상이 숭고미를 위한 변명에 불과하며 숭고미의 경험은 주관적인 것임을 반복해서 강조하고 있다.

따라서 마조히즘과 숭고미는 동일한 구조를 가지고 있다. 이 둘은 서로를 거울처럼 비추고 조건화하며 생산하고 재생산한다. 따라서 비록 동일한 것은 아닐지라도 서로 분리될 수 없는 관계이다. 성심리학적 삶과 미학적 감정이라는 두 가지 범주들은 결코 분리되어 논의될 수 없다. 서로 밀접하게 연관되어 있기 때문에 독립적으로 존재할 수 없기 때문이다. 게다가 이들이 작용하는 장소는 주체이다. 앞으로 푸코를 분석하면서, 우리는 포스트모더니즘에서 주체라는 것이 결국 성심리학과 미학 사이의 교차점의 산물이라는 것을 살펴보게 될 것이다. 지금으로서는 단지 마조히즘에서 주체성이 불가능성, 모순, 성취불가능이라는 용어로 규정된다는 사실을 지적하는 것으로 충분할 듯하다. 이 주체성은 이미 기원, 수단, 작용이라는 문제와 관련해서 미학적인 것을 내포하고 있다. 미학적인 것은 매 순간 이 주체성을 반영하고 재생산하여 불합리성과 비이성성에도 불구하고 주체성이 살아남을 수 있도록 허용한다.

이러한 사실이 칸트와 라이크의 글에서 어떻게 드러나고 있는지 그 예를 살펴보자. 우리는 앞에서 숭고미의 묘사와 관련하여 공시성과 통시성 사이에 어떻게 혼란이 발생하는가라는 문제를 다시 살펴볼 것이라고 밝힌 바 있다. 리오타르는 숭고미와 관련해서, 그것이 "고통이 혼합된 쾌감, 고통으로부터 오는 쾌감"(리오타르 1993, 250)이라고 말했다. 칸트는 "그 대상은 불쾌를 통해서만 가능한 쾌감과 함께 숭고미로 인식된다"(117)라고 썼다. '통해서'라는 표현은 감정의 동시성으로서의 숭고미와 어떤 감정이 다른 감정으로 이어지는 방식의 숭고미 사이의 혼란을 야기시킨다. 칸트와 리오타르의 포괄적인 묘사를 통해서도 이 문제는 해결되지 않는다. 리오타르의 '고통이 혼합된 쾌감'과 '고통으로부터 오는 쾌감'이 같은 것인지는 명확치 않다. 프로이트의 경우 깔끔한 논리적 발전 모델이 적절한 증거도 없이 경험적 관찰 속에 그대로 삽입되어 있다. 따라서 우리는 아포리아를 생산하는 마조히즘의 병인학을 질서 정연하게 그리고 합리적으로 조정할 필요가 있음을 확인할 수 있었다. 라이크의 경우, 고통에서 유래하는 쾌감은 서술 순서의 일부분이다. 마조히즘과 숭고미에 대한 담론들은 도처에서 스스로를 서술하기 위해서, 특히 깔끔한 미학적 질서와 순서에 따라 구성되기 위해서 투쟁하고 있다. 상반된 것들의 복잡하고 모호한 뒤얽힘과 모순은 이성적 담론에 치명적이며 따라서 간단하게 정리할 수 있는 방법을 찾아야 한다. 리오타르는 단순히 상반성 속에서 그것을 발견했고 따라서 '고통이 혼합된 쾌감'과 '고통으로부터 오는 쾌감' 사이의 괴리를 깨닫지 못했던 것으로 보인다. 프로이트는 마조히즘에 의미가 있어야 하며, 따라서 단순한 세 가지 단계의 서술로 묘사될 수 있다는 과학적 주장만으로 그 문제를 해결했다. 실제 증거가 있는 없든 상관없이 말이다. 이와 같이 마조히즘과 숭고미는 언제나 그리고 영원히 서술에 의존한다. 마조히즘과 숭고미는 이 두 가지를 해석하려 투쟁하는 미학적 구조에 둘러싸여 있다.

그러나 이 미학에는 단순화시키기 불가능한 골치 아픈 구조가 내포되어 있다. 프로이트는 솔직하게 고백한다. 그러나 칸트와 리오타르는 모순적이다. 라이크는 마조히즘의 괴상함에 놀라움을 표시한다. 단순한 서술로는 마조히즘과 숭고미의 일부분인 그 어려움을 감추거나 지워 버리지 못한다. 이 두 가지 현상들을 단순화시키려는 시도는 실패한다. 단순하게 설명될 수 없는 비합리성이 양자 모두에 내포되어 있기 때문이다. 숭고미를 그 분신으로 만드는 바로 그것 즉, 마조히즘의 불가능성은 단순한 형태로 환원되지 않는다.

그것은 불가능하다. 그러나 그것은 계속된다. "여기가 어디인지 나는 모른다. 결코 알 수도 없을 것이다. 침묵 속에서, 당신은 모른다. 당신은 계속해야 한다. 나는 계속할 수 없다. 나는 계속할 것이다." 이것은 베케트의 《이름붙일 수 없는 것》(베케트 1979, 382)의 그 유명한 마지막 장면에 나오는 말이다. 이 말은 나와 당신 사이의 차이의 부재, 불가능한 것의 지속 등 마조히즘과 숭고미의 구조에 내포된 모순과 불가능성을 상당히 잘 포착, 묘사하고 있다. 다음 장에서 우리는 프루스트의 《잃어버린 시간을 찾아서》와 조이스의 《율리시즈》라는 두 가지 대표적인 모더니즘 텍스트를 통해서 마조히즘과 숭고미가 어떻게 주체성을 규정하는지를 살펴볼 것이다. 특히 1장에서 우리가 통합적 주체성이라 불렀던 것, 즉 모순, 상반성, 적대성, 나아가 주체가 자신의 외재적 존재이자 대안적 존재로 정의하는 타자마저도 포함하는 그러한 주체성이 어떻게 드러나는지를 살펴보게 될 것이다.

사실 이 문제는 칸트의 핵심적 문제이자 우리가 이후에 살펴보겠다고 했던 두번째 문제인 숭고미와 대상의 문제를 강조하면서 충분히 예상했던 사항이다. 《판단력 비판》이 《순수이성비판》의 인식론 분석에서 해결하지 못한 문제를 다루려는 시도이며 미적 대상에 대한 복잡한 미학적 반응에 대한 논의 이후에 나온 것이기 때문에 숭고미 분석은 주체와 대상의 만남에 대한 또 다른 이론이 되어 버릴 위험이 상존한다. 그러나 미적 대상에 대한 인식과 숭고미의 인식을 가장 효과적으로 구별해 주는 것은 전자가 대상과의 관계 유형인 반면 후자는 내적 상태라는 사실이다. 칸트는 다음과 같이 쓰고 있다. "자연의 미적 대상의 경우 우리는 우리의 외부에서 그 근거를 찾아야 한다. 그러나 숭고미의 경우에는 우리 내부에서, 그리고 자연의 묘사에서 숭고성을 이끌어내는 특정한 사고방식에서 찾아야 한다"(100). 미적 대상은 그에 대한 우리의 인식과 무관하게 존재할 수 있다. 그리고 그 근거는 우리의 외부에 있다. 반면 숭고미는 우리의 내부에서 발생한다. 리오타르는 다음과 같이 쓰고 있다. "숭고미의 대상이라는 것은 없다. 숭고미의 감정만이 있을 뿐이다"(리오타르 1994, 182). 그러나 숭고미의 분석 전반에 걸쳐서 이 강력한 주장을 모호하게 하고 복잡하게 하는 문제가 있다. 숭고미가 어떻게 발생하는가라는 문제이다. 숭고미의 발생 과정에서 대상에게도 역할이 있다. 그런데 그 역할이 정확히 무엇인가? 리오타르는 숭고미가 "대상 그 자체(형태)가 아니라 대상이 사고에 제공하는 상태에 의해서 정의된다"(리오타르 1994, 65)라고 말한다. 숭고미에서 상상력과 이성의 관계에 대해 칸트가 이전에 자세하게 언급했던 내용을 상기해 보자. 대상은 그 자체가 아니라 인식된 어떤 것으로 나타날 뿐이다. 다시 말해서, 주관적 능력들이 서로 경쟁하는 주체의 내적 장에서 이미 작용하고 있던 하나의 현상으로 나타난다. 주체와 무관하게 그리고 주체 이전에 존재하는, 문자 그대로의 **대상**이 결코 아니다. 따라서 숭고미의 상태는 서로 다른 주관적 능력들 간의 대조와 갈등일 뿐이다. 숭고미에서 대상은 사고의 과정을 거침으로써만 존재한다.

그런데 여기에는 어떤 대상이든 숭고미의 작용의 일부가 될 수 있는가 아니면 어떤 특정한 유형의 대상만이 가능한 것인가라는 문제가 뒤따른다. 만약 주체가 준비되어 있는 상태라면 어떤 아름다운 것 또는 사소한 것에 의해서도 숭고미가 발생할 수 있는 것인가? 만약 숭고미가 전적으로 내적 상태에 불과하다면 이는 충분히 가능해 보인다. 그러나 숭고미에서 대상의 무용성과 관련하여 칸트는 완고한 주장에서 한 발 물러선다. 숭고미는 주관적인 것에 기원을 두고 있다. 그러나 그렇다고 해서 대상이 전혀 무가치한 것은 아니다. 칸트는 다음과 같이 쓰고 있다.

> 만약 우리가 대상에 대해 전혀 무관심하더라도, 다시 말해서 그것의 존재에 무관심하다고 하더라도 대상의 장대함은 비록 형체가 없을지라도 보편적으로 소통 가능한 호감을 가져올 수 있고, 따라서 우리의 인식 능력을 사용할 때 주관적 합목적성의 의식에 관련된다. 그러나 이것은 반성적 판단이 인식 일반과 관련해서 목적에 따라 조정되는 경우, 즉 미적 대상에 대한 호감과는 다르다. 이 호감은 결코 대상에 대한 호감이 아니라(형체가 없으므로) 상상력 자체의 확장에 대한 호감이다(105).

칸트는 미적 대상에 대한 인식과 숭고미의 인식 간의 구별을 대상에 대한 반응이 인식 능력과 합치하는지 아닌지의 문제로 축소시켰다. 미적 대상의 경우 주체는 대상에 대한 관계가 인식 능력을 자극하는 것으로 느낀다. 비록 이 과정이 정확히 인식이나 지식으로 이어지지는 않는다 하더라도 인식 능력들 사이의 조화를 느끼게 해주며 따라서 쾌감을 산출한다. 그리고 그 결과 주체는 대상을 좋아하게 된다. 숭고미의 경우에도 칸트가 대상에 대한 주관적 합목적성이라 불렀던 것과 동일한 감정이 존재한다. 그러나 감정 대신 대상에 의해서 적어도 가설상으로 가능한 지식이 형성되며, 주체는 그 대상이 인식 과정을 복잡하게 하거나 모순된다는 사실을 느끼게 된다. 따라서 대상을 좋아하는 것은 불가능해진다. 결과적으로 대상과 관련해서 쾌감의 감정은 있을 수 없다. 상상력만이 쾌감의 원천이 될 수 있으며 지식의 작용을 시연하는 인식 능력들의 조화와는 상관이 없다.

그러나 대상의 중요성에 대한 무시는 상당히 줄어들었다. 대상이 전혀 중요하지 않다는 것은 아니다. 대상이 대상으로서가 아니라 현상으로서만 중요하다는 것도 아니다. 여기에서 대상은 역설에 빠진다. 대상에는 반응을 초래하는 어떤 성질이 있음에 틀림없다. 그것은 "호감을 가져올 수 있는" 장대함을 가지고 있다. 그러나 그 호감은 미적 대상이나 숭고미와는 전혀 다른 어떤 것, 즉 관심의 관계를 반영하지 않는다. 또한 미적 대상과 관련된 것, 즉 우리의 인식 능력과 조화를 이루는 호감을 표현할 수도 없다. 숭고미가 촉발하는 호감은 보편적으로 소통 가능하며 따라서 주체성의 어떤 보편적 상태를 드러낸다. 그러나 이 호감은 '상상력의 확장'과 같은 자체적인 어떤 것에 대한 주체의 호감이어야만 한다.

미적 대상의 감식과 숭고미의 감식 사이의 구별은 주체 외부에 그리고 주체 이전에 존재하는 어떤 독립적인 실체로서 대상의 존재와는 더 이상 관계가 없다. 또한 그 대상이 그 자체로서 존재하느냐 아니면 하나의 현상에 불과한 것이냐라는 것도 문제가 되지 않는다. 문제는 그 호감이 대상에 대한 것인가 아니면 대상이 촉발하는 상태인가라는 것이다. 여기서 대상은 다양한 속성상의 차이들을 보여준다. 그것은 장대한 것이며 형체가 없는 것이다. 비록 부정적이긴 하지만 특성들을 가지고 있으며 하나의 대상으로 남아 있다. 다시 말해서, 숭고미의 대상은 분명 존재한다. 그리고 주체와 관련해서는 숭고미의 의미만 존재할 뿐이다.

이러한 사실은 칸트의 논의의 빈틈이라기보다는 단일한 공식을 유도하기 위한 세 가지 시도들 사이의 강조점의 변화를 보여주는 증거이다. 이는 숭고미가 칸트의 세 가지 비판들의 예외에 해당된다는 사실에 의해서도 설명된다. 그 본질에 대한 본격적인 논의가 이루어질 때까지도 칸트의 계획 전반은 주체와 대상의 대립을 요구하는 구조적 논리에 사로잡혀 있었다. 대상의 의미가 부정되거나 대상의 형태가 불명확해서 무형적인 것 또는 일종의 반-대상이 되는 경우에도 말이다. 우리는 앞에서 마조히즘과 숭고미를 명료한 서술 구조 속에서 정의하려는 시도가 특유의 그 비논리성과 모호성을 제거하지 못한다는 것을 확인했다. 여기에서 숭고미의 대상을 정의하는 문제도 그것을 가능케한 칸트의 주체/대상 모델을 벗어나지 못하며 스스로 그것을 제거하지도 못한다. 숭고미의 대상은 언제나 확고하게 대상 속에 자리잡는다. 들뢰즈와 가타리의 용어를 비틀어 적용하자면, 대상은 언제나 되기의 과정 속에 있는 대상이다. 그렇지 않아야 할 경우에도 말이다. 이에 대한 최종적 결과는 숭고미가 항상 대상의 속성들과 주체의 보족적 경험들을 통해 정의된다는 것이다. 이는 리오타르의 마지막 언급만을 살펴봐도 충분하다. 숭고미에 대해서 그는 이렇게 쓰고 있다. "예술과의 접촉을 통해 예술 애호가는 단순히 쾌감을 경험하거나 어떤 윤리적 이익을 이끌어 내는 것이 아니라 개념적이고 감성적인 능력의 강화, 즉 상반된 양면적 즐거움을 기대하는 것이다"(리오타르 1993, 252). 비록 무형의 형태이고 묘사가 불가능하더라도 숭고미는 대상을 가지고 있다.

우리는 지금까지 어떻게 마조히즘과 숭고미가 서로 의지하며 조건 지우는지 살펴보았다. 숭고미는 주체에게 마조히즘적인 경험을 제공

하며 주체는 숭고미를 통해서 마조히즘의 불가능성을 살아간다. 마조
히즘을 어떤 단순한 서술이나 논리적 공식으로 묘사하려는 시도들이
있지만 아포리아나 모순들이 나타나면서 숭고미와 불가능성에 내재된
분열과 혼란의 압력이 드러난다. 마조히즘과 숭고미는 어떤 영역을
앞, 뒤로 움직이면서 동시에 그 영역을 만들어 내고 구체화시킨다. 그
영역은 차이의 부재와 불가능성, 즉 고통이면서 쾌락이고 좌절이면서
만족이며 타자이면서 자아이고 권력의 부재이면서 권력이며 불안정한
대상을 가진 주체라는 모순과 불가능성을 통해서 징의되는 주체성이
다. 바로 이것이 숭고미에서 대상이 문제가 되는 이유이다. 숭고미에
서 작용하는 종류의 주체성은 대상의 본질이나 기능을 올바로 정의하
도록 하는 논리적 일관성을 존중하지 않는다. 마조히즘적 주체는 주체
내에 대상을 포함시켜 반복하고 상상하고 창조하고 파괴하며 나아가
그 자체가 되기도 한다. 대상은 언제나 주체의 내부이자 외부에 있으
며 대상 자체의 독립적 권위에 의해서 오히려 완벽히 주체의 통제하에
놓인다. 이 불가능하고 모순된 상태가 바로 칸트가 씨름했던 문제이
며, 서술 순서나 초월적 이항성 그 어느 것도 성공적으로 수용하지 못
했던 문제이다.

3

마조히즘과 통합적 주체

마조히즘적 주체는 자신의 한계를 거부한다. 그는 이항적 대안들을 상위의 단계로 향하는 수단이나 일종의 제한으로서 간주하여 카니발화 시키거나 파괴시켜야 할 대상으로 보는 것이 아니라 자신만을 위한 어떤 유희의 장으로 생각한다. 마조히즘적 주체는 권력의 장이며 동시에 그 권력을 파괴하는 건축가이다. 그는 자신을 여성적인 것에 종속시키지만 동시에 여성적인 것을 자신의 영역에 가두어 두고 자신의 소유물로 여긴다. 그는 권력을 타자에게 양도하지만 그 권력은 타자의 것으로 추정될 뿐인 권력으로서 마조히스트의 한계와 좌절의 객관적 상관물에 불과하다. 비록 자체적인 권력으로 나타난다 하더라도 타자의 권력은 마조히스트의 자기 구성에 의해서 정의된다. 그 목적이 주체와 전혀 무관해 보일 때 조차 타자의 권력은 언제나 주체의 의미의 일부로 남을 뿐이다. 이는 단순히 주체/객체의 상호 작용이라는 라캉의 공식을 반복하는 것이 아니다. 마조히즘적 주체는 타자를 통해 자신을 정의할 뿐 아니라 타자를 자신의 주체성의 거대한 패러미터에 종속시킨다. 타자는 마조히즘적 주체의 거대하고 모순적이며 혼란스러운 내면성의 일부가 된다.

후기구조주의는 내가 여기에서 사용하고 있는 내면성으로서의 주체라는 모델을 다양한 방식으로 해체할 것을 주장해 왔다. 한 가지 예를 들자면, 들뢰즈와 가타리는 확고하게 구조화된 위치라는 기존의 모델과는 무관하게 경험을 새롭게 재정의해야 한다고 주장하고 있다. 이 문제는 나중에 다시 살펴보게 될 것이다. 지금으로서는 내면성을 하나의 모델로 계속 사용하는 것을 정당화하기 위해서 나의 결론을 미리 예시해 두는 것으로 충분할 것이다. 나는 아직 내면성이 유용한 용어일 수 있다고 생각한다. 급진적인 제스처에도 불구하고 주체성의 해체는 내면성과는 모순될지 몰라도 보충이나 파괴와는 거리가 먼 그러한 급진적 대안들을 만들어 낸 것이 또한 사실이라는 점을 보여주고 싶기 때문이다. 사실 마조히즘을 통해서 주체성과 같은 문화적 유물을 분석하는 행위 너머에는 주체성의 파괴가 자체적인 작용의 일부이며 사실상 욕망의 최고 수준의 표현임을 증명하려는 의도가 숨어 있다. 마조히스트와 마찬가지로 주체는 자신을 성취하기 위해서 자신을 부정한다.

마조히즘적 주체는 따라서 언뜻 보기에 상호 배타적인 듯한 모순들 간의 병치와 호환성에 의해 구성된다. 우리는 이미 어떻게 이 모순적 구조가 숭고미의 논리를 복제하고 재생산하는지, 그리고 어떻게 숭고미가 마조히즘적 주체에게 활동 공간을 제공하는지를 살펴보았다. 이 장의 목적은 두 가지의 텍스트를 통해 이 과정이 어떻게 작용하는지를 보여주는 데 있다. 예시에 사용될 텍스트는 프루스트의 《잃어버린 시간을 찾아서》와 조이스의 《율리시즈》이다. 나의 목적은 마조히즘적 주체성과 숭고미의 관계를 통해 마조히즘을 다루면서 주체성의 유형을 요약하기 위해 사용했던 '통합적 주체'가 무엇인지를 명확히 하는 데 있다.

프루스트의 《잃어버린 시간을 찾아서》

프루스트에게서 우리는 어떻게 마조히즘의 주체가 숭고미를 통해서 마조히즘의 외형을 벗어나 더 일반화된 주체성의 모델로 변화하고 이에 따라 마조히즘의 논리가 상호 주체성의 다른 영역으로 이동하는지를 살펴볼 수 있다. 마조히스트와 지배자 여성 간의 정치적 관계가 단순히 국지적이고 일시적인 것으로 보일 수도 있지만——저녁시간 동안 입었다가 벗어 버리는 의복들——프루스트는 분명 우리가 서로를 구성하는 역동성 뒤에 마조히즘의 논리가 작용하고 있음을 보여준다.

프루스트의 소설을 선택한 것은 우연도 아니고 정전에 대한 존경심의 표시도 아니다. 《잃어버린 시간을 찾아서》는 내러티브의 핵심적인 순간에 마조히즘의 한 에피소드를 극화함으로써 주체성과 미학적인 것에 대한 정교한 상상력과 마조히즘 사이의 관계를 살펴볼 수 있게 해 준다. 샬뤼 남작의 매질은 우리가 《모피를 입은 비너스》에서 볼 수 있었던 것과 같은 마조히즘의 역동성에 대한 정교하고도 심각한 해설과는 거리가 멀다. 어떻게 보면 거의 마조히즘과 무관해 보이기도 한다. 그 전체 장면은 단지 몇 줄의 묘사로만 이루어져 있다. 화자는 (전쟁 시기의) 파리의 어두운 거리들을 지나 그가 휴식을 위해 찾았던 한 사창가의 좁은 복도를 걷고 있다가 복도 끝의 방에서 흘러나오는 숨 죽인 신음소리를 듣고 호기심이 발동한다. 그는 방문 앞에서 귀를 기울이며 안에서 어느 중년 남자가 복종을 약속하며 매질을 중지해 달라고 애원하는 소리를 듣는다. 그의 애원을 거절하면서 큰 소리로 오히려 더 심하게 매질을 가하겠다는 젊은 목소리가 들려온다. 그리고 채찍질 소리가 다시 시작된다. 그가 서 있는 복도 쪽으로 작은 구멍이나 있는 것을 발견하고 화자는 안을 들여다본다. 방 안에는 "바위에 묶인 프로메테우스처럼" 침대에 묶인 채, "못이 박힌 채찍을 쉴새 없이 내리치는 모리스의 모습 아래에서, 이미 피가 흘러내리고 있었고 상처 투성이인 것으로 보아 이 매질이 처음이 아닌 것이 틀림없을 듯한 모습의 그 사람, 샬뤼 씨의 모습이 눈에 들어왔다"(프루스트 1983, 3: 843).

처음 듣는 사람에게는 놀라울지 몰라도 사실 이 마조히즘 유희의 묘사는 기초적이고 진부하기까지 하다. 아마 남작을 매질하는 남자들만큼이나 무덤덤할지도 모른다. 사실 이 마조히즘은 그 자체로서는 별로 흥미롭지 않다. 오히려 흥미로운 것은 마조히즘이 인물들을 서로간의 관계에 따라 배치하는 방식에 있다. 문제의 이 장면은 서술 주체의 정확한 위치와 어떻게 그 장면을 목격하게 되었는지에 대한 설명으로 시작된다. 문제의 단락——반복(세부적인 채찍 묘사가 두 번 반복된다)과 여담(이전 에피소드들에 대한 언급)에 의해 정지되어 있는——의 목적은 남작의 정체성을 드러내는 데 있다. 이 장면에 대한 우리의 논의는 바로 이 두 가지 문제, 즉 프루스트적 시선의 정의와 이것이 어떻게 서술을 발생시키는가, 그리고 이와 관련한 정체성의 전경화 문제를 중심으로 전개될 것이다.

문제의 에피소드가 벌어지고 있는 주피앙의 집은 남작의 소유이다. 그리고 앞에서 언급한 장면은 겉으로 보이는 것과는 달리 남작의 계획 하에 이루어지고 있다. 실제로 그 장면이 끝나자마자 남작은 주피앙으로 하여금 모리스를 내보내도록 한다. 그리고 나서 그가 만족할 만큼 잔인하지 못했기 때문에(3: 845) 다른 사람으로 대체하라고 명령한다. 여기에서 문제가 되는 것은 일련의 대체된 타자들에 의존하는 자기 변신의 과정이다. 주피앙의 집에서 인물들의 정체성들은 스릴 넘치는 게임을 통해 감추어지고 만들어진다. 이 게임에서 고객들은 완전히 허구화되거나 전혀 다른 사람으로 바뀔 수 있는 가능성을 즐기면서 자신들의 진짜 정체가 밝혀질 수도 있는 위험을 감수하고 있다. 고객들은 성이 아닌 이름만으로 알려져 있고 그들의 진짜 이름은 소문을 통해서만 떠돌면서 스캔들에 싸인 그 집의 분위기를 강화시킨다. 아이러니한 것은 주피앙을 비롯한 그 집의 운영진들도 진짜 이름을 알지 못하는 몇몇 고객들이 유명인사로 알려져 있다는 사실이다. 정체를 비밀로 하거나 가능한 한 허구나 환상 속에 위치시킴으로써 미스터리를 연장시킬 수만 있다면 이러한 사실은 몇몇 고객들에게 이 사창가 경험의 매력을 확대시키는 역할을 한다(3: 844-85). 여기에서 정체성들은 이후 속삭임을 통해서 훨씬 더 소중한 것으로 드러나기 위해 감추어지고 있을 뿐이다. 정체를 알 수 없는 고객들은 카리스마를 가진 유명한 이름들로 대체되며 이러한 이름들은 진짜이든 상상이든 그 집의 명성을 높이고 고객들에게 가면무도회의 흥분을 제공한다.

때로 고객들이 본명을 밝히고 스스로를 드러내도 그들의 정체성은 대체된 것**처럼 보인다.** 특히 그 집의 실제 소유자인 남작의 경우가 그렇다. 남작의 진짜 정체는 누구에게나 알려져 있다. 그러나 정체성 대체 놀이가 끊임없이 이어지고 비체계적인 만큼 그의 정체는 허구적인 것으로 간주되고 있다. 그의 본명을 알고 있는 자들은 그것이 별명에 불과하다고 믿으며, 게다가 잘못 발음함으로써 남작의 진짜 정체는 완벽한 허구로 변한다. 남작의 이름은 이런 식으로, 감추어지거나 비밀스러움이 아니라 이 쾌락의 집에서 이루어지는 정체성의 불안정성에 의해 보호받고 있다. 진짜 정체만이 진실과 보편적으로 수용되는 거짓 사이를 떠돌며 이런 식의 완벽한 보호를 제공할 수 있다.

흥미로운 것은 프루스트의 소설에서 가장 노골적인 성적 장면이 성이나 욕망에 대한 논의가 아니라 서로 오인과 대체를 즐기고 자극하는 미지의 인물들로 가득 찬 정체성 변화의 게임, 그 게임에 대한 정교한 묘사를 촉발시킨다는 것이다. 자아에 대한 또 다른 상상 또는 재상상(再想像), 타자에 대한 재구성이 이 소설 속 마조히즘의 의미이다. 사실 남작의 본질적인 바람은 그가 사랑하는 소년인 모렐을 대체할 수 있는 인물을 찾는 것이며 따라서 그는 마조히즘적 유희에서 그 젊은 바이올린 연주자를 연상케 하느냐 않느냐에 따라 자신의 파트너를 선택한다. 남자의 매질을 위해 불려온 두 남자를 언급하면서 화자는 그가 두 남자들에게서 자신이 기억하는 모렐의 모습을 찾아볼 수 없었다고 주장한다. 그러나 주체성들의 대체라는 문맥의 지배적 논리를 따라가면서——주체성이라는 것이 시선의 위치로 이해되든 문자 그대로의 의미로 이해되든——그는 이제 그가 기억하는 모렐의 모습이 아니라 "내가 모렐을 보는 것과는 다른 눈"(3: 846)이 기억하고 있는 그 얼굴을 보고 있다는 사실을 깨닫게 된다. 대체가 이중으로 작용하고 있다. 사창가의 일꾼들은 모렐로 대체된다. 그리고 이러한 사실을 인식하기 위해서 화자는 자신의 시선을 다른 누군가의 시선으로 대체해야 한다. 모렐을 불확실한 누군가로 바꾸어 놓음으로써 사창가 일꾼들을 바라보는 화자의 시선은 일꾼들을 모렐로 바꾸어 놓는다. 이후에 우리는 화자가 이 대안적 주체성을 택함으로써 어떻게 상호적 시선 속에서 자신의 주체성을 남작의 주체성으로 대체하게 되는지, 그리고 두 사람이 어떻게 하나의 거대한 복수적 주체를 형성하는지를 살펴보게 될 것이다.

여기에서 지적해야 할 중요한 사항은 사창가의 일꾼들과 모렐을 연결시키는 대체의 역동성 전체가 사색적이고 불안정한 측면을 전경화시키는 화자의 연속된 추측의 일부라는 것이다. 그는 왜 사창가 일꾼들이 모렐을 닮았는지를 설명하기 위해서 일련의 가설들을 동원한다. 남작이 좋아하는 특정한 유형이 있었던가? 일꾼들과 모렐이 과연 그 유형에 일치할까? 그는 자신이 그 유형이 속하는 것이 아닐까 또는 일꾼들과 모렐이 예전에 그 알 수 없는 위협적인 느낌으로 남작을 놀라게 했던 '어린 에피브'를 닮지 않았을까 생각한다. 그의 두번째 가설은, 모렐이 남작을 매혹시켰던 유형을 수정했고 그 결과 일꾼들이 더 이상 매력적이거나 흥미롭게 느껴지지 않았다는 것이다. 세번째 가설을 통해 화자는 남작과 모렐의 관계가 사실상 성적인 차원의 관계가 아니며, 남작은 그저 젊은 바이올린 연주자와의 성적 환상을 추구했을 뿐이라고 생각한다.

라이크는 마조히즘적 장면을 '생각-시연'이라고 불렀다. 그리고 우리는 이로부터 마조히즘적 장면이 상상하거나 기대하는 현실은 결코 그 자체로 또는 저절로 이루어지지 않는다고 결론지었다. 남작의 매질 장면은 모렐과의 관계를 보여주는 어떤 생각-시연의 하나로서 이것은 실제로는 발생하지 않은 것인지도 모르고 앞으로도 발생하지 않을 지도 모른다. 남작은 자신이 통제할 수 있는 상황, 자신과 모렐의 관계가 순전히 상상적이고 따라서 자신의 욕망이 성취될 수 있는 그런 특정한 상황을 만들어 내고 있다. 그러나 이 욕망을 구현하고 있는 남작 자신도 화자의 열려 있고 자아 파괴적인 사고 속에서는 단지 허구적인 실체에 불과하다. 화자는 모렐과 남작 사이의 관계에 대해 여러 가지 대안적 가설들을 꾸며내지만 가설들은 서로 배타적일 뿐 아니라 결코 확실한 사실을 언급하지도 않는다. 따라서 그들의 관계에 대한 진실은 모순된 사색들로 인해 수많은 가능성들을 만들어 낼 뿐 결코 다다를 수 없는, 진실을 향하는 듯한 끊임없는 제스처 속에 묻혀 있다. 따라서 여기에서도 프루스트에게서 볼 수 있었던 마조히즘적 욕망의 정의——《모피를 입은 비너스》를 분석하면서 확인했던 사항——를 다시 한 번 확인하게 된다. 즉 이 욕망 역시 자신을 희생함으로써 작용하는 욕망인 것이다.

　이 문단에는 훨씬 이전에 출판된 〈꽃피는 아가씨들의 그늘에서〉에서 화자('에피브')와 샬류 씨가 처음으로 만나는 핵심적인 에피소드가 언급되기도 한다. 우리는 바로 이 언급을 통해 매질 장면에서 드러나는 또 다른 중요한 문제, 즉 화자와 남작의 주체성들간에 이루어지는 복잡한 관계, 우리가 프루스트의 시선이라고 불렀던 것 그리고 어떻게 그것이 글쓰기를 가능케 하는가라는 문제를 더 본격적으로 발전시킬 수 있다. 우리는 이미 화자가 또 다른 주체성의 시각을 통해 사창가 일꾼들을 모렐로 상상했다는 사실을 언급한 바 있다. 그런데 화자가 이용한 그 주체성은 거의 정의된 것이 없다. 단지 "내가 모렐을 보는 것과는 다른 눈"을 가진 주체성일 뿐이다. 그러나 이 주체성 또한 발벡에서 처음 만나기 전 그를 쳐다보던 그 놀랄 만한 시선과 동일시되기도 한다. 물론 복잡한 대체가 이루어지고 있지만 그렇다고 제멋대로인 것은 아니다. 처음 만났을 때 남작이 화자를 바라보던 시선으로 모렐을 바라볼 수만 있다면 화자는 일꾼들을 모렐로 볼 수 있을 것이다. 화자는 여기에서 어느 곳에서나 존재하지만 또한 그 어느 곳에도 존재하지 않는다. 남작의 특정한 시각에서 보면 화자는 모렐이 될 수도 있다. 만약 화자가 자신의 주체성을 특정한 형태에 따라 상상한다면 그는 모렐을 바라보는 남작이 될 수도 있다. 사실 화자와 남작 간의 시각의 이중화는 사창가 장면 전반에서 드러나는 지속적인 문제이다. 이 시점에서 남작에 대한 그의 관계를 정의하고 있는 그 훔쳐보는 행위는 아래층에서 사창가 일꾼들의 대화를 엿듣게 되는 장면을 그대로 반복한 것으로서, 이는 남작이 손님들이나 일꾼들의 대화를 엿들을 수 있도록(3: 852) 쥬피앙이 비밀스럽게 설계한 부분이 있었기 때문에 가능했던 것이다. 따라서 그는 남작이기도 하고 아니기도 하다. 마찬가지로 그는 모렐이기도 하고 아니기도 하다. 그는 자신을 확인하거나 초월할 수도 있고 아닐 수도 있는 일련의 대안적 주체성들 사이를 떠돌아다니고 있다. 그는 자신을 드러내면서 동시에 지우고 있는 것이다.

명확히 인식하지는 못하지만 화자와 남작은 각자의 마조히즘적 욕망과 정체성의 잠재적 대상이 된다. 남작은 자신의 성적 파트너가 환상 속의 이상적인 파트너와 일치하기를 바란다. 그런데 그 꿈 속의 파트너는 어떤 사람인가? 그는 화자와 같다. 반대로 화자는 어떻게 남작의 욕망의 본질을 이해할 수 있을까? 이는 화자가 자신의 시각을 사창가의 일꾼들을 모렐로 볼 수 있는 다른 누군가의 시각으로 대체함으로써 가능해 진다. 그는 남작(모렐을 보고 있는)의 또 다른 모습이며 또한 또 다른 모습의 모렐(남작이 바라보는)이기도 하다. 그러나 이 모든 과정은 순전히 가설에 불과하며 열려 있고 해결되지 않은 일련의 의문들에 불과하다. 그리고 이 과정상의 일련의 관계들 속에서 인물들이 생성되고 전개된다. 그러나 그 어느 것도 확실한 사실을 알려 주지 않는다. 다시 말해서, 화자는 사색에 의해서만 정의되는 영역 내에서 남작과 모렐의 역할을 대신 수행하고 있을 뿐이다.

《모피를 입은 비너스》의 마지막 매질 장면에서 그리스인은 자신이 세브린과 완다의 또 다른 모습이 된 후에야 비로소 세브린에게 매질을 가하기 시작한다. 결국 이 장면은 남성성에 의해 여성성이 사취되는 것을 보여주고 있다. '여자 같은' 외모의 한 남자가 완다의 모피를 입고 세브린과의 관계에서 그녀의 역할을 대체한다. 이런 식으로 그리스인은 완다의 주체성이 세브린에 의해서 소비되거나 파괴되는 것을 보여주는 한 지점이 된다. 완다를 정의하는 물신인 모피는 이제 세브린에게도 어울리는 듯하다. 마조히스트는 자신이면서 타자들이고 남성이면서 여성인 주체이다. 마조히즘적 주체는 타자들의 생존을 허용하지만 단지 주체의 또 다른 모습, 주체의 내적 세계의 일부로서만 허용할 뿐이다.

프루스트도 이와 유사한 포괄적인 주체성을 고안해 낸다. 남작은 사창가의 일꾼들을 모렐로 변형시키는데 이는 화자가 남작의 타자들, 그들의 이상형인 모렐, 나아가 남작 자신의 정체성까지도 흡수하는 것을 보게 되는 과정의 출발점이다. 세브린과 그의 분신 사이의 관계는 단순한 상호적 동일화와 정의의 관계가 아니었다. 양자 모두 종속적인 조건으로 축소되어야 하는 주체성을 통해서만 이러한 동일화를 가능케 할 수 있었다. 타자가 주체에 흡수되는 것은 타자의 파괴를 통해서만 가능하다. 프루스트의 사창가 장면에서도 우리는 동일한 역동성을 보게 된다. 타자는 추정상의 실명사(모렐)를 가진 무한한 대체의 장으로서 이는 결코 현실화될 수 없는, 무한히 증가하는 대수학 공식 속의 상수에 불과하다. 사창가 일꾼들은 남작의 이익을 위해서만 등장하며 그들의 주체성은 남작의 재창조와 화자의 동일화 작용을 용이하게 하기 위해 일종의 '영도(零度)'로 축소된다. 완다와 마찬가지로 이 전체 과정은 그들의 허구적 자율성을 대가로 한다.

《모피를 입은 비너스》의 삼각관계는 세브린의 인생 이야기에 대한 '사례 연구'로서만 중요할 뿐이다. 프루스트의 마조히즘의 상호적·변형적 주체성 역시 이를 통해 화자를 구성하는 방식 때문에 중요성을 가진다. 다시 말해서, 프루스트의 화자로 하여금 주체이자 객체, 남작이자 자기 자신이 될 수 있도록 허용하는 모순적이고 포괄적인 영역은 끊임없이 이동하지만 결코 결정적인 언급을 드러내지 않는 사고의 장을 통해 산문을 구성하는 형식적 전략의 일부이다. 그런데 이러한 사고의 본질은 무엇인가? 타자에 대한 재상상은 프루스트의 스타일을 구성하는 재료이다. 그러나 화자는 타자성을 너무 깊이 재고하며 그 결과 타자성은 무로 변해 버린다. 결국 타자성은 최종적인 평가가 이루어지지 않으며 따라서 어느 것도 확인하지 못하는 가설들, 끊임없이 증가하는 불안정한 가설들을 위한 변명이 되어 버리는 것이다. 다시 말해서, 타자성은 그것을 생산하려 애쓰는 거대한 내재성으로부터 결코 분리되지 않는다. 그리고 그 결과는 서술하는 주체 그 자체로의 끊임없는 귀환이다. 사실 이는 부분적으로 타자성이 주체를 결정하는 만큼 주체를 위해서만 발생한다는 이유 때문이기도 하다. 주체는 타자들이 주체 자신을 결정하기 때문에 그들에게 관심을 가질 뿐이다. 그러나 대체적으로 타자들을 숭고미의 글쓰기, 즉 진실을 성취 불가능한 것으로 정의하거나 배제하는 글쓰기에 종속시킨 결과이다.

 이와 같은 과정, 즉 숭고미의 글쓰기에 타자를 종속시키는 과정이 잘 드러나 있는 에피소드를 자세히 살펴보자. 우리는 이를 통해 마조히즘적 통합적 주체의 개념을 확실히 할 수 있을 것이다. 문제의 에피소드는 《되찾은 시간》에 등장한다. 여기에서 화자는 질베르트 드 생 루에게 알베르틴과 질베르트의 성적 취향에 대한 각각의 관계에 대해 이야기하고 있다. 이들의 대화는 화자의 주체성이라는 주된 문제와 관련해서 가장 중요한 요소들——그리고 다양한 주제들——을 선보이면서 시작된다. "하루는 질베르트에게 알베르틴에 대해 이야기하면서 혹시 발레르틴이 여자를 좋아하는 것이 아닌지 물어보았다. '아니, 절대 그렇지 않아요!' '하지만 알베르틴을 결코 이해할 수 없다고 하지 않았나요?' '내가 그랬다구요? 아니오, 당신이 오해한 거예요. 내가 만일 그랬다면——물론 당신이 잘못 안 거지만——아마 젊은 남자들하고 시시덕거리더라는 뜻이었을 거예요. 어쨌든 그 나이에 아마 그 이상은 아니었을 거예요'"(3: 726). 우리는 여기에서 화자의 질투심과 알베르틴이라는 그 모호한 질투의 대상을 규정하는 일련의 생각들 속에 빠져든다. 이 에피소드의 근거는 알베르틴이 아니라 질베르트와 화자 간에 있었던 이전의 대화를 통해 확인되어야 할 것이다. 따라서 중요한 것은 알베르틴의 욕망의 본질이 아니라 이전에 질베르트가 말한 내용이다. 질베르트는 이전에 했던 자신의 말을 확인하며 동시에 부정한다. 그녀는 그런 말을 한 적이 없다. 어쨌든 다른 의도로 한 말이었을 뿐이다. 그 말은 진실과 거짓 사이를 떠돌며 알베르틴의 정체성을 명확히 하기보다는 화자의 불안감을 재구성하는 방식으로 사용된다.

알베르틴에 대한 언급들——어떤 내용이든——은 진실이면서 거짓이다. 이 에피소드는 이와 같이 변덕스럽고 모순된 근거를 통해 구성되고 있다. 화자가 보여주는 반응의 목적은 그 말을 꼼꼼이 분석하여 의미를 명확히 하고 이를 통해 알베르틴의 성적 취향에 대한 결론을 도출하는 것이 아니다. 알베르틴의 성적 취향의 의미는 바로 화자와 질베르트 간의 이전의 대화가 보여주는 모호성이다. 결과적으로 후자가 현재 언급한 사항은 정보의 원천이 아니라 분석의 대상이다. 왜 질베르트가 이런 말을 하는 것일까? 화자는 의아해한다. 그녀 자신이 알베르틴과 레즈비언 관계를 맺었기 때문일까? 아니면 그의 질투심을 상쇄시키기 위한 것일까? 아니면 질투심에 빠진 사람들이 그렇듯이, 그가 극히 예민한 상태이고 따라서 심각한 결론에 도달하지 않도록 그를 보호해야 한다고 생각하는 것일까? 화자는 질베르트의 동기를 추측하는데, 이 추측의 명목상의 목적은 질베르트가 지금 예전에 알베르틴에 대해서 했었던 말을 하는 진짜 이유를 알아내는 것이다. 그런데 질베르트의 말에 나타난 화자에 대한 태도는 도대체 어떤 것인가? 그녀는 화자의 예전의 질투심을 알고 있는 것이 아닐까? 그래서 그 질투심이 알베르틴의 죽음 이후까지도 남아 있다고 상상하는 것일까? 어떤 해답이 가능하든간에 화자는 그가 열거하는 모든 가능성들의 원천이자 대상이다. 화자에 대한 질베르트의 분석에 대한 화자의 또 다른 분석은 그에게 서너 가지의 서로 다른 모호하고 개략적인 주체-위상들만을 제공한다.

이러한 주관적 문제의 복잡성은 이 에피소드의 진행 방식을 결정하는 연역적 방식으로 인해 더 강화된다. 이 에피소드가 극화하고 있는 관계는 질베르트의 의도를 추적하려 시도하는 일반 원리들을 통해서만 밝혀질 수 있다. "다른 사람들이 우리가 생각하는 것보다 우리 자신에 대해 더 잘 알고 **있을 수도 있어요**"라고 그는 말한다(3: 726; 필자 강조). 이러한 일반 원리들은 두 가지 목적을 성취한다. 첫째, 의미가 외부를 통해서만 가능하도록 함으로써, 즉 그 이전에 그리고 다른 곳에 근거한 일반화를 언급함으로써 일련의 추론을 더욱 사변적인 형태로 만든다. 어느 것이든지 타인들의 소문과 평준화된 행동을 통해서만 확실해질 수 있다. 화자와 질베르트의 대화의 의미는 더욱더 모호해진다. 둘째, 화자는 갈수록 객관화되어 결국에는 질투심에 빠진 사람의 전형으로 정의되기에 이른다. 그리고 알베르틴에 대한 화자의 호기심은 그를 정의하는 수많은 주체-위상들에 의해 완전히 대체된다. 화자는 결국 분석의 주체, 동정심의 대상, 일반 원리의 실례가 되어 버린다.

현실적인 시각에서 볼 때 주체-위상들의 산포는 사실 대단한 문제는 아니다. 그것은 우리가 매일 일상적으로 겪고 있는 일이다. 그러나 문제의 서술이 보여주는 사변적 성향——계속해서 의문을 제기함으로써 진실의 가능성이 무한한 의심과 복잡성으로 이어지는——은 질베르트가 했던 첫번째 말의 모순들을 반복한다. 진실은 동시에 생겨나면서 한편으로 취소되고, 추정상으로 존재하는 그 진실의 대상, 즉 알베르틴의 성적 취향은 화자의 주체성을 **그런 것 같기도 하고 그렇지 않은 것 같기도 한** 것으로 정의하기 위한 정교한 변명거리에 불과했다. 완다와 마찬가지로 알베르틴은 위상들이 가능성이자 동시에 부정이라는 바다 위를 떠다니도록 함으로써 주체성이 서로 다른 수많은 위상들을 점할 수 있도록 도와주고는 곧 사라져 버린다.

에피소드가 진행됨에 따라 이 과정은 더욱 일반화되고 모순으로 가득 찬다. 화자는 알베르틴에 대한 질베르트의 불확실한 언급들을 무시하거나 거부하지 않는다. 한때 알베르틴을 비난했던 말이 이제는 알베르틴의 미덕을 주장한다. 알베르틴이 질베르트와의 성적 관계를 어느 정도 인정했음을 알면서도 화자는 왜 그 칭찬을 믿어야 할까? 그 소녀들 집단에 대한 좋지 않은 말들을 들었을 때와 마찬가지로 그는 이 명백한 고백에 놀라는 모습을 보인다. 그는 처음 그 소녀들을 만났을 때 그들의 '변태성'에 대한 소문 때문에 한때 의심스러워한 적이 있었지만 이후 지속적인 접촉을 통해 자신의 의심을 철회한다. 그리고 가끔 타락했었으리라고 생각했던 여성이 정숙하고 때로 순진하기까지 한 경우가 있듯이, 이 또한 그와 마찬가지로 "가끔 있을 수 있는"(3: 727) 오해였을 뿐이라고 생각한다. 하지만 그는 결국 자신의 생각을 다시 바꾸어 원래의 의심으로 되돌아간다.

여기에서 타자들은 서로를 감싸안기 시작한다. 질베르트와 알베르틴은 진실이 아닐지도 모르는, 의심스러운 회상과 오해의 여지가 있는 언급늘을 통해 서로 상대방을 만들어 낸다. 그리고 화자는 현재를 특정한 방향이 선택되는 시간으로 규정하면서 그들의 말을 반대 방향에서 살펴본다. 그러나 서술 자체는 이러한 단순성과 최종성을 존중하지 않는다. 알베르틴과 질베르트는 연인 관계일 수도 있고 아닐 수도 있다. 그들이 어떤 말을 했을 수도 있고 안 했을 수도 있으며, 그 말 속에 그들의 의도가 드러나 있었을 수도 있고 아닐 수도 있기 때문이다. 그리고 이 모든 과정에 대한 최종적인 판단은 그들의 말에 대한 모든 해석상의 가능성을 수용하고, 사색적 성향을 특징으로 하는 일반 원리를 통해서만 그들의 말을 구분하고, '가끔 있을 수 있는' 일로 묘사해 버리는 서술의 주체를 통해서 이루어진다.

불안정한 일반 원리들이 점점 더 많이 사용되면서 문장들은 그 본래의 목적, 즉 등장인물들에 대한 묘사의 진실 여부로부터 더욱 멀어진다. 화자는 이제 알베르틴이 질베르트와의 레즈비언 관계를 주장했을지도 모르며 그렇다면 그 이유가 무엇이었을지 고민한다. 어쩌면 그녀는 한때 정숙하게 보이기를 원했었던 만큼 도덕적 탈선을 통해 그를 당혹케 하려 했는지도 모른다. 아니면 흔히 자신이 전혀 모르는 유명 인사들에 대해 떠들며 대화의 주도권을 유지하려 하는(3: 727) 사람들처럼, 그녀도 화자가 그런 관계에 대해 이야기했을 때 단순히 그가 언급하는 사항이 무엇인지 모른다는 사실을 드러내고 싶지 않았던 것인지도 모른다.

사색은 더 깊은 사색으로 이어진다. 일반 원리들은 상황을 명확히 해줄 것처럼 보이지만 실제로는 모호한 사실들을 보충하거나 덮어 버리는 역할을 할 뿐이다. 여성들의 성의 본질, 그들의 관계, 그리고 그에 대한 언급들, 그리고 화자가 이를 회상하고 해석하고 재해석하는 방식이 워낙 모호하고 유동적이며 모순되기 때문에 일반화, 연역적 추론, 사색의 언어가 등장하여 그러한 모호성들을 보충하거나 대체한다. 그러나 이 언어는 화자로 하여금 그러한 모호성을 명료하게 하도록 도와주는 장치가 아니다. 오히려 그것은 모호한 언급들이 진실 여부와 무관하게 반복적으로 재생산되며 한편으로 주체, 대상, 화자로서 서술의 주체가 가지는 우선권을 끊임없이 분배하고 확인시키는 역할을 하는 하나의 영역이다. 결국 그러한 사색은 모든 것을——타인들, 그들의 욕망, 그들의 말, 상호 관계들——뒤집어 스스로를 지속적으로 재생산하기 위한 재료, 끊임없이 논리와 진리의 구조를 언급하지만 결론, 진실, 의미로부터 더욱 멀어지는 그러한 재생산의 재료로 만들지만 그 자신은 순수히 사색적으로 남아 산문을 생산하는 하나의 기계가 된다.

비록 뱅퇴유의 친구나 앙드레와 가깝게 지냈지민 **아마도** 그녀는 그들과는 분명히 선을 긋고 살았을 테고 따라서 그들은 그녀를 '그런 사람'으로 생각지 않았을 것이다. 그리고 **아마도** 그 문제에 대해서는 나중에 알게 되었을 것이다. 문학가와 결혼해서 자신의 지성을 개발하려는 그런 여성의 **성향 때문에**, 그리고 내가 던진 질문들이 사실상 질투심에서 유래한 것이라는 사실을 깨닫고 서둘러 방향을 바꾸기 전까지 그 질문들에 대답할 능력이 있음을 증명함으로써 **나를 즐겁게 하기 위해서**였을 것이다. 만약 질베르트가 하는 말이 거짓이 아니라면(3: 727; 필자 강조).

여기에서 우리는 사색이 진실을 대체하면서 계속 증가하고 있음을 확인한다. 이 문단에서 유일하게 유지되는 사항은 끊임없는 서술 주체로의 회귀뿐이다. 여기에서 서술 주체는 다른 인물들이 겪게 되는 이 모든 변형의 목적이자 설명으로 묘사된다.

마지막 부분은 지금까지의 사색적이고 불확실하며 모순된 이 에피소드의 본질을 요약하면서 대상의 모호성이라는 핑계를 반복한다. 어떤 이론도 배제되지 않는다. 그런 여성들은 그토록 다양하고 때로 우연적이기까지 한 성적 취향들을 가지고 있어서 어느 것이든 가능하고 따라서 그들의 성, 그들의 과거와 현재의 관계들에 대한 어떤 명확한 언급도 있을 수 없다(3: 727). 여기에서 칸트가 숭고미에 대해 한 말을 상기해 보자. 상상력이 우리에게 이성이 상정할 수 있는 전체성을 전달하지 못할 때 열망과 무능이 결합된 느낌이 촉발되며 이 느낌은 다시 우리의 초감각적 능력을 환기시킨다. 숭고미가 추구하는 것은 상상력의 대상이 아니라 바로 이러한 감정이다. "따라서 숭고미라 불리는 것은 대상이 아니라 반성적 판단을 이용한 표상을 통해 지성이 성취하는 조정이다"(칸트 1987, 106). 앞서 프루스트의 에피소드에서 질베르트와 알베르틴, 그들의 관계, 그들을 둘러싼 그 모든 사변적 교환 관계를 만들어 내는 집단적 타자성은 바로 칸트가 말하는 조정의 한 예이다. 진실을 추구하는 것이 아니라 화자의 내부성을 정의하는 위치상의 변화와 투사를 극화시키고 있기 때문이다. 이와 같이 우리는 마조히즘을 다루는 프루스트의 방식에서 드러난 끝없는 대체 과정과 가설상의 주체성이 작품의 서술 주체를 구성하는 과정을 반영한다는 사실을 확인할 수 있었다. 타자들은 주체성의 구성을 촉진할 뿐 결코 주체성 외부에서 독자적인 자율성을 가지지는 못한다. 타자들의 본질을 규정하려는 시도는 화자의 주체성을 그 기원과 재료로 하는 숭고미의 산문을 만들어 낼 뿐이다. 마조히즘적 에피소드에서 주체는 때로 타자가 되기도 한다. 이미 우리는 자허-마조흐에게서 그러한 상황을 접해 본 바 있다. 그러나 프루스트의 경우 이러한 주체와 타자 간의 가변성은 자신 외에 그 어느 것도 필요치 않으며 어느 것도 허용치 않는 주체성, 본질상의 이유 때문이 아니라 긍정과 부정이 동시에 존재하는 장이 될 수 있기에 타자성을 숨겨둘 수 있는 그러한 주체성의 한 모델이다. 프루스트의 말이 언제든 뒤집힐 수 있는 것은 그의 말 너머에 바로 이러한 동시성이 존재하기 때문이다. 따라서 프루스트의 말은 명료화시키는 말이자 동시에 부정하는 말이고 확인이자 거부이며 추론이고 추측이다. 마조히즘적 통합적 주체는 진리를 필요로 하지 않는다. 서로 배타적으로 보일 때조차도 결코 분류될 필요가 없는 가시적 대안들의 연속을 통해 구성되기 때문이다.

모든 것을 긍정하고 동시에 부정하는 방식에 따라 마조히즘적 주체는 또한 그 어느 것도 긍정하거나 부정하지 않는다. 아무것도 소유하지 않는다고 주장하더라도 이를 부적절하다고 할 수는 없다. 비록 환상 속에서 타자의 파괴를 획책하더라도 모든 관계에 대해 긍정적이다. 프루스트와 조이스에 대해 언급하면서 리오타르는 그들이 "어떻게 스스로 표현되는 것을 허용하지 않는 어떤 것을 암시"(리오타르 1984, 80)하고 있는지 말하고 있다. 그러나 리오타르는 이것을 "진실된 숭고미의 감정"(81)으로 표현하는 것을 꺼리고 있다. 모더니스트들의 텍스트는 표현 불가능한 것을 단지 진리의 표현 방식이 가능할 수 있다는 형식주의자들의 확신의 일부로서 드러내고 있을 뿐이다. 리오타르에 따르면, 모더니즘에 있어서 표현 불가능한 것은 단지 이용이 불가능한 내용일 뿐이다. 모더니즘은 올바른 표현의 형식을 알고 있다고 확신했다. 따라서 리오타르는 진정한 포스트모더니즘은 "표현 자체의 표현 불가능성"을 문제화함으로써 이러한 모더니스트의 확신을 문제시하게 될 것이라고 주장한다. 우리가 언급했던 바와 같이, 숭고미에 대한 논의의 문제점은 그 논의가 대상에 대한 이론으로 이끌리게 될 위험이 크다는 데 있다. 그러나 프루스트에 대한 분석에서 우리는 성과 반성의 대상이 단지 숭고미의 순간을 위한 변명에 불과하다는 것을 알 수 있었다. 숭고미가 반드시 대상에 대해 무관심하다는 것은 아니다. 단지 그 모호성을 대상을 정의하는 데 실패했을 때 발생하는 강렬한 주관적 상태로 들어가기 위한 방법으로 이용하고 있을 뿐이다. 숭고미의 모순, 복잡성, 형태의 부재는 패배가 아니라 승리의 징후이며 실패를 위대한 승리로 바꾸는 능력의 증거이다.

통합적 주체는 마조히즘적 주체성에 대한 우리의 정의의 마지막 단계이다. 마조히즘의 '발견,' 그리고 숭고미와의 관계에 대한 논의를 통해서 우리는 이미 마조히즘적 주체의 꿈이 스스로 대상이 되는 것임을 살펴보았다. 그는 또한 능동성과 수동성, 권력과 권력의 부재, 고통과 쾌감이 서로 다르지 않은 지점을 꿈꾼다. 드라마와 환상의 과정을 통해서 그는 자기 자신의 타자가 되며 여성적인 것을 빼앗고 그 여성적 속성들을 자신의 것으로 한다. 프루스트에게서 우리는 이러한 유형의 주체성이 어떻게 그의 자아성을 연출하는지 확인할 수 있었다. 그의 자아성은 끊임없는 대체와 극대화를 통해 수많은 가역적 가설들의 집합점이 될 때까지 자신을 확장하고 이 과정에서 타자들 그리고 그들의 부수적인 대상들과 자신을 동일시한다. 이것이 바로 전혀 아무것도 아닌 것이라고 할 수 없는 것, 즉 우리가 '통합적' 주체라고 부르는 것이다. 이러한 주체성은 마조히즘적 주체가 열망하는 최고의 상태이다. 대안을 가질 수 없지만 신격화와 굴욕이 언제든지 가능하며 기술적으로 권력으로부터 멀리 떨어져 있지만 권력을 행사하며 또한 이를 예민하게 인식하는, 간단히 말해서 어느 것이나 될 수 있는 그러한 주체이다. 우리는 프루스트가 심도 있게 묘사한 이러한 종류의 주체성이 어떻게 후기구조주의에서 재등장하는지, 특히 들뢰즈와 가타리의 '되기(becoming)의 세계'에서 어떻게 드러나고 있는지를 살펴보게 될 것이다. 그 선구자격인 프루스트의 경우를 연구함으로써 우리는 모더니즘 소설의 패러다임과 포스트모더니즘의 문화 전략 간의 연속성을 찾아낼 수 있다. 사실 마조히즘은 우리로 하여금 후기구조주의의 꿈이 때로 모더니즘의 '인물'의 구조적 논리를 구현하는 것이었다는 사실을 발견할 수 있게 해준다. 이러한 '인물'은 우리에게 후기

구조주의의 정치 전략에서 발견되는 언어적 문맥화와 재상상력의 문제를 제공해 주기 때문이다. '통합적' 주체는 사실 이러한 꿈의 한 가지 형태에 불과하다.

조이스의 《율리시즈》

우리는 프루스트의 작품에 등장하는 매질 장면의 분석을 통해서 마조히즘의 의미가 성과 욕망이 아니라 복잡하게 뒤섞인 상호 정체성을 통해 산포된 정체성들, 그 정체성들의 비고정성이라는 형태로 표현된다는 것을 알았다. 그리고 주체성의 대체가 우리가 앞에서 마조히즘적 '차이의 부재'라고 불렀던 모순과 불가능성의 구현을 가져오며, 이것이 일종의 마조히즘의 통합적 주체성이라는 것을 살펴보았다. 통합적 주체는 결코 쾌락과 고통, 능동성과 수동성, 권력과 권력의 부재, 자아와 타자 사이의 이항대립을 상위의 통합적 형태로 변형되기 전의 예비적 단계로 다루지 않는다. 또한 음성중심주의의 억압을 이유로 전통적인 단일한 주체성을 포기하고 끊임없는 **차연**의 장을 생성하는 급진적인 다원주의적 제스처 속에서 자신을 파편화시키지도 않는다. 마조히즘적 주체는 그가 물려받은 이항대립을 지양하지도 해체하지도 않는다. 오히려 이항대립을 수용하며 중심화된 권위의 포기를 거부할 뿐 아니라 그 권위의 전복과 분산에 대한 유혹에 굴복하기도 하는 그런 자아성을 형성한다. 마조히즘적 주체는 숭고미의 논리를 복제하고 필요로 하는 그러한 불가능성을 구체적으로 보여준다. 프루스트의 경우, 통합적 주체는 숭고성에 의해 정의되는 산만하고 모호한 장에서 생산하고 유지하며 모순을 통해 살아가고 작동한다.

조이스의 《율리시즈》에서도 동일한 과정을 보게 된다. 마조히즘은 소설 전체의 일관된 주제들 중 하나이지만 특히 〈서씨〉 에피소드에서 매우 자세히 다루어지고 있다. 그런데 여기에서도 마조히즘은 성과 욕망이라는 주제나 이에 대한 논의보다는 자기 변신, 다른 주체로의 대체, 여성적 타자의 사취 등을 통해 전개된다. 그리고 이 과정은 개인적 주체성을 상술하는 과정에서 가능성이 정체성으로 대체되는 숭고미의 구조의 한 예를 보여준다.

〈서씨〉에 나타난 몇몇 마조히즘적 요소들은 상호 텍스트적 성향이 강하다. 이들은 마조히즘의 전형적인 요소들을 보여주며 선(先)텍스트인 《모피를 입은 비너스》를 노골적으로 언급한다. 주인공 블룸은 더블린의 유명 여성들에게 마조히즘적 접근을 시도했다는 이유로 기소되어 재판장에 출두한다. 첫번째로 등장한 벨링엄 부인은 그가 편지를 보내 자신을 "모피를 입은 비너스"라고 부르면서 그녀를 옆에서 항상 모실 수 있는 하인이 부럽다는 말과 함께, 그녀의 '아랫부분'을 찬양하고 불륜 관계를 암시했다고 비난한다(조이스 1986, 380). 이 장면에는 남성의 복종과 주도권, 이상화된 여성의 신체에 대한 찬미 등 마조히즘의 전형적인 모티프들이 넘쳐난다. 여주인과 하인의 관계에 대한 극적인 연출은 어느 정도 계약상의 동의를 통해 이루어진다. 하인의 역할과 냉정함 간의 연상 관계는 온기 없는 방에서 지내는 세브린을 연상시킨다. 게다가 실제로 《모피를 입은 비너스》가 언급되기도 한다.

두번째로 등장한 머빈 탤보이즈 부인은 여기에 자허-마조흐의 작품에 등장하는 에피소드들을 표절한 듯이 보이는 여러 가지 전형적인 마조히즘적 모티프들을 덧붙인다. 블룸에게는 훔쳐보기라는 죄목이 첨가되며, 그는 탤보이즈 부인에게 자신의 부인이 '근육질의 투우사'와 성관계를 맺는 사진을 우편으로 보내고, 그녀가 군대의 장교들과

'죄'를 짓도록 부추기며 자신의 편지를 더럽히고 자신을 말처럼 올라타 벌을 주기를 바란다(381). 여기에서 블룸의 환상은 지중해 태생의 외모에 근육질이며 환유적인 의미에서 군대와 관련된 어떤 남자에게 자신의 부인을 빼앗기는 꿈에 초점이 맞추어져 있다. 이러한 정의는 그의 부인인 몰리 블룸의 사춘기뿐 아니라 세브린에게서 완다를 빼앗기는 모욕을 제공한 그리스인, 그리고 서구 세계에서 크게 인기를 얻었던 사도마조히즘에 대한 오리엔탈리즘적 시각까지도 환기시킨다. 물론 마조히즘 놀이의 마지막을 장식하는 깃은 채찍질이다.

판에 박힌 듯한 마조히즘의 전형적인 요소들이 에피소드를 가득 채우고 있지만 블룸에 대한 비난을 묘사한 이 장면은 프루스트의 작품에서 마조히즘의 정교한 전개에 가장 중요한 주제이자 조이스에게도 가장 중요한 주제가 될 요소, 즉 주체성들의 위치 변화라는 주제를 담고 있다. 크라프트-에빙에서 라이크로 이어지는 정신병리학, 자허-마조흐에서 프루스트로 이어지는 소설에서 보아왔듯이, 이는 극화(劇化)가 마조히즘의 자아 구성에서 가장 결정적인 방식이기 때문이다. 게다가 여기에서 가장 중요한 초점은 남성의 통합적 주체를 위해 여성적인 것을 사취하는 것에 맞추어져 있다. 조이스의 마조히즘이 가장 극명하게 드러나는 블룸과 벨라/벨로 코헨 간의 주체성 교환 장면을 통해 이 문제가 어떻게 드러나는지 살펴보자.

벨라가 처음 등장하자 블룸은 그녀의 부채에게 말을 건다. "혈기왕성한 여성이군. 나는 당신에게 지배당하는 것을 절실하게 바라고 있어." 그는 말한다. "위압적이군"(430). 가블러 판본을 기준으로 장장 15페이지에 이르는 문제의 이 장면에는 마조히즘의 전통적인 모티프들과 우리의 논의에 상당히 적합한 모티프들이 서로 결합되어 있다. 벨라는 극적인 제스처로 바닥에 발을 내딛음으로써 자신의 성적 지배력을 드러낸다. 고개를 들던 블룸은 그녀의 시선에 얼어붙는다. 이러한 관계는 〈서씨〉에서 가장 활기를 띠는 은유들 중 하나로 재빨리 변형된다. 예를 들어 블룸의 콧구멍이 팽창하기 시작하는데 이는 들뢰즈-가타리식의 되기(becoming)에 대한 우연스러운 패러디라고 할 수 있을 것이다. 블룸은 동물이 된다.

> **벨로** (독사같은 눈초리로 노려보며 낮은 목소리로) 수치스럽고 개같은 놈!
>
> **블룸** (매혹된 듯) 여제(女帝)님!
>
> **벨로** (두툼한 뺨살을 늘어뜨리며) 간통자의 엉덩이나 숭배하는 놈!
>
> **블룸** (애원하듯이) 거대한 자여!
>
> **벨로** 똥이나 먹는 놈!
>
> **블룸** (힘이 빠진 채) 엄청난 분이시여!(432-33)

비밀스럽게 감추어졌던 모든 동물들의 가능성이 블룸의 성 속에서 깨어나는 듯하다. 그러나 이보다 더 중요한 일이 벌어지고 있다. 블룸이 갑자기 여성으로 변해 버린 것이다. 송로 버섯을 찾을 준비를 하면서 이제 남성으로 변한 벨로의 모습을 찬미하듯 올려다보는 그 눈은 이제 "그녀"의 눈으로 묘사된다(433). 성의 교환이 완벽히 이루어진 것이다. 블룸(그녀)은 벨로(그 남자)의 발밑에서 땅을 파며 송로 버섯을 찾는다.

> **벨로** (단발머리와 자색 턱, 턱수염이 면도한 입 주위에 덥수룩한 채. 등산가의 각반, 녹색 은단추가 달린 코트를 입고, 스포츠 셔츠에 꿩의 깃털이 달린 등산모를 쓰고, 바지에 두 손을 깊이 집어넣은 채,

발을 그녀의 목 위에 올려 놓고 문지른다) 발판! 내 몸무게를 느껴보라구. 고개를 숙여, 이 노예놈아. 자만스럽게 꼿꼿하고 영광스럽게 번쩍이는 네 폭군의 발뒤꿈치의 왕좌 앞에.

블룸 (위압당하여 염소 같은 소리로) 절대 불복종 않을 것을 약속드려요(432-33).

여기에서 묘사된 블룸의 변신에는 동물성과 성의 전환이라는 서양의 전통적 변신 모티프 두 가지가 모두 요약되어 있다. 이 문세를 순서대로 살펴보자.

블룸의 동물-되기는 마조히즘적 주체를 신체적·사회적 퇴락——인습적인 도덕과 관련하여 역겨우면서도 퇴폐적인 모욕——이라는 용어로 정의한다. 이러한 신체적 퇴락은 마조히즘을 또 다른 인습적 종류의 변태성인 분변 애호증과 연결시킨다. 이후 블룸은 속옷을 세탁하고 키오 할머니의 '까칠한 것'을 포함하여 나중에 그가 '샴페인처럼' 핥게 될 요강들을 비우도록 지시받는다(439). 여기에서 마조히즘은 변태성의 리스트를 채우는 기회로 이용되며 이 리스트는 철저히 블룸과 동일시된다. 앞선 페이지에서 블룸은 자신의 과거의 죄들을 만나게 되며 그의 죄들은 서로 다른 목소리로 황당해 보이는 그의 위반 행위들, 즉 교회 경내에서의 은밀한 성행위, 음란한 전화를 걸고 통화 중에 전화기 앞에서 은밀한 부분을 내보인 일, 매춘부로 하여금 버려진 건물의 헛간에서 대변을 보도록 부추긴 일, 부인인 몰리의 매춘을 광고하는 내용의 음란한 낙서, 성행위를 하는 남녀를 훔쳐보려 한 일, 침대에 누워 "생강빵과 우편환에 자극받은 고약한 매춘부"(438)가 보내준 더럽혀진 화장지 조각을 가지고 장난을 친 일 등, 그가 저지른 모든 종류의 잘못을 고발한다.

이와 같은 묘사에 흥분한 벨로는 블룸에게 지금까지 그의 "범죄 경력"(438)들 중 가장 엄청나고 가장 음란한 경험을 털어놓으라고 요구한다. 블룸이 대답을 하기도 전에──그는 벨로의 엄청난 악행 요구에 더듬거리는 소리만 낼 뿐이다──"묵묵히 냉정한 얼굴들이 곁눈질을 했다 사라졌다 하면서 더듬거리며 모여든다. *브으울루움, 폴 드콕, 1페니 짜리 구두 끈, 캐시디 식품점의 노파, 눈먼 애송이, 래리 라이노세로스, 소녀, 여인, 매춘부, 다른 사람, 골목*"(438-39) 등 다양한 화신들 또는 가능한 화신들의 이미지들이 떠오른다. 이탤릭체로 쓰여진 이 다양한 인물들은 단순히 블룸에게 적용 가능한 희극적 인물들의 리스트가 아니다. 다시 말해서 벨로나 독자의 즐거움을 위해 카니발화된 블룸의 모습만으로 보아서는 안 된다는 것이다. 마조히즘적 드라마의 가장 독특한 모티프가 드러나고 있기 때문이다. 이 장면에서 블룸의 다양한 성생활은 그의 성적 대상들과 의도적으로 혼란된 양상을 보인다. 그리고 이 특이한 장면이 연출하는 장관이 바로 앞에서 우리가 분석한 마조히즘적 차이의 부재, 즉 주체와 대상이 분리되지 않는 현상이다. 실제로 여기에서 주체는 자신과 그 대상을 끊임없이 대체하고 재대체하는데, 이러한 가역성은 마조히즘에 대한 프로이트의 초기 주장을 통해 우리가 이미 잘 알고 있던 사항이며, "환상을 만들어내는 그 개인이 바로 '자신의' 성적 대상"(실버만 1988, 54)이 되는 자라고 말했던 카야 실버만의 주장이 요약하고 있는 사항이기도 하다. 그리고 이러한 차이의 부재의 가장 정치적인 형태는 남성적 주체가 여성적인 것을 자신의 논리에 복종시킬 때 드러난다.

다양하게 드러나는 블룸의 변태적 인물들의 리스트는 이와 관련된 또 다른 문제의 일부이다. 블룸의 비밀스러운 삶이 다양한 명칭으로 드러나고 있는데 이는 작품의 인물들과 사물들의 무의식 또는 비밀스러운 삶을 보여주는 증거이며, 따라서 자연주의적 서술에서는 불가능한 차원에서 인물을 폭로할 수 있게 해준다는 해석이 가능해진다. 현대적 주체를 백과사전식으로 묘사하고자 하는 조이스의 야망은 어둡고 음란한 '사창가'의 모습을 드러내고 묘사하는 데에서도 주저함이 없다. 이렇게 볼 때, 우리는 여기에서 자연주의적인 묘사뿐 아니라 무의식적이고 음란하며 때로 영웅적인 모습을 통해 인물 전체를 완벽하고 철저하게 드러내는 방식, 그리고 이러한 방식을 통해 조이스가 《피네간의 경야》에서 완성되는 영웅적이고 인간적인 프로젝트의 초기 형태를 구현하고 있다고 할 수 있다.

그러나 나는 이 유명한 〈서씨〉장에 드러난 마조히즘의 논리가 그 외의 여러 가지 구성 요소들과 함께 인물을 완성시키는 목적을 위한 것이라고 주장하고 싶지는 않다. 사실 마조히즘은 서로 배타적이고 모순된 주체의 방식들 또는 형태들의 불가능한 배치나 동일화에 대한 꿈이다. 따라서 블룸의 변태적 인물들은 그의 성격을 완성시킨다기보다는 우스꽝스러울 정도의 무한한 불가능한 상태들, 수없이 많은 드라마적 가능성들을 드러냄으로써 주체의 영웅주의적 측면을 구현하며 끊임없이 증식하는 인물들의 장을 만들어 낼 뿐이다. 그리고 이러한 드라마적 가능성들은 블룸에 대한 진실을 드러내는 것이 아니라——프루스트와 마찬가지로 조이스에게도 그런 것은 존재하지 않는다——조이스의 인물들이 구성되는 조건 그리고 불가능성으로부터 만들어진 가능성인 숭고미적 의미를 묘사하고 있을 뿐이다.

블룸의 내적 세계는 끊임없는 변화, 반드시 희극적인 형태는 아니지만 자아가 끊임없이 이어지며 주체가 다른 주체로 변화하는 과정들로 이루어져 있다. 마조히즘은 이러한 연속적인 대체의 과정에 대한 자의식이며, 대체가 가능해지는 지점일 뿐 아니라 비난과 고백의 드라마에서 대체의 구조가 분명히 드러나는 특정한 지점이기도 하다. 〈서씨〉의 앞부분에서 두 개의 시계가 등장하는데 시계는 가능한 경우뿐 아니라 불가능한 경우까지 포함하여 블룸의 정치적·신체적 위반 사항들을 나열하면서 그를 비난한다. 그 비난에 따르면, 그는 어떤 소녀의 머리카락을 자른 적이 있다. 그는 연쇄살인자 잭(더 리퍼)이다. 그의 검은 옷은 그가 모르몬교도라는 증거이며 테러리스트이고 다이너마이트를 터뜨리려는 무정부주의자이다. 그는 화폐 위조범이며 중혼을 저지른 자이고 불륜을 저질렀거나 그 피해자이며 따라서 사회의 골칫거리이다(383-84). 주체의 변형이라는 유동성의 부분집합으로서 블룸의 위반 가능성의 목록은 끝이 없다.

영웅들과 악한들, 무정부주의자들과 위반자들, 이 모두가 블룸의 삶의 가능성들로서 각각의 자리를 차지하고 있다. 또 다른 곳에서 우리는 그가 돼지이며 하인이고 어린아이이며 립 반 윙클, 나폴레옹, 스벵갈리 등등의 인물이었음을 볼 수 있다. 결말이 없이 끝없이 이어지는 구체적 가능성들, 또는 양립 불가능한 인물들이 언제든 위태롭게 결합하고 뒤섞일 수 있는 구조화되지 않은 장소로서 이러한 주체라면 그에게 어느 것인들 가능하지 않겠는가?

마조히즘에 대한 우리의 논의와 관련해서 블룸의 변신에서 가장 중요한 것은 성의 전환이다. 우리는 이미 마조히즘적 주체가 성적 대립성을 해체하지 않고도 두 가지의 성을 결합할 수 있다고 밝힌 바 있다. 드라마에서를 제외하면, 마조히스트는 남성적인 것 어느 것도 포기하지 않은 채 여성적인 것을 소유하고자 한다. 이는 블룸이 이후에 소위 "새로운 여성적 남성"(403)으로 변신하는 장면에서 극명히 드러난다. 이 변화 공식에서 드러나듯이 그의 대안적 성은 단지 덧붙여질 뿐 그의 성적 정체성의 실질적 현실은 그대로 유지된다. 남성성과 여성성은 대안들이 아니다. 여성이 남성으로 대체되었을 때 후자인 남성이 소외되거나 훼손된다는 의미는 결코 있을 수 없다. 남성적인 것은 일종의 능동적 미정 상태(마조히즘적 은유를 사용하자면)를 유지하며 여성적인 것을 포함시킨다. 자신이 바로 주인이고 목적이기 때문이다. 여성적인 것은 남성적인 것의 조건에 따라 허용될 뿐이며 더 이상 필요치 않을 경우 벗어 던져질 뿐이다. 〈서씨〉에서 블룸의 성적 전환을 보완하는 것은 벨라/벨로이다. 이때의 블룸의 변신은 여러 가지 면에서 차이가 있다. 이것은 하나의 반응으로서 블룸 사신에 초점이 맞추어진 변신들의 주변에서 구조화되어 있는데, 이러한 블룸의 변신은 문제의 장면을 진행시키고 텍스트 전체의 서술상의 연속성을 가능케 하는 주된 원리일 뿐 아니라 그 장면의 주제인 마조히즘적 원리의 구현이기도 하다. 마조히스트의 환상 속에서 완다가 자신의 채찍을 그리스인에게 넘겨 주듯이 벨라 역시 같은 방식으로 성적 전환을 이룬다. 마조히스트는 결코 남성의 성적 파트너로서 그를 지배하는 역할을 떠맡아야 하는 여성에게 동일한 변신을 허용하지 않는다. 그녀는 문제의 장면에서 남성적 원리가 흘러 들어가는 도관 역할을 떠맡아야 한다. 따라서 그녀가 채택해야 하는 역할에는 언제나 남성성이 작용해야 하며 마조히스트 자신이 그러한 남성성을 보여주지 못할 경우 다른 누군가가 역할을 대신 떠맡아 남성 주인공이 내려놓은 특권을 다시 주워 들어야 한다.

의복 전환(마조히즘에서 성전환에 해당하는 형태)과 관련해서 이것이 성적 이항성을 해체하는 것이라고 주장하고자 하는(후기구조주의자들) 유혹이 상존한다. 실제로 이것이 마조리 가버가 그녀의 책, 《의복에 주어진 관심: 의복 전환과 문화적 불안》에서 주장하는 내용이다. 가버는 다음과 같이 주장한다. "의복 전환의 가장 중요한 측면들 중 하나는 그것이 본질적인 것이든 인위적인 것이든 또는 생물학적인 것이든 문화적인 것이든, '남성'과 '여성'이라는 범주들을 의문시하면서 이 항성이라는 편리한 개념에 도전하는 하나의 방식이라는 데에 있다"(가 버 1993, 10). 가버의 논의의 상당 부분은 베일에 덮힌 남근 또는 여성의 남성 의복 탈취라는 패러디적 행위를 통해 형성되는 제3의 성에 집중되어 있다. 그런데 여기에서 우리는 변증법적 이항주의가 해체되면서 동시에 재구성되는 현상을 목격하게 된다. 제3의 성이라는 용어는 기존의 성을 거부하면서 실제로는 그 성을 포함하고 개량하는 듯이 보인다.

그러나 새로이 탄생한 여성적 남성은 그런 식의 자발적이고 점진적인 읽기를 허용하지 않는다. 오히려 성을 파괴하는 대신 변증법적 진보와 급진적 해체의 역사 모두를 떠올리게 하면서 한편으로 마조히즘의 독특한 능력과 역사적 역할을 통해 그 진보와 해체가 수용되면서 동시에 좌절될 수도 있다는 가능성을 보여준다. 마조히즘은 성적 구분에 근거한 정체성들을 전복하거나 위반하는 논리를 추구하지만 실제로 그러한 논리를 만들어 내지는 않는다. 남성은 여전히 남성적이다. 단지 형용사만이 바뀌었을 뿐이다.

비록 남성형 대명사를 유지함으로써 이전에 발생했던 상황과 극명히 대조되기는 하지만 블룸을 새로이 탄생한 여성적 남성으로 진단한 딕슨 의사의 첫번째 묘사에는 조잡하고 정형화된 여성성의 특징들이 나열되어 있다. "그의 도덕적 본성은 단순하며 부드럽습니다. 많은 사람들이 그를 자상하고 다정한 사람으로 생각합니다. 대체로 괴상한 면이 있지만 의학적으로 볼 때 마음이 약하다 할 수는 없지만 수줍은 편입니다"(403). 여성성은 '단순한' '부드러운' '자상한' '괴상한' '수줍은' 등의 형용사를 통해 정의된다. 여성적인 것과의 연관성은 마음이 약해질 위험성을 의미한다. 따라서 여기에서 여성성이 인간의 근본적인 양성성의 일부로 생성되는 것은 아니며 성적 정체성들을 급진적으로 복잡하게 만들지도 않는다. 여성성을 비웃는 듯한 어조는 〈서씨〉전체를 통해 블룸이 수행하는 마조히즘적 모욕일 뿐 성적 정형성을 복잡하게 하거나 그것을 거부하는 것은 아니다. 사실 성은 문제거리가 아니다. 남성성과 여성성 모두 블룸의 성격을 명확히 하기 위한 것이다. 성에 대한 지칭을 요구하듯이 보이는 것은 블룸의 성격이 가진 통합성 때문이다. 그러나 남성형 대명사를 사용하는 것으로 보아 여기에 해체는 존재하지 않는다. 따라서 사실은 남성적 실체에 여성적 형용사들을 덧붙인 것일 뿐이라는 사실이 명백해진다.

이러한 상황은 이후의 묘사에서도 계속된다. 블룸이 어머니가 되었을 때에도 그는 남성형 대명사를 계속 유지한다. 딕슨 박사는 외친다. "그는 드디어 아이를 낳으려 하고 있습니다"(403). 여성성은 블룸의 정체성이나 그의 권력의 복잡화라기보다는 그의 환상의 확장으로써 분명 남성에 속한다. 《모피를 입은 비너스》에서 여성의 의복은 그리스인이 자신의 구애자들을 속임으로써 그들을 조종하고 모욕하는 능력을 극대화하며, 세브린이 스스로에게 부여한 완다에 대한 복종 의무의 상징인 모피가 문자 그대로 그리스인의 어깨 위에 걸쳐지면서 세브린에 대한 그의 지배력이 더욱 강화된다. 프로이트의 경우, 그의 분석적 조사의 근본적이고 궁극적인 목적은 남성성의 진실이었으며, 여성성은 그 진실을 드러내는 마조히즘적 주체 형성의 모델을 제공해 주었다. 마조히즘에서 여성의 의복은 남성성의 권력과 우선권을 구체화시킨다. 사실상 그 지배력을 희생자의 형태로 가장함으로써 그것을 앞선다고 할 수도 있다. 〈서씨〉에서 우리는 수많은 다른 예들을 발견한다. 벨로는 블룸에게 그가 "거울 앞에서 도미노복 차림으로 스커트 아래의 허벅지와 산양의 젖통을 애교 있게 드러내며 교태를" 보였을 때와 같은 또 다른 성적 환상들을 떠올린다. 벨로는 계속 말한다. "네가 엉덩이 털을 자른 뒤 댄드레이드 부인이 스마이드-스마이드 중위, 필립 오거스터스 블랙웰 의원에게 강간당하기 직전처럼 기절한 듯이 침대에 누워 있었을 때 마치 미리암처럼 귀여웠지"(437). 여기에서 블룸이 당하는 모욕은 우리가 분명 마조히즘적 경험을 다루고 있다는 사실을 다시 한 번 확인시켜 준다. 마조히즘의 드라마적 구조——의상——는 경험의 물질적 구조로서 여성성이 가진 현실감을 상실케 하고 남성적 의미 형성을 위해 여성성이 스스로 봉사하는 형태로 변형시키는 방식에 의존한다. 실제로 여성이 되어 강간을 당하는 마조히스트의 환상은 여성이 경험하는 폭력성을 유희의 원천으로 바꿈으로써 성의 경제 전체로부터 여성을 폐기해 버린다. 여기에서 여성은 단지 눈을 꼭 감은 채 특이한 옷차림을 하고 있는 남성에 불과하다.

따라서 《율리시즈》에서 우리는 일종의 드라마화된 상호 주체성의 정치학을 목격한다. 그리고 이것이 원래 이 특수한 성심리학적 범주를 발생시킨 현대의 모호한 구성물에서 우리가 이끌어 낸 마조히즘에 대한 정의이다. 그런데 이것이 어떻게 마조히즘과 숭고미 간의 상호 관계에 적용될 수 있을까? 프루스트의 경우에서 숭고성은 주체성을 가능성과 불가능성을 동시에 생산하는 개방적이고 가역적인 사색의 장에 위치시킨다. 개인적 주체들은 점차적으로 진실을 향해 수렴되어 가는 묘사에 의해서가 아니라 진실을 미정의 상태에 둔 채 개인의 내부 세계를 서로 배타적인 가능성들이 증식되어 가는 장으로 만드는 그러한 사색에 의해 정의된다.

조이스의 경우에도 유사한 방식으로 주체성이 구성된다. 앞에서 블룸이 '과거의 죄들'을 만나게 되는 장면으로 되돌아가 보자. 여기에서 블룸과 관련하여 언급된 내용들이 사실인지 아닌지를 판정해 주는 것은 아무것도 없다. 이와 달리 좀 더 분명히 자연주의적으로 묘사된 에피소드들——어릴 때 죽은 블룸의 아들 루디에 대한 회상, 블룸과 스티븐의 어머니가 사교모임에서 만났던 일에 대한 기억——은 역사적 근거에 대해 전통적 소설이 보여주는 일관성을 유지함으로써 우리로 하여금 이러한 에피소드들이 조이스가 그의 허구적 인물들을 역사화시키는 방식의 일부라고 결론짓게 만든다. 그러나 과거의 죄들이 언급하는 에피소드들은 실제로 있었던 일일 수도 있고 아닐 수도 있다. 프루스트식의 사색과 마찬가지로 이것은 〈서씨〉의 스타일의 일부로서 그러한 일들이 실제로 있었는지의 여부는 중요하지 않다.

 마조히즘에서 환상은 주체의 존재 유형으로서 소설적 진실과 상상된 것 사이의 구별을 무의미하게 만든다. 환상은 욕망과 가능성 사이의 공명이며 그것은 자신만의 분명하고 효과적인 리얼리티를 가지고 있다. 그러나 이러한 것들이 블룸의 환상들이라 하더라도 그것들이 단순히 그의 자율적인 내적 삶의 표현이라고 할 수는 없다. 사실 그것들은 인물이 작품 속에 사실적인 모습으로 존재하든——〈서씨〉에서 사실적인 모습을 기대하는 사람은 없을 것이다——아니면 어떤 왜곡의 메커니즘이 밝혀지고 해석되어 일관된 형태를 따라 재구성될 수 있는 인물을 단순히 환치시키는 형태로 존재하든, 전통적인 의미의 인물을 거부하는 순전히 텍스트상의 가능성의 장에서 생겨난 것들이다. 블룸의 죄가 더 자세히 드러나면서 그는 구조화된 서술상의 실체라는 느낌을 상실하며 작품 속의 다른 인물들 속으로 사라지고(맹인 피아노 조율사를 연상시키는 눈먼 애송이) 다시 블룸 자신의 성적 대상으로 변했다가 결국에는 일종의 언어적 나열 속으로 사라진다. **"묵묵히 냉정한 얼굴들이 곁눈질을 했다 사라졌다 하면서 더듬거리며 모여든다. 브으울**

루움, 폴 드 콕, 1페니짜리 구두 끈, 캐시디 식품점의 노파, 눈먼 애송이, 래리 라이노세로스, 소녀, 여인, 매춘부, 다른 사람, 골목"(438-39). 환상의 범주도 가능성의 장을 구성하지 못한다. 블룸에 대한 성격 묘사는 그를 계속 형성해 내면서 또한 지시대상으로서의 그를 포기하는 어떤 열림의 상태로 진입한다.

그러나 나의 주장은 너무 단순하다. 환상은 시대에 뒤떨어진 옛날식 범주가 아니다. 환상은 텍스트적인 것들에 의해 이루어지며 또한 텍스트성으로부터 그 적합한 공간을 제공받는 어떤 확장으로 향하게 해 준다. 마조히즘은 우리에게 이러한 사실을 분명하게 확인시켜 준다. 이와 관련된 예들을 좀 더 살펴보자. 〈서씨〉에서 재등장하는 블룸의 타자아인 헨리 플라워가 그 한 예이다. 그는 〈로터스 이터스〉장에서 블룸이 마사 클리포드와 서신을 통해 마조히즘적 유희를 즐길 때 등장했던 바로 그 인물이다. 그 유희는 다시 〈사이렌〉장에서 사이먼 디댈러스의 노래를 듣고 블룸이 콘서트장에서 몰리를 도와준 일을 생각하면서 다시 회상된다. 블룸은 몰리가 부르던 노래의 가사, 그녀의 풍만한 가슴, 스페인풍의 외모, 옛 마드리드의 낭만적인 배경을 떠올린다. 여기에는 오페라에 등장하는 모티프들, 블룸이 생각하는 몰리와 지중해 사람들의 육감성, 블룸과 몰리의 연애 시절, 디댈러스의 노래가 촉발시킨 블룸의 환상 속의 애인의 이름 등이 혼재되어 있다. 이 장면에서 마사 클리포드와의 연관성은 묻혀져 있으며 거의 우연적이다. 마사의 이름이 노골적으로 드러나지 않으며 그녀와 블룸의 관계에 대한 연관성도 찾아볼 수 없다. 그러나 〈서씨〉에서 헨리 플라워가 등장했을 때 그는 〈사이렌〉에서 우연스러운 연상들로 정의되었던 의복을 입고 있다. 그는 테가 넓은 솜브레로 모자를 쓰고 덜시머 악기를 든 채 입에는 대나무로 만든 긴 자콥 파이프를 물고 있다. 그는 낭만적인 얼굴을 가졌으며 짧게 깎은 턱수염과 콧수염에 다리는 테너 가수 마리오를 연상시킨다. 그리고는 다음과 같은 노래를 부른다. "꽃이 피어난다네" (There is a flower that bloometh)"(422). 블룸과 헨리 플라워가 같은 무대에 서 있는 셈이다. 블룸은 분명 배제되어 있지만 〈사이렌〉에서 등장한 특정한 속성들의 배열을 통해 그에게 대안적 형태를 제공하는 또 다른 주체 속에 반영되어 나타난다. 침울하고 낭만적이며 음악을 사랑하고 육감적인 헨리 플라워는 블룸으로 하여금 자신의 타자아를 만나게 해준다. 자신의 환상 그리고 그 환상에 대응하는 텍스트상의 득성들을 통해 정교하게 가공된 요소들로 구성된 자신의 타자아를 말이다.

〈서씨〉장은 바로 이런 방식으로 이루어져 있다. 또 다른 에피소드에서 재등장하는 스티븐의 어머니는 〈텔레마키아〉장의 주된 이미지, 아이디어, 에피소드들을 연상시킨다. 그녀는 무덤에서 곧바로 달려온 초췌하고 귀신 같은 존재이다. 그녀 뒤에서 성가대가 노래를 부르고 광대의 옷을 입은 벅 멀리건이 마텔로 탑 위에 나타나 뜨거운 버터를 바른 팬 케이크를 들고 멍하니 그녀를 바라다본다(473). 기억, 환상, 악몽이 무질서하게 떠오르고 혼합된다. 작품의 도입부에 등장했던 비꼬기 좋아하는 멀리건이 다시 등장한다. 그의 광대 같은 성격은 이제 문자 그대로 수용되어 실제로 광대의 옷을 입고 있다. 이 모습은 스티븐의 시각에 따라 이루어진 멀리건에 대한 인물 해석이라고 할 수 있다. 스티븐의 어머니의 죽음에 대한 멀리건의 말("그분은 짐승처럼 죽었지"; 473, cf. 7)이 기분 나쁘게 반복되고 있는 것이다. 그러나 멀리건이라는 인물을 완성시키는 것은 〈배회하는 바위들〉에서 그가 헤인즈와 차를 마셨던 일(204-205)처럼, 스티븐이 전혀 모르는 그의 성격상의 속성 또는 에피소드이다. 〈서씨〉에 등장하는 이러한 인물들은 단순히 그들의 내적 세계의 본질적 요소들만을 극화시키는 것이 아니다.

그들을 구성하는 요소들도 사실상 현실적 실체가 없는 텍스트상의 대응물들과 우연의 일치들로 이루어져 있다.

우리는 프루스트를 통해서 어떻게 숭고미가 가역적 가설의 장을 열며 그에 따라 산문과 서술적 주체가 정의되는지를 살펴보았다. 글쓰기 자체는 자아의 확장과 실패라는 복잡한 감정을 활성화시켰으며 이는 칸트가 숭고미라고 불렀던 초감각적 잠재력에 대한 인간의 자의식으로 이어졌다. 그런데 우리는 〈서씨〉에서 이 마지막 형이상학적 확장이 없어도 동일한 과정이 작용된다는 것을 볼 수 있었다. 블룸과 그를 위시한 인물들은 한편으로 자연주의적인 관습에 의해 유지되고 또 한편으로 텍스트상의 즉흥성에 의해 증식하는 영역 속에 존재한다. 이 두 가지의 결합은 마조히즘의 환상과 매우 유사하다. 이 환상 속에서 주체는 라이크가 말하는 '사고-시연'을 통해서 자신을 끊임없이 퍼져가는 가능성들의 영역으로 확장시킨다. 프루스트와 마찬가지로 조이스의 인물묘사에서도 일종의 그럴지도/또는 아닐지도 모르는 식의 구조가 등장한다. 게다가 결국에는 이러한 이항성의 의미도 불합리한 것으로 드러난다. 인물들은 그들에 대한 묘사와 일치할 수도 있고 일치하지 않을 수도 있다. 모더니즘 작가들의 산문은 현대적 경험의 요소들에 명료함을 제공하거나 일관된 묘사를 유지하는 데 관심을 보이지 않는다. 산문은 숭고성의 감정, 영원히 확장되지만 실제로 경험할 수 없는 가능성들을 재생산한다.

다시 말해서, 영원히 확장되는 가능성의 장은 언뜻 보이듯이 또는 우리가 바라는 바와 같이 그렇게 무한한 것은 아니다. 마조히즘적 숭고미는 불가능한 것이 존재할 수 있는 영역——환상, 예술, 성적 드라마, 대화, 철학——을 제공해 주지만 정치적인 의미에서 불가능한 것을 가능하게 해주지는 않는다. 우리는 앞으로 후기구조주의에서도 가능성에 대한 이와 유사한 긍정적 찬가를 보게 될 것이다. 그러나 모더니스트와 마조히즘적 숭고미를 통해 지금까지 살펴보았듯이 그 문제에 실제로 접근해 보면 그 희망찬 가능성이라는 것도 결국 수사학적으로만 정치적인 것일 뿐임을 알게 된다. 그 너머에는 우리를 보호하고 금지하는 불가능성의 압력, 우리가 그에 따라 살아가고자 하면서 동시에 무시하고 싶어하는, 진실로 어떤 효율적인 문화 정치학을 원한다면 후기 구조주의를 넘어서 파괴시켜야만 하는, 그러한 불가능성의 압력이 존재한다.

4

위반의 부정적 측면

지금까지 나는 마조히즘을 보수적인 형태로 구성해 왔던 듯하다. 차이의 부재와 주체성의 불가능성 그리고 숭고미를 통해 존재하는 것으로 정의된 마조히즘은 남성적 헤게모니 체계가 큰 소리로 자신을 훼손하면서 권력의 부재를 연출하지만 사실상 타자를 파괴하고 자신의 권력을 재확인하는 방법을 제공해 준다. 따라서 마조히즘은 정치적 왜곡과 모호성, 모순들과 불확실성들의 미로를 만들어 낸다. 그러나 이로인해 전복의 논리는 정당성을 얻기 어려워지고 그에 대한 묘사조차 힘들어진다. 그러나 1990년대 중반에 들어선 지금 이것만이 마조히즘에 대한 유일한 논의는 아니다. 마조히즘은 특히 그 복합적 형태인 사도마조히즘과 함께 급진적이고 집요한 성적-정치적 실천이 되었으며 이러한 실천은 급진적이거나 대안적인 성들로 간주되는 전복적이고 파괴적인 잠재력으로 가득 차 있다.

최근 린다 하트는 사도마조히즘이 그 드라마적 특성으로 인해 몇몇 보수주의와 자유주의적 페미니즘이 의존하고 있는 성적·주체적 진정성 논의에 문제를 제기하고 있다고 주장했다. 사도마조히즘이 이러한 논의를 위협하는 것은 사도마조히즘이 가진 폭력성과 여성성 속에 내재화되어 있는 것으로 추정되는 희생자로서의 자아 이미지뿐 아니라, 사도마조히즘이 사실상 자의식적으로 조작된 것이며 드라마화 과정에서 한편으로 사회질서에 대한 관습적인 모델들과 또 한편으로 단순한 정치적 진보의 모델들이 가진 한계를 발견하게 해주기 때문이다. 하트는 다음과 같이 주장한다. "사도마조히즘적 성은 미묘하고 불안정한 경계선을 향해 이동하고 있다. 그곳에서 진행되는 현실과 환상 간의 구분에 대한 테스트와 위반은 의식과 명확성에 의존하는 페미니즘 운동을 곤란에 빠뜨린다"(하트 1995, 60). 여기에서 성과 주체성에 대한 급진적 논의들을 뒤흔들어 놓는 핵심적인 말은 '위반'다. 위반은 이제 기존 구조의 내적 논리에 충실함으로써 그 논리를 구성하고 동시에 전복하는, 즉 기존의 구조에 도전하는 정치학에 적절한 본보기를 제공하는 유행어가 되었다. 현대문화와 정치학의 역사에서 이 말은 바타유와 푸코를 연상시킨다. 이장의 목적들 중 하나는 위반에 대한 그들의 정의를 살펴봄으로써 그 정의가 우리가 논의하고 있는 마조히즘과 어떻게 연관되는지를 알아보는 것이다. 어떤 의미에서 마조히즘은 헤게모니를 가진 문화적 권위와 그에 대한 해체 사이의 희미한 경계선 위를 걷고 있다고 할 수 있다. 따라서 동일한 용어들로 자신을 구성하는 정치적 모델을 살펴보는 것이 중요하다. 위반이란 무엇인가? 그리고 그것은 마조히즘과 어떻게 연관되는 것일까?

바타유의 《눈 이야기》

분명 바타유는 자허-마조흐보다는 사드에 가깝다고 할 수 있을 것이다. 닉 랜드는 사드가 "자신의 텍스트상의 여행 기간 내내 바타유와 동행했으며 그들간의 지적 연대감이 워낙 강해서 서로 구별이 되지 않을 정도였다"(랜드 1992, 61)라고까지 주장한 바 있다. 그러나 이런 식의 과장된 주장은 위반과 같은 근본적인 개념이 부정확하게 쓰이도록 허용될 경우에나 가능하다. 수잔 슐라이만이 지적했듯이, 사드의 위반과 바타유의 위반은 전혀 다르다. 그녀는 다음과 같이 주장한다. "사드의 경우에는 탁월한 능력을 가진 주체가 외부의 법을 거부할 때 위반이 발생하지만 바타유의 경우에는 법이 내재화되어 있다. 따라서 위반의 드라마는 주체의 **내부에서** 발생한다(슐라이만 1986, 128). 사드의 난봉꾼들은 피카레스크식의 방랑자와 사회적 계약을 그 문학적 특성으로 하는 세계에 살고 있다. 그 세계는 특권을 가진 귀족들과 권위적 자아의 세계이다. 반면 바타유의 주인공들이 살고 있는 세계는 무질서하고 무의미하며 미친 세계이고 자아 역시 분열되고 불명확하며 때로 순전히 가설적 상태로만 존재하기도 한다. 일반적인 연관성들은 심리학적 사례 연구와 방향감을 상실한 주체를 다루는 모더니즘 소설 사이에서나 찾아볼 수 있을 뿐이다. 사드의 장면은 고립된 요새 같은 건물, 또는 성이나 수도원을 배경으로 한다. 바타유의 장소는 부르주아 저택의 발길 드문 어린이의 침실이다. 사드의 프로젝트는 철학적 야망을 드러낸다. 푸코는 바타유를 철학적 주체성을 해체하는 전위대에 위치시켰고(푸코 1977), 스티븐 샤비로는 그를 '반철학적'으로 묘사했다(샤비로 1990, 76). 사드와 바타유 사이의 이러한 구분들 너머에는 피와 성의 분석이라는 상징에 대한 푸코식의 범주들이 자리잡고 있다(푸코 1980, 148-49). 사드가 자유롭고 특권을 가진 주체를 통해 권력에 대한 명백한——때로 비공식화된——권리를 상상할 때, 바타유는 자허-마조흐와 프로이트처럼 자신의 욕망이나 권력과의 관계에서 단지 부분적으로만 자의식을 가지며 항상 모호한 태도를 보이는 주체를 상상한다. 사드에게 성은 권력의 표현이다. 그러나 바타유에게 그것은 불확실한 투자와 도발로 가득 찬 모호한 지역이며, 수수께끼 같지만 절박한 기원들의 장소이다.

《눈 이야기》의 화자인 오크 경은 우리가 마조히즘과 연결시켰던 여러 가지 주체적·성적·텍스트적 속성들을 구현하고 있는 인물이다. 그가 보여주는 성적 행위는 마조히즘이 권력을 다루는 과정에서 보여 주었던 것과 유사한 종류의 모순을 보여준다. 한 가지만 예를 들어 보자. 오크 경은 마르셀르를 '비현실적인 환영'으로 묘사하면서 그녀에게 자신의 여생을 바치겠다고 결심한다. "그녀는 내게 자신의 이마와 눈에 오래토록 키스할 수 있게 허락해 주었고, 그녀의 손이 우연히 내 다리를 건드렸을 때 그녀는 눈을 크게 뜨고 나를 바라보았다. 그리고는 손을 치우기에 앞서 무심히 내 옷을 쓰다듬었다(바타유 1982, 39). 우상숭배, 특히 성적인 우상숭배는 마조히즘의 모든 모순들을 구현한다. 헌신하는 행위는 주체를 통제하는 인물에 대한 자발적인 복종이지만 가장 수동적인 방식, 즉 '허락'을 통해서만 가능한 행위이다. 마르셀르의 역할은 오크 경의 욕망을 정의하거나 한계를 정하는 것이지만 마조히즘의 논리 속에서 여성적인 것이 항상 그렇듯이, 그녀는 단지 마조히스트의 요구에 따라 반응할 뿐이며 결국 그녀 자신의 주체성은 상실되고 만다. 텍스트 전반에 걸쳐 여성들이 오크 경을 지배하고 있지만 그에 대한 지배는 그 여성들의 현실감을 박탈함으로써 이루어질 뿐이다. 예를 들어 어떤 경우에는 여성들에 대한 오크 경의 가장 강렬한 경험이 그들의 성격이나 신체가 아니라 그들의 이름을 통해 이루어진다(20). 그들의 성적 행위는 가장 극적인 형태에서조차 우연적인 특성을 잃지 않는다. 그는 "그녀의 손이 우연히 내 다리를 건드렸다"고 말한다. 시몬과 마르셀르처럼, 오크 경에게 성적 행위는 결코 의도된 것이거나 욕망에 근거한 것이 아니다. 그것은 언제나 부분적으로 이끌려지거나 도발될 뿐이다. 그것은 자신도 모르게 또는 거의 자동적으로 이루어진다. 능동적으로 보이든 수동적으로 보이든 성적 주체는 단지 행동에 부분적으로만 참여한다. 바타유의 성이 능동성과 수동성의 구별과 의미가 사라지고 '느낌'이나 '충동들'처럼 모순으로 가득 찬 장소가 된다는 것은 바로 이와 같은 의미이다. 오크 경은 마르셀르의 죽음에 대해 다음과 같이 말한다. "이 상황에서 우리를 사로잡고 있던 모순된 충동들은 서로를 중화시켰고 우리는 마치 눈먼 사람들처럼 우리가 만지는 모든 것으로부터 멀리 떨어져 있었다"(44). 성격이 사라져버린 바타유의 인물들 너머에 남아있는 것은 바로 이러한 모순, 변증법이 아니라 여기에서 '중립성'이라 불리는 막다른 골목으로 이어지는 모순이다. 이러한 중립성은 자율적 주체성이라는 관습적인 논리를 파괴해 버린다. 그런데 이러한 위반은 얼마나 효과적일 수 있으며 이 문제에 대한 해답은 새롭게 등장한 마조히즘의 정치적 가치에 대해서 우리에게 무엇을 말해 줄 수 있을까?

이 문제를 다루기 전에 우선 우리는 **위반**이라는 단어가 지칭하는 바가 무엇인지를 명확히 해둘 필요가 있다. 현재 우리의 논의와 관련해서 가장 유용한 정의는 아마 바타유 자신의 시각, 특히 푸코가 재해석한 바타유의 시각에서 찾아볼 수 있을 것이다. 이 문제에 대한 논의는 바타유의 인류학적 연구, 특히 그의 《에로티시즘: 죽음과 육감성》에서 출발한다. 여기에서 그는 생명 이전에 존재하는 것으로서 태어나면서부터 우리에게서 분리되어 버리는 연속적이고 차이가 부재하는 어떤 상태를 상정한다. 그리고 나서 그는 이 상태로 다시 흡수, 통합되고자 하는 우리의 갈망을 조절하고 한계지우는 필수적인 방식이 있으며 그것이 곧 금기라고 주장한다. 우리에게는 어두운 욕망이 내재해 있으며 바타유에 따르면 그것은 노동의 구조 속에 요약되어 있는 실제적인 사회적·경제적 삶으로부터 우리를 끊임없이 멀어지게 한다. 금기는 이러한 욕망을 좌절시키지만 또한 그 욕망을 대체하여 포기의 의식 (儀式) 속에서 그것을 풀어놓고 표현하는데, 이것이 바로 우리가 위반이라고 알고 있는 것이다. 다시 말해서 위반은 금기라는 안정된 시스템에 의해 억압된 에너지들에게 분출구를 제공하는 일종의 안전밸브이다. 이러한 에너지들이 카니발, 의식, 희생제 등을 통해 표출되고 승화되지 않으면 금기에 의존하는 안정성의 구조들과 충돌할 위험이 있다. 바타유는 다음과 같이 말한다. "금기와 함께, 잘 조직된 위반은 사회적 삶이 현재의 형태를 유지할 수 있도록 해준다. 위반의 빈도——그리고 규정화——는 금기의 보이지 않는 안정성에 영향을 주지 않는다. 위반 자체가 이미 기대하고 있던 보충물이기 때문이다(바타유 1986, 65). 따라서 위반은 금기를 위협하고 부정하는 힘들이 드러나면서 동시에 좌절되는 과정이며 또한 금기가 지향하고 있는 과정이다.

위반에 대한 바타유의 정의는 신학적인 가치들로 이루어진 문화에 의존하고 있다. 푸코의 〈위반에 대한 서문〉은 이러한 금기/위반의 모델을 세속적 세계에 적용하고자 하는 시도이다. 위반에 대한 푸코의 최초의 정의는 "성스러움에서 더 이상 긍정적인 의미를 찾아볼 수 없는 세계에서의 신성모독"(푸코 1977, 30)이다. 여기에서 역설은 푸코의 주장의 핵심이 된다. 성스러움을 더 이상 믿지 못한다면 어떻게 신성을 모독할 수 있다는 말인가? 이에 대한 대답으로 푸코는 성스러움이 인간성에 대한 한계의 공식화를 나타내는 것이라고 주장한다. 신의 죽음은 이러한 한계라는 정의를 영원한 존재의 의도에 대한 해석에서 영원히 풀 수 없는 문젯거리로 바꾸어 놓는다. "신의 죽음은 우리를 제한되고 실증적인 세계가 아니라 세계를 위반하는 과도함에 의해 만들어지고 파괴되는 세계, 한계에 대한 경험에 노출된 세계 속에 또다시 위치시킨다"(32). 이러한 의미에서 한계는 끊임없이 이동하며, 위반에 의존하고 위반에 명령하면서 자신을 의식하고 자리매김한다. 푸코는 한계가 "[위반이] 순간적으로 비추어 주는 길을 따라 기울어진 궤도 전체와 기원이 드러나기도 하는 좁은 경계선이고 따라서 위반의 공간은 그것이 가로지르는 경계선 속에 존재한다"(33-34)고 말한다. 그러므로 위반은 단순히 주어진 법이나 규정을 동일시하거나 거부하는 것이 아니며 또한 불법적이거나 대항하는 행위도 아니다. 바타유의 《에로티시즘》과 달리 푸코에게 위반은 금기라는 기존의 안정된 세계에서 작동하지 않는다. 푸코의 위반은 그 작용의 일부로서 한계를 발명해 낸다. 이렇게 볼 때 한계와 그에 대한 위반의 정의는 동일한 과정이다. 스티븐 샤비로는 이를 다음과 같이 설명한다. "결국 위반은 부정이 아니다. 그것은 유동성과 과잉을 통해 사회적·개인적 권력의 '조절'을 생성하고 파괴하는 긍정적인 운동이다"(샤바로 1990, 80). 위반에서 생성과 파괴, 긍정과 부정은 동일한 행위이다.

미리 고정되어 있고 최소한 표면상으로나마 신성한 명령으로 이루어진 금기의 세계에서는 항상 한계와 위반을 구분하는 명확한 경계선이 있기 마련이다. 비록 위반의 목적이 금기를 강화하고 영속화하는 것이라 하더라도 위반은 금기 이후에 외부에서 오는 것처럼 보인다. 그러나 푸코의 한계와 위반은 개념상의 구분을 유지하기 위한 이러한 시공간상의 거리를 이끌어 내지 못한다. 한계와 위반은 서로의 주위를 떠돌면서 순간적으로 동일한 것이 되기도 하고 때로 완전히 사라져 버리겠다고 위협하기도 한다. 푸코의 말이다. "위반은 극히 짧은 기간 동안 확대되어 나타나는 경계선을 끊임없이 가로지르고 또 가로지르며, 이렇게 해서 위반은 또다시 가로지를 수 없는 것의 지평선으로 되돌아간다. 그런데 이러한 관계는 매우 복잡하다. 이러한 요소들은 불확실한 문맥, 즉시 뒤집혀 버리는 불확실성들 속에 위치해 있기 때문에 그것들을 파악하려 하자마자 사고는 그 효율성을 잃어버리고 만다"(푸코 1977, 34). 만약 위반과 한계가 명확한 정의를 상실한다면 우리는 어떻게 위반과 그 외의 자잘한 반대 의견들을 구별할 수 있을까? 이에 대한 푸코의 대답은, 위반의 구조는 **사유 불가능한** 범주들의 강화와 혼란에 의해 이루어지는 것 같다는 것이다. 다시 말해서, 위반은 정의에 도전할 뿐 아니라 사유 자체도 거부한다.

여기까지 위반에 대한 푸코의 논의를 살펴보면서 우리는 그 낙관론의 지평선이 숭고미에서도 발견된다는 사실을 알 수 있었다. 위반을 이해하려는 우리의 시도는 우리가 상상은 할 수 있지만 사유할 수는 없는 그러한 정치학을 이해하기 위한 것이다. 마조히즘에 대한 분석에서 우리는 숭고미가 불가능성의 표출구이며 모순이 존재할 수 있는 어떤 장소임을 알았다. 그런데 《눈 이야기》의 위반을 읽으면서 우리가 정치적·성적 금지를 파괴하고 오용하는 것과 관련된 복잡한 관계 속에서 과연 숭고미를 발견하고 있는가? 아니면 단순한 수사적 확장으로 변하거나 다른 곳에서는 마땅한 공간을 찾을 수 없었던 불가능성과의 협력 관계를 유지함으로써 마조히즘의 모델을 따라가고 있는 것인가? 다시 말해서 마조히즘을 위반과 연결시키고자 하는 유혹이 전자가 가진 실제적인 정치적 잠재성의 결과인가? 아니면 텍스트상의 정치적 곤경의 모델과 관련한 후자의 유사성 때문인가?

나는 작품의 세 장면들을 살펴봄으로써 이 문제들에 답해 보고자 한다. 푸코가 우리에게 반복해서 인식시켜 주었듯이 위반이 행해지는 특권적 장소는 주체성이다. 주체성이 특히 성의 영역에서 자신을 구성하고자 하기 때문이다. 내가 선택한 세 개의 에피소드들은 모두 이 특수한 접점의 주변에서 전개된다. 첫번째는 집단적 난교가 벌어지는 장면이다. "술 취한 목소리의 껄껄거리는 웃음소리들이 터져 나왔지만 그 소리들은 곧바로 음란하게 서로를 부대끼는 육체들, 들어 올려진 다리들과 엉덩이들, 축축히 젖은 스커트들과 정액 속으로 퇴락해 사라져

갔다. 껄껄거리는 웃음소리들이 천박스러운 딸꾹질처럼 나타났지만 보지들과 자지들을 향해 쏟아진 잔인한 공격을 방해하지는 못했다. 그리고 곧 우리는 마르셀르가 임시변통으로 그녀를 가두어두었던 공중화장실에서 슬프게 흐느끼는 소리를, 점점 더 큰 소리로 흐느끼는 그녀의 울음소리를 들을 수 있었다"(바타유 1982, 17). 여기에는 주체성의 위반이 매우 극명하게 드러나 있다. 첫째, 마조히즘적으로 묘사된 비인격화된 '보지들과 자지들'이 있는데 이는 자율적인 자아성을 이미 잃어버렸을 뿐 아니라 비인격적인 '잔인한 공격' 앞에서 수동적인 자세를 취한다. 이 장면에서 전통적인 자아성이 묘사된 유일한 경우는 마르셀르를 고통받는 주체로 재발명한 경우뿐이다. 그녀는 천장에 갇힌 채 소변을 보고 있다. 주체성이라는 요새가 공격받고 있는 것이다. 그녀의 괴로움과 '보지들과 자지들' 같은 표현에 드러난 지속적이고 전통적인 성의 구분 방식은 여기에서 묘사된 권력의 배분과 고통이 크게 급진적이거나 인식하기 어려울 정도는 아니라는 것을 보여준다. 마조히즘과 관련해서 여러 번 밝힌 바 있듯이, 자신의 권력을 비웃는 듯하지만 결국에는 전통적인 권력 구조와 융합하면서까지 언제나 다른 사람을 이용하는 그러한 급진적인 상호 주체적 정치학의 유형들이 드러나 있다.

물론 이에 대해서, 워낙 극단적이어서 자유주의적인 정치적 의제를 고려할 필요가 없는 몇몇 문화적 급진주의의 유형들이 있을 수 있다는 반응도 가능할 것이다. 그러나 이러한 주장의 가장 큰 한계는, 급진주의가 성취하는 것들이 정치적 의미에 대한 기존의 기준들과 다르다고 주장하려면 그것이 단순히 수사적인 것에 머물러서는 안 된다는 것이다. 따라서 중요한 문제는 여기에 묘사된 주체성의 위반이 얼마나 극단적이며 중요한 것인가라는 점이다. 이 질문에 답하기 위해서 우리는 가장 전면에 드러난 사항을 다시 살펴보아야 한다. 문제의 장면을 서술하고 있는 오크 경은 그곳에서 벌어지고 있는 위반에 대해서 별 관심도 없고 흥분하지도 않으며 특별히 위협을 느끼는 것 같지도 않다. 이러한 의미에서 위반은 급진적일 정도로 비개성화되어 있다. 노골적으로 개성화된 범주를 비개성화하는 것이 여기에서의 위반의 의미임을 생각해 보면 이는 당연한 것처럼 보인다. 그러나 핵심사항이 아직 남아 있다. 분명 여기에서 주체성의 위반이 발생하고 있으나 그것이 실제로 경험으로 묘사되고 있지는 않다. 미르셀르의 주체싱에 대한 위반이 이루어지고 있지만 위반은 그녀를 악몽과 고통이라는 가장 주관적인 범주들의 장소로 재구성해서 보여주고 있다. 비개성화된 '보지들과 자지들'의 경우에서도 주체성의 위반은 결코 문제시되지 않고 있다. 오크 경 자신에게도 위반은 어떤 식으로든 별 다른 차이를 만들어 내지 못하는 듯하다.

분명 위반이 발생하지만 그것은 묘사된 행위와 이에 대한 우리의 독서 사이의 가설적 공간에서 발생할 뿐이다. 이 공간은 충격을 예상하고 이를 이론적으로 다루고자 하는 주체적 위반의 다양한 형태들을 통해 중층적으로 결정된다. 따라서 위반이 작용하고 있지만 그것은 단지 정신적 차원에서 개인적 경험과 무관하게 보일 때, 따라서 주체성과도 전혀 무관해 보일 때에만 작용할 뿐이다. 주체성의 위반을 보여주는 다양한 상태들은 따라서 서로 예상했던 것만큼의 갈등을 초래하지 않는다. 난교에 대한 카니발적 묘사와 악몽 같은 경험에 대한 페이소스가 동일한 효과에 불과한 한 주체가 전면에 등장해 있다. 위반에 대한 푸코의 모델이 사유 불가능한 것으로 간주하고자 하는 것은 거의 파악이 불가능한 가능성의 외부영역이 아니라 퇴락하고 약화되어 가며 서로를 인정조차 하지 않는 대안들의 중립화이다. 이러한 중립화의 과정은 실제로는 발생하지 않지만 외견상으로는 주체적 급진주의의 증거로 보이도록 폭력과 퇴락을 생산함으로써 중층적 묘사를 가능케 하며 또한 이에 따라 중층적 읽기를 유도한다. 극단성의 분위기는 중립성을 혁명으로 변형시키고, 장식으로 기능할 뿐인 숭고미를 급진적 가능성의 신호로 바꾸고자 한다.

두번째 장면에서도 유사한 경우를 찾아 볼 수 있다. 이 장면에서 오크 경은 알몸으로 총을 든 채 어둠 속에서 벌거벗은 한 여성을 뒤쫓고 있다. "주머니가 없었기 때문에 총은 계속 손에 들고 있었지만 그 총으로 무엇을 할지는 모르고 있었다. 누구인지 몰라도 내 앞으로 뛰어간 여자를 보며 장전을 했던 것으로 보아 아마도 나는 그 여자를 쫓아가 죽일 생각이었던 것 같다. 분노에 찬 원소들이 으르렁거리는 소리, 나무들의 고함 소리가 내 의지와 행동을 마비시켜 아무것도 구별할 수 없었다"(25). 여기에서도 우리는 또 한 명의 여자가 희생되리라는 것을 알게 된다. 화자는 그야말로 사도마조히즘적 공간, 사실상 사도마조히즘의 양극들조차 인식하지 않으려 하는 그러한 공간 속에 위치해 있는 듯하다. 그는 일종의 잔인한 권력을 휘두른다. 그러나 그것은 수동적인 방식이다. 스스로 자신의 행동을 결정하지 않기 때문이다. 그의 폭력적 행위를 결정하는 것은 무엇인가? 결국 이것은 상당히 의도적인 행동이고 누군가의 죽음마저도 예기하고 있다. 물론 그의 행위를 욕망의 표현이라고 보고자 하는 유혹이 있을 수 있다. 그리고 이에 따라 그의 폭력성이, 후기 데카르트식의 주체 체계를 지탱하는 개인의 주체적 자율성과 자율적 결정이라는 범주들을 위반한다고 볼 수도 있다. 이러한 위반은 가부장적 권력을 활성화시키면서 한편으로는 가부장적 권력의 기반으로 간주되는 이성성과의 관계는 거부한다. 이렇게 해서 폭력은 그를 미지의 세계로 이끈다. 그의 운명은 다소 예측이 불가능하다. 그는 자신이 앞으로 어떻게 될지 모른다는 흥분에 휩싸여 어둠 속을 맹목적으로 달리고 있다.

그러나 이와 같은 읽기에는 가장 중요한 특징이 빠져 있다. 그의 모호한 동기이다. 그의 주체성은 여러 가지 측면에서 위반되고 있는데, 첫째로 그의 욕망의 모호함, 둘째로 그가 휘두르는 권력이자 그를 조종하고 있는 권력을 들 수 있다. 그런데 이러한 위반들 중에서 가장 눈에 띄는 것은 그 위반들에 무게감이 결여되어 있다는 점이다. 사실 그러한 위반은 있어도 그만이고 없어도 그만이다. 물론 이것을 제3의, 최고 형태의 위반이라고 설명할 수도 있을 것이다. 난교 장면에서 보았듯이 개인 경험의 모든 범주들에서 일관성과 한계성이 사라져 버리는 그런 위반이기 때문이다. 그러나 이러한 논리를 수용한다면 우리는 위반을 급진적이고 정치적인 행위의 범주로부터 벗어나 잠시 이용하고 나서 폐기시켜 버릴 수 있는 행위 방식 또는 순간 정도로 간주하게 되는 셈이다. 따라서 주체성의 부재는 비록 누군가의 죽음이나 타인(주로 여성)의 고통으로 이어진다 하더라도 정치적 확장을 위한 영웅적인 기회가 아니라 **그럴 수도/아닐 수도 있는** 대안적 재창조의 수단이다.

여기에서 위반의 지평선으로 묘사된 숭고미는 따라서 꽃밭으로 둘러싸인 영원한 열린 공간이 아니다. 그것은 가능성의 정의가 아니라 불가능성의 지표이며, 위기가 아니라 무관심을 특징으로 하는 주체가 처하게 되는 곤경의 마지막 결과물이다. 나는 이 문제를 마지막 장면을 통해 분석해 보고자 한다. 이 장면은 위반에 대한 후기구조주의자들의 전형적인 시각을 제공해 준다. 후기구조주의에서 주체성의 위반은 흔히 끊임없이 확장되고 스스로 분리되며 영원히 증식하는 **차연**의 장에서 이루어지는 것으로서, 대체로 더 큰 의미의 위반이라는 문제의 일부로 간주된다. 오크 경, 시몬, 에드먼드 경이 투우를 구경하는 소설의 가장 극적인 장면에서 오크 경은 의미론적 연상을 거부한다. 그는 다음과 같이 쓰고 있다. "그 이후의 일들은 아무런 연관성도 없이 이어졌다. 서로 관계가 없어서가 아니라 관심이 사라져 버려 나와 무관한 일처럼 보였기 때문이다"(53). 그러나 이어지는 묘사들은 우리로 하여금 화자의 목소리가 자신의 경험 외부에 투사했던 그러한 연상들을 우리 스스로 구성하도록 유혹한다. 시몬의 무릎에는 죽은 황소에게서 제거한 고환들이 가득 담긴 접시가 놓여져 있다. 투우사 그라네로가 붉은색 망토를 들고 그의 적수인 황소에게 다가가자 시몬은 접시 위의 고환을 한 개 집어 들어 물어뜯는다. 투우에 대한 묘사와 고환을 가지고 장난하는 시몬의 묘사, 이 두 가지 동일한 서술들은 함께 절정을 향한다.

핏빛으로 붉게 상기된 얼굴에 숨막힐 듯한 음란한 표정으로 시몬은 그녀의 하얀 허벅지를 한껏 들어올려 이미 축축해진 보지 속으로 천천히 그리고 확실하게 두번째 구체를 집어넣었다. 그라네로는 황소의 뿔에 받쳐 난간에 끼어 있었다. 황소의 뿔이 전 속력으로 난간을 향해 돌진했고 세번째에는 뿔이 그의 오른쪽 눈을 뚫고 들어가 머릿속 깊이 박혔다. 엄청난 공포의 비명소리와 함께 시몬은 순간적인 오르가슴을 느꼈다. 그녀는 의자에서 벌떡 일어섰다가 눈부신 햇빛을 받으며 코피를 흘리면서 주저 앉았다. 남자들이 그라네로의 몸을 꺼내려 달려갔고 그의 머리에서 빠져나온 오른쪽 눈알이 덜렁거리고 있었다(53).

앞에서 예를 들었던 다른 장면들과 마찬가지로, 서술의 주체는 자신을 일종의 게으른 마조히스트로 구성한다. 즉 여기에서 주체는 권력과 권력의 부재가 아무런 동기나 저항도 없이 이리저리 움직이는 텅 빈 중립적 공간이 되는 것이다. 서술이 이어지면서 비로소 눈과 고환, 집어넣기와 빼내기, 순간적인 오르가슴과 공포에 질린 비명소리 등 모든 가능한 연상들과 대조들이 구체화된다. 그러나 이러한 연상들은 의미의 가능성들이 약간씩 그러나 필연적으로 벗어나 버리는 곳에서만 발생한다. 오크 경은 연상이 가능할 수 있을 것이라고 말하지만 그의 관심이 철저히 분리되어 있기 때문에 거기에는 언제나 분리의 분위기가 감돌고 있으며 단지 가설상으로만 또는 잠재적으로만 연결될 뿐이다. 서술은 연상, 반연상, 차이, 대립의 모든 가능성들을 뒤엎어 버리며, 의미로 수렴되지 않은 채 서로 계속해서 증식해 나갈 뿐이다. 우리가 여기에서 목격하는 것은 바로 풍요롭고 극적인 **차연**의 장이다. 여기에서 우리는 의미와 해체 간의 강렬하고도 생산적인 긴장을 느낀다.

화자의 관심의 분리는 우리가 급진적인 해체라고 알고 있는 불확실성과 파괴를 단순히 허용만 하는 것이 아니라 나아가 그러한 것들을 만들어 내기도 한다. 그러나 문제는 이것이 근본적으로 불합리하게 이루어진다는 것이다. 앞에서의 다른 장면들과 마찬가지로, 여기에서도 의미의 논리를 파괴하는 이러한 종류의 위반이 발생하고 있지만 반드시 경험되어야 할 필요는 없다. 사실 이러한 위반을 가능케 하는 조건——화자의 분리——이 위반을 궁지에 몰아넣고 있다. 다시 말하지만 나는 정치적인 의미를 확장시킬 수 있는 유일한 영역으로서 완전한 주체성의 모델을 상정하고자하는 것이 아니다. 그러나 마조히즘과 같은 주체적 행위가 새로운 정치적 수사를 따라가고 주체성의 영역의 확장을 가능케 하려면 마조히즘의 위반은 단순히 괴상한 눈요기거리 이상의 어떤 것이 되어야 한다.

바타유에 대해 언급한 초기의 글 〈제한에서 일반 경제로: 거리낌 없는 헤겔주의〉에서 데리다는 다음과 같이 쓰고 있다. "중립성은 부정적인 **실체**를 가지고 있으며 위반의 부정적 측면이다…. 중립성은 지식 내에서, 글쓰기의 구문 내에서 생성된다. 그러나 그것은 자주적이고 위반적인 긍정과 관련되어 있다…. 담론의 해체는 단순히 중립성을 지워버리는 것이 아니다. 그것은 말들을 증식시키고 서로 갈등하게 만들며, 의미의 외부에서 유희의 자주적 긍정만을 유일한 규칙으로 하는 끝없는 대체의 심연 속에서 그 말들을 삼켜 버린다"(데리다 1978, 274). 데리다의 언급은 바타유의 투우 장면의 논리를 거의 직접적으로 반복하고 있다. 그 장면의 묘사가 의존하고 있는 구별은 그것의 용어들 중 하나에 주어진 우선권 속에 포함되어 있다. 바타유의 장면은 분리된 경험과 연상적 유희의 수많은 가능성들 사이의 대조를 극화하고 있다. 그런데 전자는 전체 장면을 소개하며 대조가 구현되는 조건을 정의하는 역할을 한다. 데리다의 부정적인 중립성과 긍정적인 위반 사이의 대조에서도 전자가 본질적이고 예비적인 상태를 차지하는 듯하다. 위반은 중립성에서 나온다. 이러한 의미에서 **차연**과 위반은 두 텍스트에서 공통적으로 그것들에 선행하는 일종의 부모 용어, 즉 중립성에서 생성되어야 한다. 특히 이 문제는 데리다에게 상당히 예민한 문제인데, 위반이 모든 이항성들 중 가장 조잡한 형태(긍정/부정), 일종의 수사적 고집에서 생겨나며 그것이 명백한 중재의 근거 또는 원인임을 드러내지 않은 채로 묘사 속에 덧붙여지기 때문이다. 위반에 '자주적'이라는 형용사를 두 번씩이나 덧붙인 것 역시 동일한 종류의 수사적 힘의 일부이다. 즉 위반과 중립성이 서로 다를 뿐 아니라 도덕적·정치적으로 평가될 수 있는 것이라고 믿어야 할 필요성을 객관화시킨 것이다.

따라서 위반은 폭력적이고 충격적일 때조차도 항상 중립성으로 변해 버릴 위험이 있다. 푸코는 위반에 대해 다음과 같이 말했다.

"위반과 한계의 관계는… 흑과 백, 금지된 것과 합법적인 것, 외부적인 것과 내부적인 것처럼 또는 건물의 트여진 지역과 주변 공간들처럼 명백하게 드러나는 것이 아니다. 오히려 그들의 관계는 단순히 규칙위반으로는 고갈시킬 수 없는 나선형의 형태이다. 아마도 그것은 시간이 시작되었을 때부터 어둠 속에서 비치는 한 줄기 빛과 같은 것으로서, 자신이 부정하는 밤에 두텁고 어두운 강렬함을 제공해 주고 있다. 그것은 자신을 드러낼 때의 그 순수한 명료성, 비참하면서도 균형 잡힌 단일성을 위해 어둠에 의존하고 있는 그러한 빛이라고 할 수 있다. 그 빛은 자신의 주권으로 표시하는 이 공간 속에서 자신을 잃어버리고 이제 그가 모호함에 붙였던 이름인 침묵 속으로 빠져든다"(푸코 1977, 35).

위반에 대한 시도를 통해 권위만을 비판하는 방식으로 한계를 정의하는 문제는 우리가 숭고미를 분석하면서 보았던 산문, 즉 개념적 직관과 이성적 이해 사이의 분리를 포착하려는 은유들로 이루어진 산문을 생산한다. 다시 말하지만, 위반은 환원 불가능한 문제이며 사유의 외부에 위치하고 있다고 할 수 있다. 그러나 이러한 사실은 위반이 역사적·정치적 내용을 구성하는 한 가지 방식이라기보다는 역동적인 성격을 가진 것인 만큼 자체적인 용어들을 통해서는 재생산될 수 없으며, 따라서 일종의 수사적 힘이나 은유적 에너지를 통해서 유지되어야 한다는 문제를 제기한다. 따라서 위반은 열띤 논쟁을 통해 사라지는 것이 아니라 오히려 그 반대 측면, 우리가 《눈 이야기》와 데리다의 이론에서 발견했던 것과 같은 무관심과 중립성을 드러낸다.

주네의 《장미의 기적》

문화 정치학에 대한 위반의 모델들은 의미의 산포와 해체를 되살리고자 하는 목적을 가지고 있다. 외형상으로 볼 때 위반은 전통적으로 비천하고 불유쾌한 것으로 간주되었던 것들로부터 정치적 입장들을 형성한다. 이러한 입장들이 가진 디오니소스적 자아 이미지는 우리가 그 입장들을 의미, 목적, 가치 등으로 부르는 것을 금지한다. 비록 그 입장들이 페미니즘이나 게이, 레즈비언 운동과 같은 문화 정치학의 실제적이고 '참여적' 형태들로서 동일한 공간을 차지하게 되었다 하더라도 말이다. 위반은 권력의 문제를 계속 문제시함으로써 새로운 지배 구조들——도덕적·정치적·문화적——이 형성되지 못하게 만든다. 지금까지 개략적으로 살펴본 중립화된 위반의 핵심은 비록 남성적 담론을 통해 구성된 전통적인 것들일지라도 권위의 체계는 더 이상 위반에 의해 위협받지 않으며 오히려 그 구조의 일부로서 위반을 필요로 하기도 한다는 사실을 보여주는 데 있었다. 이러한 의미에서 위반은 폭력적일 수도 있지만 사실은 중립적이며 전복적이라기보다는 정적이다. 실제적으로 자신(또는 주체성이나 성적 정체성들)을 재구성하지 않으면서 자신을 위반하는 그러한 권력의 주변에서 구성된 텍스트로서 《눈 이야기》는 **법**이라는 **이름**의 어떤 허구적 형태보다도 권력에 대한 현대적 논리와 이미지를 잘 보여준다고 할 수 있다.

데리다가 '자주적' 위반이라고 부르고자 하는 것은 '중립화된' 위반을 일종의 문화적 유동성의 모델 속에 삽입시키려는 시도이다. 이러한 야망은 현대문화에서 사실상 분열이 정체성과 권위가 행하는 유희의 일부임에도 불구하고 그러한 분열이 어떤 정치적 약속으로 이어질 수 있으리라고 믿고자 했던 공통적인 희망을 보여준다. 주네의 《장미의 기적》은 이러한 현상을 보여주는 또 다른 실례로서 나는 이 텍스트의 마조히즘적 논리를 통해 위반과 관련해 앞에서 언급한 사항들을 다시 한번 확인하고자 한다. 그러나 나의 결론은 주네의 텍스트가 어떤 의미에서든 보수적이고 안정적이라는 주장이 결코 아니다. 그의 텍스트는 전적으로 정치적 의미의 언어 외부에 위치해 있다.

《장미의 기적》에 등장하는 모든 에피소드와 관계는 지배와 복종의 관계로 재구성된다. 화자인 장은 끊임없이 자신의 사물화, 퇴락, 모욕을 꿈꾼다. 그는 자신의 연인인 뷸캥이 "박차달린 부츠를 신고 채찍을 든 채 입술에는 모욕을 드리우고 말 위에 올라타 마치 정복지에 들어서듯이 나에게 들어오도록"(주네 1965, 61) 만들고 싶어한다. 그는 자신이 "장화를 신은 군인과 사냥꾼이 성큼성큼 걸어다니는"(93) 들판의 밭고랑이라고 상상한다. 그는 또 상상 속의 갤리선에서 선원들에게 고문을 당하고 그들의 조롱과 모욕 속에 절반쯤 나체 상태로 돛대 위로 쫓겨 올라갔다가, 결국은 떨어져 다음날 아침 눈을 떠보니 선장의 "튼튼한 팔"에 안겨있는 자신의 모습(46)을 꿈꾸기도 한다. 타인의 지배와 자신의 복종이라는 관계로 이루어진 장의 이러한 상상들은 이후 감옥, 법정, 언론, 더 넓은 사회, 최종적으로는 신에게까지 확장된다.

살인죄로 유죄 판결을 받은 아르카몬은 이 마조히즘적 상상 속에서 가장 핵심적인 인물로서, 그는 자신의 우상화된 자아성 속에――현실적이든 상상적인 것이든――신, 남근, 사회 제도뿐 아니라 그 외의 모든 인물들을 다 결합시키고 있다. 장은 상상 속의 서술을 통해 아르카몬을 신격화시킨다. "아르카몬은 신이다. 하늘나라에 살고 있기 때문이다(물론 이 하늘나라는 내 자신을 위해서, 내가 나의 육체와 영혼을 바치기 위해서 창조한 것이다)"(13). 아르카몬은 또한 남근적 남성성을 대표할 뿐 아니라 문자 그대로 그것을 구현하고 있기도 하다. 장은 항상 아르카몬의 성기를 꿈꾸어 왔지만 곧 그는 그것이 존재하지 않는다는 것을 깨닫는다. 아르카몬에게는 성기가 없다. 그의 육체 자체가 그의 성기가 되었기 때문이다. 결과적으로 마조히즘의 끝없는 환상은 프로이트가 개괄했던 바와 같이 제도상의 경계와 문학적 상상력을 동일화시키는 정체성을 생성해 낸다. 장은 결국 아르카몬이 누구의 성기인지를 알아낸다. "사실 아르카몬은 우리에 대해 들어 본 적이 있는 어떤 해적 왕자의 것이었다···. 그가 우리에게 자신의 그 엄청난 것을 보내 준 것이다. 그것은 젊은 벽돌공의 모습으로 가장하고 있었는데 그 모습은 살인자 자신이 장미로 가장했을 때 만큼이나 어설프기 짝이 없었다"(168). 아르카몬은 장의 해적에 대한 환상과 살인자가 당하게 될 극형에서 암시되듯이 감옥이 가진 문자적 권력 구조 사이를 이어 주는 연결점이 된다.

아르카몬은 모든 지배적 타자들, 《장미의 기적》에서 장의 환상과 그의 주변 상황 속에 등장하는 모든 지배적 인물들의 집합체이자 원형이다. 작품 자체의 서술의 틀도 아르카몬에 대한 유죄 판결과 체형, 그리고 장이 아르카몬의 주체성 속으로 들어가 미를 통해서 그를 확대하고 해방시키는 4일 밤 동안의 클라이맥스 사이에서 이루어진다. 따라서 아르카몬은 마조히즘적 담론에서 흔히 등장하는 다른 모든 지배적 타자들과 동일한 역할을 수행한다. 서술의 주체는 환상을 만들어 내는 인물이자 이야기를 이끌어 가는 화자로서 그는 자신을 끊임없이 재생산하는 장소로서 아르카몬을 이용하는 것이다. 아르카몬을 비롯한 그 모든 지배적 타자들에 대한 복종을 통해 그가 표현하는 것——남근 지배주의, 감옥 시스템, 신——은 자신을 재생산하고 확장시키기 위한 것이다. 그런데 이러한 사실이 마조히즘에 대해 우리가 이미 밝힌 바 있는 사항——한편으로는 자신에 대한 포기와 모욕을 드러내면서 동시에 자신의 주체성을 확인하고 표현하기 위한 방편으로 타인을 이용하는 주체——과 직접적으로 일치하고 있는 것이 사실이지만, 주네의 작품에 나타난 마조히즘적 차이의 부재는 결코 정치적 급진주의를 지향하지 않는다. 자해를 저지르는 범죄자들의 경우를 생각해 보자. 비록 자신이나 자신과 비슷하게 복종하는 위치에 처한 사람들에게 행해진다 하더라도 그것은 결국 방어적인 형태로 자기 자신의 권력을 다 자인하는 행위일 뿐이다. 주네의 위반이 정치적 의미의 언어 외부에 위치한다는 것은 바로 이러한 의미이다. 따라서 이것을 일반적인 문화적 급진주의로 보려는 시도는 그 기원들을 무시하거나 낭만화시키는 것이다. 위반을 야기시켰던 결코 용서할 수 없는 그 고통과 폭력을 축소시키고 있기 때문이다. 이렇게 볼 때, 이것이 바로 중립화된 위반의 두번째 측면이라고 할 수 있다. 이 위반은 단순히 권력을 스스로 훼손하는 형태가 아니라 권력의 그림자들 속에서 자신에 대한 훼손을 재생산함으로써 권력을 처리하는 형태의 위반이다.

지금까지 우리가 살펴본 마조히즘적 주체성의 모델에 따르면, 자신을 낮추고 확인하며 동시에 자신에 대해 서술하는 마조히즘적 주체는 이러한 작업이 이루어지는 미학적 공간을 필요로 한다. 그리고 우리는 그 공간을 숭고미라고 정의한 바 있다. 그 공간은 비록 복잡하고 모순된 충동들의 출발점이 아니라 수렴점이나 종결점으로 기능하지만 상당한 에너지를 가진 매력적인 공간으로서 분열을 지향하는 문화적 에너지의 저장고처럼 보인다. 푸코와 같은 이론가들은 이 숭고미의 공간이 가진 수사적 에너지를 정치적 분열의 순간을 알리는 전령으로 이용하고 싶어했다. 그리고 이 때문에 근본적으로 중립적인 구조인 위반이 자주적인 것처럼 나타나게 된 것이다. 차이의 부재가 표출되는 공간에 불과한 숭고미를 정치적 기회의 시작으로, 나아가 하나의 모델로 보고자 하는 시도가 있다. '자주적' 위반은 수사학적 긍지를 정치적 의미를 가진 긍정적 언어로 만들고자 하는 시도이다. 주네의 수사학과 이에 대한 그의 집착은 바로 이러한 마조히즘적 숭고미의 탈정치화된 모델과 일치한다. 이것은 권력 자체에 대한 마조히즘적 논리를 통해 자기 자신의 주체성을 보고자 하는 노력의 결과이다.

주네는 그 어떤 작가보다도 마조히즘과 숭고미의 양립 가능성을 깊이 탐구했다. 그의 작품은 그가 칸트의 미학, 특히 미학과 도덕을 연결시키고자 하는 칸트의 열망을 상당할 정도로 고려하고 있음을 보여준다. 칸트는 《판단력 비판》에서 다음과 같이 쓰고 있다.

나는 아름다운 것이 도덕적으로 선한 것의 상징이라고 주장한다. 우리가 아름다운 것을 도덕적으로 선한 것과 관련시키기 때문에(우리 모두는 자연적으로 그렇게 하며 의무로서 다른 사람들도 그렇게 하기를 요구한다) 아름다운 것에 대한 우리의 선호에는 모든 사람들이 동의해야 한다는 요구가 포함되며, 한편으로 단순한 감각 인상에서 유래한 쾌감의 수용이 아니라 이러한 연관성을 통해 우리의 정신이 고상해짐을 인식하고, 판단력에 있어 유사한 격률을 가지고 있는지의 여부에 따라 다른 사람들의 가치를 평가한다(칸트 1987, 228).

이 주장에 따르면 미학적인 것은 거의 본질적으로 도덕과의 유사성을 통해 구성된다. 그러나 양자간의 정확한 관계는 불분명하다. 아름다운 것은 도덕성의 '상징'이다. 그런데 이것이 의미하는 바가 무엇인지는 확실치 않다. 사실 칸트의 의도는 단지 그 관계를 철학적 판단뿐 아니라 인간성의 기본 원리——우리는 얼마나 그것을 잘 이해하고 그에 반응하는가에 따라서 사람들을 구분한다——로 주장하는 데 있을 뿐이다.

《장미의 기적》에서 주네는 이 관계를 재가공한다. 작품의 초반부에서 자신의 미학을 개괄하면서 그는 자신을 매혹시키는 죄수들의 폭력성과 그들의 미스터리, 신비주의의 정체를 포착하고 싶다고 말한다. 이 미스터리의 기원들은 그를 둘러싸고 그를 끊임없이 성적·미학적으로 매혹시키는 동료 죄수들, 그들을 통해 구현되는 폭력적이자 미적인 것의 그 본질적 모순에 있다. 이러한 프로젝드는 다음과 같은 표현에서 볼 수 있듯이 모순적인 것을 묘사하려는 문학적 시도를 보여준다. 그는 이를 다음과 같이 묘사한다. "꿈은 빛… 반짝이는 그를… '짤막한 시를 통해 아름다운 것과 악의 살아 있는 통합을 시도한다'"(13). 이러한 묘사는 푸코가 "어둠 속에서 비치는 한 줄기 빛과 같은 것으로서, 자신이 부정하는 밤에 두텁고 어두운 강렬함을 제공"(푸코 1977, 35)한다는 표현을 통해 은유적으로 묘사했던 위반의 이미지를 연상시킨다. 주네가 흥미를 느꼈던 것은 "빛이자 동시에 어둠인 요소"(13)이다. 여기에서 그 논리적 영역은 위반이다. 그런데 그 위반의 최종 목적지는 어디인가? 앞에서 우리가 사용했던 용어를 빌려보자. 우리가 지금 논의하고 있는 위반은 어떤 위반인가? '자주적'인 것인가? 아니면 '중립적'인 것인가?

주네의 주장은 미학에 대한 논의, 특히 칸트 자체는 아니라 할지라도 칸트식의 정설을 지칭하는 것처럼 보이는 논의로 끝을 맺고 있다. 주네가 상상하는 위반은 "아름다운 것과 악의 살아 있는 통합"이다. 우리는 여기에서 칸트에 대한 극적인 위반을 목격하는 듯하다. 그것은 미학 자체의 또 다른 질서에 대한 열망, 도덕과 미학의 관계를 인식하지만 선과 미적인 것의 통합이나 선의 상징화에 대한 칸트의 신념을 철저히 혐오하는 그런 종류의 위반이다. 주네의 미는 악과 연결되어 있다. 그러나 초월을 목적이나 최종점, 어떤 비변증법적 '종합'으로 보는 전통적 이미지로 되돌아감으로써 최종적 언급은 급진적 위반에서 한 걸음 물러난다. 푸코에서 위반과 한계 사이의 관계를 정의하면서 동반되던 영원한 불안정, 끝없는 복잡성과 전복은 옆으로 물러나 있다.

《생 주네》에서 사르트르는 주네의 위반을 다음과 같이 묘사한다.

주네에게 아름다운 것의 반대는 악이다. 따라서 미는 악의 증거가 될 수 있다. 주네는 우리의 가장 고상한 자질을 통해 우리를 유혹한다. 우리의 관대함, 우리의 자유 의지에 호소하는 것이다. 다른 예술가들과 마찬가지로, 그는 우리가 자신의 임무를 함께 수행하기를, 그것의 아름다움을 발견하도록 요구한다. 새로운 작업을 접할 때처럼, 우리는 이러한 명령에 복종한다. 그리하여 우리는 그것의 형식적 미를 수용하는 과정에서 우리가 그 도덕적 추함에 얼굴을 돌리게 되는 그런 우주 속에 위치해 있음을 깨닫게 된다. 전술한 바와 같이, 미에는 냉정하고도 불결한 낙관주의가 있다. 그것은 우리에게 질서, 조화, 단일성을 위해 고통과 죽음을 수용하도록 요구한다. 주네는 이러한 낙관주의를 대상으로 유희를 즐긴다. 일반적으로 질서라는 이름으로 그가 우리에게 수용하도록 요구하는 것은 특정한 고통이나 잘못이 아니라 악 그 자체이다(사르트르 1963, 497).

사르트르에게는 악과 미가 서로 분리되어 있다. 우리는 지금까지 질서, 조화, 단일성을 약속하며 유혹하는 미학적 문화에서 살아왔다. 그러나 주네의 세계에 들어서면서 우리는 칸트의 주장처럼 아름다운 것과 손을 잡고 등장해 우리의 정신을 고양하는 도덕적 선이 아니라 악과 '도덕적 추함' 속에 빠져 있는 자신을 보게 된다. 미는 주네가 우리에게 경험시키고자 하는 악을 향한 문이다. 일단 우리가 악을 수용하게 되면 이번에는 미와 그 본질이라는 이름으로 우리가 수용하고 있는 질서, 조화, 단일성을 문제 삼으며 우리를 비난한다. 그리고 이와 함께 더 이상 신뢰할 수 없게 된 미와 새롭게 흥미를 느끼게 된 악 사이에 사로잡혀 전통적인 미의 범주들 또한 비난받게 된다.

이렇게 볼 때 아름다운 깃과 악을 통합하는 주네의 방식은 자주적 위반이라 할 수 있을 것이다. 칸트의 경우에서 보듯이 도덕과 미학은 분명 어느 정도 밀접한 관계를 유지하고 있지만 인간성을 고양하는 것이라기보다는 끊임없이 문제시되는 혼란스러운 관계이다. 아름다운 것은 '당연히' 선과 관련되며 고상한 사람들을 구별해 낼 수 있는 인간성의 정의를 가능케 해준다. 사르트르가 본 주네의 경우에서도 아름다운 것은 직접적으로 그리고 거의 자동적으로 도덕적 영역으로 이어진다. 그러나 주네는 우리가 그 영역에서 발견할 수 있는 것을 신에서 악으로 바꾸어 놓음으로써 도덕성, 미, 결과적으로 우리 자신들마저도 문제시하도록 만든다. 과정상의 모델도 상당히 유사하다. 칸트와 사르트르 모두 미와 도덕성 사이의 연계성을 믿고 있다. 그들은 이 관계에서 질서, 조화, 단일성이라는 인간의 공통적인 계획이 가장 중요한 것이라고 믿고 있다. 단지 칸트는 그것을 강화하는 방식을, 사르트르는 그것에 의문을 제기하는 방식을 보여준다는 차이만 있을 뿐이다.

그런데 주네에 대한 사르트르의 해석은 올바른 것인가? 그의 전도된 칸트주의 모델이 정말로 '살아 있는 아름다움과 악의 통합'의 정확한 의미인가? 주네의 목적이 정말로 부르주아 독자로 위장한 우리를 혼란시키기 위한 것인가? 이 문제에 답하기 위해 《장미의 기적》의 한 장면을 살펴보자. 장은 아르카몬을 감옥에 갇히게 한 사건인 어느 소녀에 대한 강간, 살인사건에 대해 생각하고 있다. 비록 괴물이라고 불리고 있지만 장에 따르면 이 범죄 너머에는 그저 아르카몬의 "매력적인 수줍음"(266)이 자리하고 있을 뿐이다. 이 장면에 대한 서술에서 여성들에 대한 아르카몬의 사춘기적 두려움은 서서히 고개를 들고 있는 그의 성을 그가 제대로 통제하지 못했다는 사실에 의해 약화되고 만다. 어린 소녀와의 첫 만남은 그가 소녀의 머리카락을 쓰다듬는 것으로 시작된다. 소녀는 아르카몬이 치마 속으로 손을 집어넣으려 하자 움츠려들며 자신을 방어한다. 서술은 소녀가 겪는 폭력의 수용과 함께 소녀와 아르카몬의 귀여움을 결합시킨다. 소녀는 "부르르 몸을 떠는 작은 암캐"(266)이지만 그녀가 얼굴을 붉힐 때 아르카몬도 함께 얼굴을 붉힌다. 소녀는 아르카몬의 품 안에 '안겨져' 있는 것으로 묘사되며 강간은 아르카몬의 "첫번째 사랑의 행위"(266)였다. 장은 말한다. "누구나 알다시피 시골 소녀들의 바지 앞단에는 단추가 부족"하기 마련이며 당연히 아르카몬의 성기도 "거의 저절로"(267) 튀어나왔다. 소녀를 질식사시킨 것은 아르카몬의 엄청난 크기 때문이기도 하지만 그것은 사실상 거의 비개인적이고 자동적인 것이었다. 결국 폭력과 고통은 어떤 정치적 의미를 위한 예비적 요소가 아니라 확장되어 가는 자아의 가능성들을 환기시키는 결과를 가져올 뿐이다. "16세 소년이 저지른 어린 소녀 살인은 내게 천국을 향한 승천의 비전이 주어졌던 그날 밤에 대한 기억을 떠올리게 했다"(267).

이 서술의 목적은 '승천의 비전'이라는 형태로 변신에 대한 장의 직관적 이해를 묘사하는 데 있다. 이러한 마조히즘적 자아 재구성은 지배적인 타자를 파멸될 운명의 여성과 폭력적인 남성으로 분리시킴으로써 가능해진다. 이것은 《모피를 입은 비너스》에서 완다가 그리스인에게 자신의 모든 권력을 넘겨 주어 그로 하여금 세브린을 채찍질하도록 하는 장면의 구조와 동일하다. 장이 경험하는 숭고미의 '비전'은 마조히스트의 남성적 분신이 휘두르는 성적 폭력에 의해 여성적인 것을 파괴한 결과이며 형이 집행됨으로써 그 남성적 분신 또한 파괴된다.

그런데 이 장면이 위반에 대한 우리의 논의와 어떻게 연결되고 있을까? 우선 그것은 사르트르의 시각과 일치하는 듯 보인다. 성적 폭력에 대한 묘사는 시골 청소년들의 수줍음과 사춘기적 성 등 거의 직접적으로 상투어들을 늘어놓고 있는 듯한 감상적 묘사 속에 삽입되어 있다. 우리는 '매력적인 수줍음'을 통해 강간과 살인 묘사를 접하게 된다. 우리의 일반적인 심리학적 범주들——그런 범죄는 '괴물'들이 저지르는 것이라는 일반적 판단——이 의문시된다. 그러나 이러한 의문은 정치적인 것이라기보다는 일상적인 것이며 우리의 가치 체계들에 대한 폭력적인 도전이라기보다는 '승천의 비전'을 향한 곁눈질일 뿐이다. 사실 기존의 가치 체계들은 뒤집히거나 전복된다기보다는 주변화된다고 할 수 있다. 주네의 관점은 부르주아 규범에 대한 정치적 공격이 아니라(남성의 성적 폭력성 묘사에 대한 페미니스트의 시각은 말할 것도 없이) 권력을 환기시키고 조작하지만 위험에 처하지 않는, 다시 말해서 위반의 위험성이 없는 그러한 개인화된 공간을 보여주는 데 있다. 사르트르가 이해한 위반은 다소간 칸트식으로 정의된 판단의 영역 내에서는 아직 작동하고 있는 중이다. 사르트르는 우리에게 계속 판단을 할 것을 요구한다. 그러나 그것은 전복적 방식의 판단에 대한 요구이다.

그러나 주네는 판단의 영역 자체를 포기한다. 권력과 그에 대한 위반은 단지 미학적으로만 발생할 뿐이다. 바로 이것이 모든 비판적 전통——헤겔에서 유래한 것이든 푸코에서 유래한 것이든——에 대한 주네의 도전을 측정하는 수단이지만 나는 여기서 '단지'라는 표현을 강조하고 싶다. 성적인 살인과 매력적인 수줍음의 병치는 그 외에도 여러 가지 해석을 가능케 해주고 있는 듯하다. 살인 자체는 소년들에게 사회생활을 준비할 기회를 전혀 제공해 주지 못하는 폭력적인 제도의 필연적 결과일 수 있다. 또 그것은 소년들을 희생시키는 권력 구조에 대한 패러디——소녀의 죽음을 대가로 한——일 수도 있다. 또한 폭력과 감상주의가 구분되지 않는 순수한 비도덕적 영역에서 발생하므로 도덕적 범주들이 사실상 범죄와 처벌의 제도에 의존하는 겉치레뿐인 언어에 불과하다는 비난을 극화한 것이라고 볼 수도 있다. 그런데 이런 식의 해석들은 공통적으로 이 장면의 초점이 도덕과 권력의 관계에 있으며, 여기에 미가 등장한다 하더라도 그것 역시 이러한 관점에서 살펴보아야 함을 암시한다. 그러나 아름다운 것과 악을 통합하는 주네의 핵심은 이러한 범주들이 인간이 스스로를 정의할 때 사용하는 심각한 언어들에 불과한 것이므로 폐기되어야 한다는 것이다. 그것들은 끊임없이 생산되고 재생산된다. 그것들은 고양되고 위반되지만 정치적 해석이 상정하는 그러한 심각성은 찾아볼 수 없다. 주네는 선과 악을 넘어서 있다. 그러나 상위의 차선책, 나아가 탈도덕적·탈정치적인 어떤 것을 만들어 내는 니체식의 의미로 생각해서는 안 된다. 주네는 선과 악, 판단과 정치학의 심각성을 훨씬 넘어서 있기 때문에 그러한 용어들과 그 요소들은 숭고미라고 하는 또 다른 목적을 얻기 위한 수단으로서 그의 담론 속에 다시 등장하게 된다. 우리는 마조히스트가 어떻게 자신의 권력과 욕망을 극대화하기 위해서 그것들을 파괴시키며 결국 이를 통해 자신의 모순적 본질을 수용할 수 있고 권력과 권력의 부재, 욕망과 욕망의 파괴 사이의 불합리한 왜곡을 심각하게 평가하지 않는 그러한 영역 속에 자신을 구성하는지를 묘사한 바 있다. 위반과 관련해서도 우리는 동일한 현상을 발견한다. 주체성, 권력, 의미가 위반되고 있지만 전복적 방식이 아니라 중립화 방식으로 이루어진다. 주네에게서 도덕성과 미는 서로 비상식적인 관계를 맺고 있지만 그것들의 심각성은 글쓰기의 목적과는 거리가 있다. 도덕과 미학은 끊임없이 확립되고 도전받으며 따라서 약화되는 듯하지만 결코 사라지지 않는다. 주네가 '천국을 향한 승천의 비전'이라는 수사적 표현을 통해 감추고자 했던 것은 바로 이러한 모순된 상태이다.

권력에 대한 묘사도 마찬가지이다. 주네는 언제나 권력을 나눠 주면서 동시에 치워 버린다. 서술의 대리자는 장에게 권력의 환상을 제공해 주지만 그는 언제나 죄수로 머물러 있을 뿐이다. 반면 그의 글쓰기는 자신을 가두어 두고 있는 기관으로부터 우선권, 의지, 미를 빼앗는다. 콜로니 근처에 사는 간수들의 가족들은 "우스꽝스러울 정도로 공허한 사람들이었다. 반면 콜로니 안의 죄수들은 단지 젊음과 우아함만을 가졌을 뿐이지만 그들의 행동거지에는 보석으로 장식한 듯한 분위기가 감돌고 있었으며, 자신들을 고문하는 자에 대해서도 영향력을 미치고 있었다. 그들을 고문하는 자는 고문이 상대를 숭엄하게 하고 사람들은 그런 사람을 열광적으로 숭배하게 된다는 사실조차 모르고 있었다"(95). 우리는 이 장면에서 앞에서 우리가 개괄적으로 살펴보았던 것과 같은 마조히즘적 로맨스의 여러 특징들을 발견한다. 폭력의 가해자가 그들의 희생자들에게 종속되어 있고 나아가 열광적인 숭배의 형태로 복종하고 있는 것이다. 반면 폭력의 희생자들은 그들이 당하고 있는 고통에 의해 찬양받으며 최소한 미와 관련해서 상대보다 고상하게 묘사되어 있다. 간수들은 천박하고 '공허한' 농부들이다. 그러나 우리가 정의했던 마조히즘의 구조에서 벗어나는 순간 죄수들은 폭력의 우선권을 소유한 자들이며 죄수들은 폭력의 대상일 뿐이다. 권력은 정설대로 행사된다. 여기에서 마조히즘의 역동성은 자허-마조흐, 프루스트 등의 경우와 달리 권력 또는 권력 소유의 방식에 대한 재분배를 묘사하지 않는다. 주네의 마조히즘에서 권력자들은 자신들의 권력을 자신들을 위해 재정의하거나 자신들로부터 가져오지도 않는다. 그들은 항상 자신들이 가지고 있는 그대로 권력을 행사한다. 경쟁 관계에 있는 두 그룹의 위상이 뒤바뀔 때 미는 그들의 균형 상태를 깨고 또 다른 종류의 우월성을 소개한다. 권력자들에게는 미가 부재한다. 반면 권력이 없는 자들은 미를 통해 고양되며, 그 미는 일종의 은유적인 승천을 제공해 준다. 그러나 이러한 역전은 결코 원래의 권력을 없애 버리지 못한다. 사실 권력은 전적으로 그 본래적 권력에 의지한다. 우리가 보고 싶어하는 것은 간수들과 죄수들 사이의 관계에서 모순과 역전 가능한 지배 구조를 만들어 내는 권력의 증식 방식이다. 그러나 실상은 다르다. 어느 단계에서도 권력은 제외되거나 축소되지 않는다. 권력은 어디에서도 상실되지 않은 채 재구성되며 권력의 카니발도 권력을 모욕하지 않는다.

주네는 감옥을 에로틱하게 묘사하며 끝맺고 있지만 감옥의 권위를 의심하지는 않는다. "범죄자들에 대한 감옥의 규정은 엄격하고 정확하며 정당하기도 한데——미를 위한 특별한 정의나 법칙과 관련해서——이것은 규정이나 법칙들이 가장 강하고 동시에 가장 섬세한 물질, 즉 살인자들의 마음과 육체를 길들이는 도구이기 때문이다"(200). 여기에서 권력의 작용은 결코 그 희생자인 범죄자 집단과 경쟁하지 않는다. 사실 범죄자들의 힘과 미를 고취시키고 동시에 통제하면서 살인자들의 현재 모습을 만들어 내는 것은 권력이다. 명확히 살아 있는 아름다움과 악의 종합은 권력의 관계들을 복잡하게 한다기보다는 오히려 그 관계들을 깔보고 그 관계들을 권력 작용에 종속된 한 부분으로 만들 뿐이다. 우리는 아르카몬의 살인 장면이 어떻게 성적 폭력을 숭고미적 포기라는 강렬한 주관적 경험에 접근하는 수단으로 묘사하는지, 그리고 그 묘사가 어떻게 미나 폭력을 그 자체로서는 이해될 수도 없고 분석될 수도 없는 것으로 간주하는지를 살펴본 바 있다. 여기에서 권력 작용의 정치적 또는 도덕적 평가는 부정적인 것으로 나타난다. 마찬가지로 자주적 위반도 중립적 위반으로, 즉 이론적으로 우리를 매료시키지만 실제적으로는 결코 실현되지 않는 천년왕국으로 나타나고 있다. 사실 주네는 도덕적 의문이나 권력의 위반 모두 충실히 추구할 수 없는 것들로 보고 있다. 분석과 전복에 의해서 관련 용어들이 축소되면 아름다움과 악의 통합은 그 특수성과 환희를 잃게 될 것이며, 장과 죄수들에게 그들의 목적인 숭고미의 상태를 허용하지도 않을 것이다.

바타유에 대한 글에서 데리다는 위반과, 위반과 혼동될 위험성을 내포한 중립성을 구별해야 한다고 주장했다. 우리는 주네에 대한 그의 글에서도 동일한 염려를, 그리고 차이의 부재가 **차연**으로 변할 수 있음을 발견한다. 《조종》에서 데리다는 《도둑 일기》의 도입부를 인용하며 다음과 같이 말한다.

"죄수들의 옷이 벗겨져 희고 장밋빛의 몸이 드러났다. 비록 이 즐거움의 세계를 선택한 것이 내 마음의 명령 때문이었기는 하지만, 최소한 나는 내가 거기에서 발견하고자 했던 여러 의미들을 찾아낼 능력이 있었다. 그것은 **꽃들과 죄수들 사이에 존재하는 어떤 밀접한 관계**였다. 꽃들의 미약함과 섬세함은 죄수들의 거친 무감각성과 본질적으로 동일한 것이다 *"

별표는 베일을 벗겨낸다.

각주는 당신을 반의어나 모순의 덫에 빠뜨려 그곳에 마비시켜 두려는 목적이 아니다.

반대로 각주는 무한하고 떨리며 사르락거리는(마지막 두 단어는 상당히 신경을 써서 선택한 것이다. 이 단어들 또한 그 움직임들, 즉 꽃들의 감정들 중 하나이다) 움직임을 촉발시키는 어떤 것을 언급하고 있다.

주석은 다음과 같다. "＊나의 흥분은 하나에서 다른 것으로 이어지는 진동이다"

누구의 흥분인가? 작가의? 화자의? 페이지의 여백과 아래쪽의 사인은 누구의 것인가? 흥분은 진동이므로("나의 흥분은… 진동이다") 어느 것으로나 그것을 연결시키는 흔적 속으로 나는 사라지고 분열되고 비껴간다. 서명 속에서 그것 또한 불확정적인 것이 되고 만다(데리다 1986, 127).

'본질적으로 동일한' 두 지점 사이의 무한한 진동이란 무슨 의미인가? 데리다가 이 움직임을 정의하기 위해 선택한 단어들 중에서 가장 눈에 띄는 것은 '무한한' 이라는 단어이다. 나머지 두 단어들인 '떨리는' 과 '사르락거리는' 은 '상당히 신경을 써서' 선택한 것으로서 데리다의 텍스트와 주네의 텍스트를 연결시키는 꽃의 이미지를 강조하기 위한 것이다. 그런데 '무한한' 이라는 단어는 별로 신경써서 선택한 것같지 않다. 이 단어가 첨가되면서 독서는 데리다식의 방식에 종속되기 시작한다. 무한성은 몇 페이지 이후에 다루어지는 주제로서 거기에서 데리다는 "거세의 거세는… 무한히 계속된다"(130)라고 말한다. 이것이 암시하는 바는 우리가 여기에서 엔트로피적인 또는 탈중심적인 움직임("어느 것으로나 그것을 연결시키는 흔적 속으로 나는 사라지고, 분열되고, 비껴간다")을 다루고 있다는 것인 듯하다. 무한의 이미지는 끊임없이 확장되는 끝없는 장소, 불확정성이라는 말로밖에는 표현할 수 없는 그러한 장소를 향한 움직임이다. 그런데 불확정성이 엔트로피적인 움직임인가? '어느 것으로나' 향하는 움직임이 과연 움직임인가?

본질적으로 동일한 두 가지 사이의 무한한 진동은 움직이지 않는 것을 움직임으로 묘사하기 위한 것이다. 주네에게 이것은 의미들의 분산에 에너지를 공급하기 위한 것이 아니다. 데리다가 거기에서 무엇인가를 인용한다면 주네에게 의미들이 수렴될 수 있을 것이다. 그것들은 '여러 의미들' 일 것이다. 그러나 이 다양성은 화자의 '바람' 에 의해서 좁혀진 한 세트의 일부분이라는 사실로 인해 제한될 수밖에 없다. 다양성은 가장 중요한 결정적인 속성이 아니다. 문제는 그 특이성에 있다. 주네에게서 움직임의 이미지가 가지는 기능은 아름다움과 악의 병치에서 그랬던 것처럼, 꽃들과 죄수들의 병치에서 오는 행복감을 강화시키고 광고하기 위한 것이다. 주네는 무한성을 통해 동력을 얻는 움직임에 참여하고 있지 않다. 단어 자체는 꽃들의 이미지가 주어지면서 주네와 함께 편안함을 느낄 뿐이다. 이와 같이 데리다의 리스트에서 그야말로 순수히 데리다적인 용어인 '무한한' 이라는 단어는 주네의 담론 속에 그저 은밀히 또는 자동적으로 덧붙여진 것일 뿐이다. 이어지는 페이지에서 데리다는 우리에게 자신의 글뿐 아니라 주네의 글에서도 수사학이 무대에 올려지고 또 시험받고 있다는 사실을 계속 상기시킨다. 데리다의 수사학은 움직이지 않는 것을 움직이게 해야 하는 요구 속에서 이러한 불안정성을 드러낸다. '무한한' 이라는 말은 차이의 부재를 무기력증 이상의 그 무엇으로 만들기 위한 수사학적 방식이다.

주네를 **여성적 글쓰기**의 선구자로 규정하려는 시도 역시 이와 동일한 전략을 반복하고 있다. 《메두사의 웃음》의 각주에서 엘렌 식수는 약간은 자의식적으로 여성성의 작가들 리스트에 주네의 이름을 올려 놓는다. "프랑스에서…" 그녀는 주장한다. "내가 살펴본 여성성의 글은 단지 콜레트, 마르그리트 뒤라스… 그리고 장 주네의 것뿐이었다" (식수 1976, 879). 이후에 그녀는 다시 덧붙인다. "조금 성급하게 말하자면, [여성적 글쓰기의] 대륙이 완전히 어둠에만 싸여 있는 것은 아니다. 나는 그곳에 자주 가보았다. 한번은 우연히 장 주네를 만나 너무도 기뻤다. 《장례식》이라는 작품에서였다. 그는 장을 통해 그곳에 들어왔던 것이다. 분명 여성성을 두려워하지 않는 몇몇 남성들(매우 적기는 하지만)이 있다"(885). 그런데 특정 페이지에 대한 언급 외에, 그녀가 의미하는 바가 무엇인지 알 수 있을 만한 자세한 설명이 전혀 없다. 신시아 러닝-존슨은 식수의 '여성적 글쓰기'에 대한 정의를 통해 그 의미의 일관성을 다음과 같이 증명하고 있다. 주네의 글은 "남근중심적 논리를 전복하는, 어떤 억압적 지배 구조의 질서에서도 벗어난(그리고 벗어나게 해주는) 그런 글이다…. 그것은 언제나 타자와 그의 풍요로움을 환영하는 글이다…. 식수가 여성과 여성의 글쓰기에 부여했던 특징인 끊임없는 움직임과 내어 주는 성향… 불확실한 정체성을 허용하고 소유와 소유물의 개념을 흔들어 놓는 그런 종류의 개방성을 보여주는 실례이다"(러닝-존슨 1989, 491-93). 주네의 경우에서처럼 여성적 글쓰기는 차이를 부추김으로써 남근중심주의 논리와 정체성에 내포된 동질화 성향, 그리고 계급 구조를 향한 충동에 저항한다. 식수의 글에는 여러 가지 방식으로 저항받고 있는 남성적 논리가 두드러지게 나타나 있다. 그런데 또 다른 각주에서 가장 중요한 사항 한 가지를 발견하게 된다. "아직도 남성들은 그들의 성에 대해서 모든 것을 말할 수 있고 모든 것을 쓸 수 있다. 지금까지 그들이 했던 말들은 거의 대부분 능동성/수동성의 대립에서, 그리고 침략하고 식민지화시키려는 의도를 가진 사내다움이라고 하는 환상 속의 의무와 그 결과 여성을 뚫고 들어가 '달래 주어야 하는' 어떤 '검은 대륙'으로 보는 환각 사이의 권력 관계에서 유래하기 때문이다(식수 1976, 877). 따라서 주네의 글쓰기는 수동적인 것을 능동적인 것에 종속시키고 권력의 부재를 권력에로 종속시킴으로써 여성을 남성에 종속시키는 계급구조의 질서를 전복시킬 것이다.

그러나 우리가 지금껏 살펴보았듯이, 예를 들어 권력자와 권력이 없는 자들 사이의 관계를 복잡하게 만드는 주네의 방식은 둘 중 어느 하나를 희생시키면서 이루어지는 것이 아니다. 권력이 없는 자들에게 승천이라는 대안, 예를 들어 권력자들 사이에서도 숭배를 촉발시킬 정도의 미가 주어진다 하더라도 이것은 전복의 일부로서 발생하는 것이 아니라 권력의 증식과 **성애화**의 일부로 발생하는 것일 뿐이다. 마조히즘적 차이의 부재라는 논리에서 볼 때 권력은 재분배되면서 동시에 극대화된다. 논리적 일관성과 물질주의 전통은 우리로 하여금 권력을 두 라이벌 그룹이 서로 경쟁하는 불변의 가치와 의미라는 상품으로 보도록 요구하는 듯하다. 식수가 확인하고 있는 계급 구조는 폐기되지 않고 다시 재건된다. 권력과 권력의 부재 사이의 '대립'은 뛰어넘을 수 있다. 그러나 우리가 기대하는 물질적 결과는 가져오지 못한다. 마조히즘을 분석하면서 살펴보았듯이 유사한 성적 정체성들은 서로 같은 방법을 사용한다. 남성과 여성의 대립은 더 이상 없다. 그러나 기대했던 정치적 진보는 찾아볼 수 없었다. 주네가 보여준 이 특수한 이분법은 유감스럽게도 "동일성이 타자와 수백만 번 만나고 수백만 번 타자로 변화하는 다양하고 고갈되지 않는"(식수 1976, 883) 영원한 확장의 장으로 이어지지 않는다. 오히려 권력과 권력의 부재는 서로 상대의 모습으로 스스로를 변형시킨다. 그러나 자기 자신을 상실하거나 자기 자신에 도전하는 경우는 없다.

5

문화적 의미로서의 마조히즘

들뢰즈의 〈냉정함과 잔인성〉

우리는 앞에서 이미 포스트모던 시대의 성 담론과 관련하여 마조히즘 자체보다는 사도마조히즘에 대해 훨씬 더 자주 듣게 된다고 밝힌 바 있다. '마조히즘'을 하나의 분석의 대상이 될 수 있게 해주었던 변태성의 전체적 패러다임은 문화적 권위(임상학적 권위는 아닐지라도)를 뚜렷하게 부각시켜 주었다. 그 결과 마조히즘적 행위를 계속해서 개인적 병인학에 따른 심리학적 조건으로 보는 논의들은 점점 더 시대착오적인 것이 되어 버리는 듯하다. 사실 사도마조히즘은 이제 하나의 문화적 구성물로서 주체들이 문화의 장에서 자유롭게 선택할 수 있는 그런 것이 되었다고 할 수 있을 것 같다. 다시 말해서, 언제 어디서나 중층적으로 결정되는 것으로 정의되던 기존의 심리학에서 주체들이 그들의 의지와 계획을 넘어설 정도로 고통받는 어떤 심리적 조건으로 간주되었던 것이 이제는 일종의 정치적 선택, 자신의 성을 발명해 낼 수 있는 개인적 능력이라고 정의할 수 있는 어떤 사회적 간섭주의의 한 형태가 된 듯하다.

질 들뢰즈의 〈냉정함과 잔인성〉은 마조히즘을 성심리학적 현상이 아니라 문화적 현상으로 이해하려 했던 가장 중요한 시도였으며, 특히 다른 어떤 텍스트보다도 마조히즘의 문화적 의미가 정신병리학의 역사를 두 배로 확장시켰다는 사실을 인식시켜 주었다. 들뢰즈의 텍스트는 우리가 여기에서 다루고자 하는 전통을 예시하고 있다. 모더니즘 문학에서 마조히즘의 문화적 의미는 마조히즘적 실천에 대한 묘사들에서 유래한다. 반면 포스트모더니즘의 경우, 특히 몇몇 후기구조주의자들의 글에서 우리는 마조히즘의 구조가 '조건'이나 '행위' 자체와 무관하게 완전히 문화적인 비유로 작용하고 있음을 볼 수 있다. 사도마조히즘이 더 우세해짐에 따라 마조히즘의 문화적 차원은 사도마조히즘의 가장 중요한 측면, 즉 능동적 측면이 되었다. 다시 말해서, 마조히즘적 성적 행위와 그에 대한 문학적 묘사에 드러난 문화적 의미는 계속 되지만 과거에 가능했을 법한 직접적인 중요성은 성취하지 못하는 것이다. 그 대신 후기구조주의에서 마조히즘은 구조적 요소들——주체성, 성, 권력——의 형태로 나타난다.

〈냉정함과 잔인성〉에서 들뢰즈는 자허-마조흐의 텍스트를 분석함으로써 마조히즘(그리고 사디즘)을 그 문학적 기원에 다시 연결시켜 이해하려 하고 있다. 그의 작업은 마조히즘적 주체에 대한 대안적이고 전복적인 모델을 보여줌으로써 프로이트의 계획에 대한 패러디는 아닐지라도 분열분석적 전도의 원형을 만들어 내는 결과를 가져온다. 나의 연구도 들뢰즈에게서 상당한 영향을 받았다. 마조히즘에서 문학의 중요성에 대한 그의 일관된 주장은 내 논의의 출발점이며 근거이다. 그러나 나는 들뢰즈의 분석에 분명히 반대하는데, 이 문제를 미리 여기에서 개략적으로 설명하는 것이 좋을 듯하다. 왜냐하면 들뢰즈에서 시작된 문화적 활동의 이미지와 은유로서의 마조히즘, 특히 주체성에 대한 후기구조주의자들의 모델로서 마조히즘 문제를 소개하는 데 도움이 되기 때문이다.

들뢰즈의 연구에는 세 가지 목적이 있다. 첫째, 앞에서도 밝혔듯이 마조히즘을 그 기원이라 할 수 있는 문학 텍스트와 다시 연결시키는 것이다. 아마도 이것이 들뢰즈의 가장 중요한 아이디어이며 그의 연구가 캐롤 시겔의 《남성 마조히즘》이나 나의 작업과 다른 점일 것이다. 들뢰즈의 두번째 목적은 사디즘과 마조히즘이 완전히 다른 형식의 것으로서 사도마조히즘 같은 것은 존재하지 않는다고 주장하는 것이었다. 세번째 목적은 마조히즘적 주체에 대한 반오이디푸스적 모델을 살펴보는 것이었다. 간단히 말해서 여기에서 들뢰즈의 주장은 매질의 환상 속에 등장하여 마조히즘적 주체에게 매질을 가하는 여성이 사실은 아버지의 대리인이라는 프로이트의 주장이 틀렸다는 것이다. 들뢰즈에 따르면 마조히즘적 환상은 어머니, 특히 나쁜 것, 유혹적인 것, 위협적인 것을 포함한 모든 물질적 이마고를 통합하고 재생시키는 '냉정한' 구강적 어머니를 중심으로 이루어진다. 구강적 어머니는 이와 같이 아버지에게 성심리학적 권위의 대안적 원천을 제공하며 아버지의 남근적 권력은 "마조히즘의 우주로부터" 쫓겨난다(들뢰즈 1989, 63-64).

나는 문화가 먼저이며 마조히즘은 하나의 문화적 형태로 존재한다는 들뢰즈의 생각에 동의한다. 그러나 나의 분석에서 마조히즘은 문화적으로 구성된 부모의 모습에 깊이 뿌리박힌 특정한 유형이라기보다는 즉각적인 역동성을 향한 어떤 것에 더 가깝다. 마조히즘은 권력을 재정의하는 데 있어서 매우 독특한 하나의 현대적 실험이었다. 정신분석적이고 분열분석적인 프로젝트에서 가족 드라마에 근거한 성심리학적 모델들은 쉽게 찾아볼 수 있는 반면 마조히즘의 골치 아픈 문제들, 마조히즘의 본질적 특징인 그 신비한 모순들(즉각적이고 개인 상호적인 단계에서 이루어지는 권력의 구성과 상호 주관성)은 계속 신비로운 상태로 남아 있다. 정신분석학적 영화이론을 재평가한 게일린 스터들러의 《쾌락의 영역》은 들뢰즈의 마조히즘 이론에 상당한 영향을 받은 책이다. 스터들러는 이 책에서 "고통과 쾌락이 혼합되는 마조히즘의 모순들은 설명이 쉽지 않다"(스터들러 1988, 16)고 말한다. 사실 이 모순들이 바로 마조히즘의 주된 문제이며, 이 모순들을 수용할 수 있는 구체적인 영역(숭고미)을 구성하려는 주체의 시도는 주체성의 문제를 통해 이 실험의 좀 더 큰 문화적 의미를 정의할 수 있도록 해준다. 이차적인 형태로 보거나 부모와의 관계를 재현한 결과로 볼 경우, 개인적 상상이든 형식적 상상이든 이러한 모순들은 괴상한 수수께끼로 남게 된다.

예를 들어 구강적 어머니의 이상화와 남근직 아버지의 추방은 남성 주체가 처벌을 원하는 이유를 설명해 줄 수 있을 것이다. 그는 자신의 내부에 존재하는 아버지를 처벌하고자 하는 것이다. 그러나 이와 관련된 과정이 어떻게 쾌락과 연결될 수 있다는 말인가? 이 문제는 들뢰즈와 가타리가 《천개의 고원들》에서 지적했듯이 욕망과 쾌락을 너무나 손쉽게 융합 가능한 것으로 추측하는 현재의 상황, 즉 마조히즘의 한 세기가 끝나가는 이 시점에서 볼 때 별로 어렵지 않은 문제인 것처럼 보인다. 그러나 《모피를 입은 비너스》에서 세브린은 분명 쾌락과 고통을 분리된 것이 아니라 서로 연결된 것으로 느낀다. 그의 목적은 양자간의 구별이 불가능한 어떤 지점을 가리키고자 하는 것이었다. 따라서 우리는 더 이상 라이크에서 스터들러에 이르기까지 수많은 마조히즘 이론가들이 그랬듯이, 양자가 서로 분리될 수 있으며 두 현상들 사이에는 하나의 단순한 관계만이 존재한다는 식으로 생각해서는 안 된다. 라이크와 스터들러 모두 마조히즘에서 쾌락에 대한 기대를 고통의 기능들 중 하나로 보고 있다. 그런데 만약 고통이 쾌락에 대한 스릴 넘치는 기대라면 그것은 이미 흥분의 지점이며 일종의 리비도적 쾌감이다. 다시 말해서 고통이 쾌락에 대한 기대라면 그것은 이미 쾌락인 것이다. 마조히즘을 이해하기 위해서 우리는 그 두 가지 상태 사이에 차이가 부재하는 비구분의 지점을 상상해야 한다. 마조히스트는 고통과 쾌락을 구분하지 않는다. 마조히즘의 역동성은 언제나 서로 분리될 수 없는 이항적 대안들을 만들어 내는 것이기 때문이다.

스터들러는 다음과 같이 쓰고 있다.

> 들뢰즈는 마조히즘을 성적 변태성의 제한된 정의를 훨씬 넘어서는 경험의 현상학으로 간주한다. 마찬가지로 마조히즘의 미학은 순수한 임상학적 영역을 넘어 언어, 예술적 형태, 서술, 텍스트상의 즐거움 등의 영역으로까지 확장된다. 예술적 담론으로 등장한 만큼 마조히즘의 미학은 유아기의 무의식적인 성적 갈등, 의식적인 환상, 성인 시절의 경험을 하나의 형태로 구체화시키며, 이렇게 구성된 형태는 초기 발전 단계의 영향을 살펴볼 수 있는 척도일 뿐 아니라 창조적 과정의 변형 능력을 보여주는 지표이기도 하다(스터들러 1988, 4).

스터들러의 시각에서 볼 때 마조히즘은 개인의 성적 또는 임상학적 현상 이상의 어떤 것이다. 이 글에서 마조히즘은 기존에 존재하던 문화적 형태로서 회상된 개인의 정신적 투자와 예술적 실천을 통합하는 것으로 묘사되고 있다. 그런데 문화적 실천과 성심리학적 실천 사이의 연계성이 이루어지고 있지만 이 관계는 두 가지가 서로 달리 구성되고 달리 작동한다는 시각을 거부함으로써만 가능한 것이다. 미학은 여기에서 마조히즘을 조건 지우고 있지만 이는 미학이 중층 결정이라는 일종의 대안적 메커니즘이 됨으로써만 가능하다. 개인적 병인학이 아니라 하나의 문화적 병인학이 구성되는 것이다. 당대의 정치적·성적 조건에 대한 반응으로서 선택된 교감적 사도마조히즘은 이러한 분석에서는 인식되지 않는다. 사도마조히즘이 존재하지 않는다는 주장은 자의식적으로 그것을 선택했고 그것이 확고한 성심리학적 범주의 권위를 가능케 하는지의 여부에 관심이 없는 경우, 즉 사모이즈나 린다 하트 같은 레즈비언 사도마조히즘 주장자들에게는 아무런 의미도 없다. 사실 성적 행위이자 또한 정치적 행위로서 사도마조히즘을 선택하는 것은 자의식적으로 정신병리학을 거부하는 것이며, 기존에 이미 결정되어 있고 그에 따라 우리의 실천이 요구되는 심리학적 또는 문화적 권위 전체를 거부하는 것이기도 하다. 들뢰즈는 프로이트의 마이크로 드라마를 개인의 오이디푸스적 경험이 아니라 문화적 경험으로 바꾸어 놓았지만 여전히 성적 진리라는 논리 내에 갇혀 있다.

포스트모던시대에서 마조히즘은 실천이라기보다는 어떤 하나의 은유가 되었다. 스터들러의 글은 문화적 행위를 구성하는 방식으로서 그러한 은유의 기능을 보여주는 예이다. 그러나 그의 글은 문화적 실천과 성심리학적 실천 사이의 분열을 의식하려 하지 않는다. 그 은유는 성심리학에서 출발하여 문화적 영역으로 전이되며 이곳에서 그 은유는 개인의 정신적 경험에 선행하는 것으로 정의되고 있다. 문화적 행위의 은유로서의 마조히즘이 영화 속 카메라의 시선으로 좁혀 정의되든지 포스트모더니즘의 주체와 같이 더 폭넓은 형태로 정의되든지, 나로서는 이것이 결국 스스로를 임상학적으로 묘사하는 개인적인 '변태적' 주체들이나 가족 관계라는 신화의 형태로 드러나는 집단적 문화현상이 아니라 오히려 직접적인 권력의 불균형을 다루는 하나의 방식으로서 생산되고 재생산되는 것으로서 마조히즘이 지금까지 권력의 영역 안에 존재해 왔다는 사실의 직접적인 결과라고 주장하고 싶다. 권력과의 특정한 관계에서 특정한 유형의 주체성을 모델로 함으로써 마조히즘이 그 부수적 효과로서 성적 행위를, 그리고 문제 제기를 위한 가장 시급한 형태로서 임상학적 처치라는 문제를 제기했겠지만 그

구조와 의미는 여전히 정치적인 것이다.

마조히즘의 정치성은 들뢰즈의 텍스트 읽기에서도 다시 한 번 명확히 드러난다. 프로이트는 마조히즘적 주체의 여성적 모델을 만들어 마조히즘을 분석했고 그 후 우리가 숭고미라고 부르는 전략(프로이트에게 그것은 모호한 것이었지만 또한 "그러한 이유로 불필요한 것이라고 볼 수는 없는 것"이었다. 프로이트 1919, 171)을 통해 남성의 성적 주체성의 모델을 만들어 냈다. 남성적 주체성을 만들어 내기 위해서 여성적 주체성은 투명해져야만 했다. 이것은 마조히즘적 주체가 역할 놀이에서 여성적 타자, 즉 지배자 여성을 창조하고 조종해서 환각 속의 분신의 형태로 자기 자신의 주체성을 체험하는 방식을 그대로 복제한 것이다. 마조히즘적 주체에 대한 진실은 여성적 주체를 만들어 내고 조종하며 파괴함으로써 드러난다. 세브린이 자신의 분신인 그리스인을 발견하기 위해 완다를 조종하듯이 마조히즘은 이러한 방식으로 여성성을 소유함으로써만 자신을 드러낼 수 있다. 그리스인 너머에서 세브린은 자신의 또 다른 모습을 발견하지만 그것은 여성적인 것을 완전히 소비해 버린, 모피 옷이 매우 잘 어울리는 자의 모습이다. 프로이트의 다른 텍스트들에서도 여성성은 단지 주체와 내재화된 아버지의 모습이 만나는 지점일 뿐이다. 여성성이 남성적 주체성들간의 거래가 이루어지는 교환의 장으로 축소되는 것이다. 여기에서 내가 강조하고자 하는 것은 마조히즘이 프로이트의 분석의 대상일 뿐 아니라 그 구성 원리이기도 하다는 것이다. 다시 말해서 자허-마조흐의 내러티브 요소들, 그 진부한 마조히즘적 드라마와 프로이트 텍스트의 논리적 형태 사이에는 구조적 유사성이 존재한다는 것이다. 마조히즘은 문화적 원리이다. 그리고 이 원리는 서로 상대를 다루기 위해서 내부적으로 만들어 내야 하는 상호적 인식을 의미한다. 따라서 마조흐와 프로이트의 텍스트는 모두 마조히즘적이다. 서로 다른 유형의 글쓰기들이 마조히즘적인 것의 영역 안에서 양립 가능하고 인식 가능한 것이 되기 위해서는 대상으로서의 마조히즘은 문화적 형태로 전이되어야만 한다.

들뢰즈에서 구강적 어머니는 마조히스트 자신의 목적(들뢰즈는 이를 재생(再生)이라고 표현하고 있다)을 위해 사용될 여성적 타자를 제공해 주는 역할을 한다. 마찬가지로 들뢰즈 자신도 그의 마조히즘 이론에서 언제나 아버지의 모습으로 드러나는 권력에 대한 종말이라는 환상에 긍정적 가능성을 확보하기 위해 여성적 인물을 이용하고 있다. 이런 식으로 구강적 어머니는 자허-마조흐의 내러티브에 나타난 환상 속의 여성과 프로이트의 분석의 이론적 도구를 결합한다.

들뢰즈는 마조히즘이 남성적 주도권의 결과라는 사실을 알고 있다. 그는 마조히스트와 지배자 여성 사이에 체결된 계약에 대해 이렇게 말한다. "궁극적인 역설은 바로 그러한 계약이 피해자 자신, 즉 남성 측에 의해 먼저 시작되며 여성에게 힘을 부여해 주는 사람 역시 남성이라는 사실이다"(들뢰즈 1989, 93). 이후 그는 다시 "마조히스트가 상대 여성을 자신이 부과한 역할을 수행하기 위한 이상적 상황으로 유도하기 위한 전략"(124)에 대해 말한다. 마조히스트가 자신의 욕망을 극화시킬 수 있도록 허용하는 조건은 바로 마조히스트 자신의 권위 아래 놓여 있다. 사르트르가 개괄적으로 표현했듯이 여성은 남성의 도구일 뿐이다. 그러나 들뢰즈에게서 마조히즘의 이러한 측면은 대체로 억압되거나 축소되어 마치 남성, 즉 아버지의 권력이 축소되는 것을 축복하는 듯한 모습을 보인다. 마조히스트와 구강적 어머니의 연합은 아버지의 권위를 완전히 파괴해 버리는 결과를 가져온다. 아버지는 "삭제되고… 언제나 우선적으로 폐기되며… 마조히즘의 세계에서 추방된다"(63-64). 들뢰즈에서 남성의 권력은 구강적 어머니와의 유사-영웅적 연합에 의해 파괴된다. 그러나 이것도 결국 남성의 권력, 즉 마조히스트 자신의 권력에 의해 계획된 조건하에서만 발생할 수 있을 뿐이다.

우리는 지배자 여성이 사실 주체의 정신사에서 좀 더 심오한 의미를 가진 존재의 의상에 불과한 것일지도 모른다는 사실을 확인한 바 있다. 프로이트의 경우에서 모든 (남성적) 주체들의 구성을 결정하는 인자로서 재확인되는 오이디푸스적 아버지가 바로 그 대표적인 예이다. 초자아의 형태로 내재되어 있는 오이디푸스적 아버지는 주체의 내부와 외부 양쪽의 모호한 지점을 차지하면서 주체의 끊임없는 자신과의 만남이라는 형태로 재등장한다. 그런데 이 시나리오가 어떻게 들뢰즈의 구강적 어머니라는 시나리오와 비교될 수 있을까? 들뢰즈는 구강적 어머니에 대해 이렇게 말한다. "마조히즘의 전반적인 경향은 나쁜 어머니의 기능을 이상화하여 선한 어머니에게로 전이시키는 것이다…. 정숙하고 순수한 구강적 이미지의 어머니라면 일반적으로 자궁의 이미지를 가진 어머니가 가지는 고유한 매춘이라는 기능을 빼앗아와야만 한다…. 잔인성의 집행권을 빼앗아 완전히 이를 변형시켜 속죄와 재생이라는 마조히즘의 이상을 위해 사용한다"(62). 지배자 여성처럼 구강적 어머니도 강력한 능력을 가진 인물이다. 그러나 그 권력은 그녀 자신의 것이 아니며 타인의 목적에 종속되어 있다. 그녀의 행위는 자신의 수동성에 의해——그녀는 '이상화' 된다, 그녀는 '…인 척해야 한다'——엄격하게 제한되어 있다. '잔인성의 집행권' 과 관련해서도 그녀는 다른 자의 다른 어떤 것, 즉 마조히스트와 그의 목적에 '봉사하기 위한' 것일 뿐이다. 이 목적은 〈냉정함과 잔인성〉에서 내내 '재생' 으로 묘사되고 있다. 들뢰즈는 서문에서 이렇게 쓰고 있다. "엄격한 어머니의 냉정함은 사실상 잔인함의 변형으로써, 여기에서 새로운 남성이 출현한다"(101). 프로이트와의 유사성이 계속되고 있는 것이다. 아직도 여성의 역할은 남성과 그의 남성성 사이의 교환을 용이하게 하는 것에 불과하다. 그것이 프로이트의 경우처럼 사회화의 최고점으로서 아버지의 내재화를 의미하든, 반대로 들뢰즈에서처럼 아버지를 추방하여 남성을 정화시키는 것이든 말이다. 여성적인 것은 마조히스트가 자신의 목적을 위해 사용하는 수단에 불과하다. 마찬가지로 마조히즘 이론가에게도 여성적인 것은 의미를 명료하게 하는 '기능'이라는 관점에서만 다루어지는 하나의 구성물일 뿐이다. 여성적인 것이 가진 권력도 그것이 분석가가 쓴 시나리오에 적합할 경우에만 찬사의 대상이 된다.

레오 베르사니의 《프로이트적 육체》

마조히즘을 철저히 문화적 시각에서 읽어내고 있는 또 다른 시도로 레오 베르사니의 《프로이트적 육체》가 있다. 베르사니는 마조히즘과 인간의 성 일반을 구별해 내는 것이 불가능하다고 주장한다. "성은 마조히즘으로부터 분리될 수 없다"(베르사니 1986, 61). 이 주장은 유아의 성에 대한 프로이트의 분석에 근거한 것이다. "프로이트는 유아의 성을 분석하면서 쾌와 불쾌——최소한 성적 쾌감과 성적 불쾌감에 관련해서만큼은——사이의 구별에 본질적으로 문제가 있음을 느낄 수 있게 묘사하고 있다"(60). 유아의 성이 보여주는 다형적 변태성으로 인해 어린이는 자아 분열의 위험에 노출되어 있다. 마조히즘의 모호성은 프로이트의 표현을 빌리자면 "우리가 받아들이는 자극들의 양과 그 자극들에 저항하거나 결속시킬 수 있는 자아 구조의 발전"(38) 사이의

"간격"(38)을 견뎌낼 수 있도록 해준다. 그런데 다형적 변태성과 결속력을 가진 자아 사이의 긴장은 성의 마조히즘적 구조 내에서 살아간다. "성은——최소한 성이 구성되는 방식에 있어서——마조히즘의 또 다른 표현이라고 볼 수 있다"(39).

베르사니에 따르면 프로이트는 성의 마조히즘적 측면이 노골적으로 드러나는 것을 두려워했고 따라서 그것을 통제할 수 있는 어떤 이론적 메커니즘을 찾아야만 했다. "프로이트는 예기치 않게 성을 에로스의 결합 능력과 연결, 동화시켰고 그로 인해 성을 길들일 수 있었다. 그러나 동시에 성을 종의 번식이나 양성의 통합과 같은 목적과 무관하게, 불안정하고 강렬한 욕망의 환상과 연결시키는 더 강력하고 급진적인 사고의 가능성을 거부했다"(63). 이로 인해서 프로이트는 "에로틱하고 서술의 가능성에서도 벗어난 유동적 의식"(64)의 자유로운 유희를 가능케 하는 마조히즘의 생산적 측면을 배제시키는 결과를 초래하고 말았다. 대신 프로이트는 재현과 환상의 활동을 억제함으로써 성을 구속하는 오이디푸스적 내러티브를 선택했다. 환상의 활동이 억제됨으로써 마조히즘은 불안정하고 광폭한 에너지에서 단순히 "파괴적 종말"(46) 또는 죽음의 수용으로 축소되고 말았다. 한때 폭발적이고 활기차며 유동적이었던 것이 "정점에 달한 자아-폐기의 자살적 즐거움"(46)이 된 것이다. 베르사니는 계속해서 주장한다. "오이디푸스적 구조의 폭력성은 단순히 어린이와 아버지 사이의 상상적 라이벌 관계를 의미하는 것이 아니다. 환상과 유동성을 금지함으로써 오이디푸스적 아버지는 개인과 문명 모두를 위협하는 마조히즘에서 유래한 변형체, 즉 자기 파괴적인 성만을 부추긴다"(46). 베르사니가 여기에서 언급하고 있는 마조히즘은 여성에게 매를 맞는 남성 또는 어떤 하나의 성심리학적 조건의 문제가 아니다.

이러한 분석은 그 문화적 특성을 고려해 볼 때 마조히즘에 대한 기존의 협소한 병리학적 정의와는 전혀 다르다. 마조히즘은 훨씬 더 다양한 논의를 요구한다. 여기에서 확인한 두 가지 마조히즘들 간의 긴장은 베르사니가 프로이트의 텍스트를 해체하기 위해 사용하게 될 일종의 모순을 보여준다. 활력 넘치는 마조히즘의 유동성과 오이디푸스적 마조히즘의 모델이 보여주는 서술의 안정성 사이의 긴장은 프로이트의 텍스트가 드러내는 성과 그 성을 제한하기 위해 그가 사용한 개념적 모델들 시이의 모순을 보여주는 표식이며 징치이다. 이 두 가지 마조히즘들 사이의 긴장은 프로이트의 계획이 거의 무산될 위기에 처하게 할 정도이다.

만약 정신분석학이 서구사회에서 인간의 주체에 대한 푸코식의 계보에서 혁신적인 역할을 하게 된다면 그것은 정신분석학이 성이라는 관점에서 우리의 본질을 설명해 주기 때문이 아니라, 오히려 성적인 것 그 자체를 인간의 주체를 구성하려는 어떠한 노력조차도 엇갈리게 하는 어떤 것으로 정의하기 때문일 것이다. 그러나… 우리는 프로이트의 작업이 정신분석학적 텍스트가 보여준 문화적 논의의 혁명과는 반대로 진행되는 것을 보았다. 처음부터 정신분석학 이론에는 성애화된 정신분석학적 텍스트의 해석을 억압하게 될 수도 있는 위험이 있었다. 그 텍스트를 하나의 성에 대한 이론으로 읽기 때문이다. 다시 말해서 스스로 그 혁명적 본질을 부정하며 따라서 스스로 이론의 가독성에 대해 의심을 불러일으킨다(베르사니 1986, 101).

정신분석학적 텍스트는 마조히즘과 같다. 본질적으로 복합적이고 불안정한 성적 에너지를 코드화하기 때문이다. 그러나 정신분석학은 전반적으로 이 텍스트가 드러내는 복수성을 부정하고 정신분석학적 글쓰기가 과학이며 성은 글쓰기의 동기가 아니라 대상이라고 주장하는 방향으로 진행되어 왔다. 마조히즘에 대한 오이디푸스적 서술과 이 서술에 동조하는 정신분석학은 성을 억압하고 엔트로피적 에너지들을 넘어서고 통제할 수 있는 어떤 것으로 보려는 시도, 즉 '인간 주체'에 중점을 두어야 했던 프로이트의 입장을 효과적으로 묘사한다. 결국 베르사니의 입장에서 볼 때 마조히즘은 정신분석학적 텍스트의 진정한 주제이며 따라서 성을 구성하는 원리일 뿐 아니라 글쓰기를 구성하는 원리이기도 하다. 마조히즘이 해체의 효과적인 도구이며 초점이 될 수 있는 것도 이러한 이유 때문이다.

베르사니는 마조히즘의 이러한 역할을 예술—대상에 대한 일반 이론으로 확장시킨다. 만약 프로이트식의 억압적 서술이 마조히즘의 자아 파괴적 차원의 텍스트적 등가물이라면 마조히즘의 복수적이고 역동적인 측면 역시 이에 해당하는 텍스트적 등가물을 가질 수 있을 것이다.

프로이트의 텍스트는 억압, 징후로서의 폭력, 금욕주의적 승화의 과정들을 요약해서 보여주고 있다. 그러나 나는 그 과정들이 또한 인간의 역사에서 성이 가진 살인적 공격성의 성향을 드러내고 있다고 믿는다. 반면에 성을 길들이는 것은, 지금까지 살펴보았듯이 문화적 '가정' 또는 그 마조히즘적 본질의 재연에 의존하는 듯하다. 쾌락과 적응 사이의 부적합한 기능 관계는 역설적으로 그 기능장애에 대한 우리의 아이러니한 논의에 의해서만 '수정'된다. 마조히즘적 성의 폭력성은 바로 이 아이러니한 논의의 재개 과정——의식(意識) 복제의 생산적 실수——을 통해서만 문화적 산물 또는 과정으로 조율될 수 있다. 결국 문화적 상징화는 바로 이 복제 과정의 작품에 불과하다(115).

예술 작품은 마조히즘의 억압되지 않은 측면인 생산적 실수를 재연한다. 마조히즘의 디오니소스적 에너지는 그 에너지의 폭력성을 비현실화하여 문명화 과정에 공헌하도록 허용하는 아이러니를 통해서 프로이트의 승인을 우회하고 미학적 형태로 변하게 된다.

들뢰즈와 마찬가지로 베르사니도 마조히즘에 문화적 의미를 부과하려 한다. 그러나 그도 역시 들뢰즈와 마찬가지로 프로이트의 헤게모니로 인해 용어들에 대한 용어들의 끊임없는 논쟁 속에 빠져들고 있다. 앞에서 밝혔듯이 마조히즘은 개인의 성 심리도 이니고 매질 장면으로 이루어진 특수한 드라마도 아니다. 그것은 그 거대한 오이디푸스적 경계선의 이쪽 면, 우리가 살아가고 있는 바로 이곳에서 전오이디푸스적 단계의 반복으로서만 등장한다. 그 단계가 개인적인 것으로 정의되든 고고학적이고 문화적인 용어로 정의되든 말이다. 들뢰즈의 경우 마조히즘은 어머니의 이마고와의 관계를 재연하는 것이었고, 베르사니의 시각에서는 프로이트의 이론에서처럼 억압을 재연하거나 또 한편으로는 예술-대상으로의 아이러니한 '재활동'을 재연하는 텍스트상의 분기점이다. 그러나 이러한 마조히즘은 우리의 관심과는 거리가 있다. 두 사람 모두 권력의 재구성 또는 권력의 실험이라고 할 수 있는 어떤 독특한 역사화된 유형과는 거리가 멀다. 우리가 말하는 권력과 용어들은 우리와 함께 생활하고 있으며 문화와 그 모든 모호성들에 의한 오염을 함께 공유하고 있다.

먼 곳에서 온 이 낭만주의화 된 마조히즘은 후기 니체적 철학에 의해 가부장적인 것과 이론적인 것이라는 아폴로적 문화가 초래한 억압을 거부할 수 있는 힘을 가진 어떤 어둡고 검은 에너지로 재구성되었다. 그러나 푸코의 유명한 공식을 오용해서 표현하자면 이 성의 정치학의 이론들은 아직도 아버지의 남근으로부터 완전히 결별하는 법을 배우지 못했다. 따라서 권력이 성을 통해서 어떤 특정한 비아폴로적인 방식으로 작동하는 것이 가능할지도 모른다. 나의 마조히즘 모델은 바로 이러한 사실을 확인해 보고 묘사하기 위한 것이다. 마조히즘이 전복적이라는 믿음은 우리가 이미 위반 문제를 다루면서 살펴보았던 그 순진함을 반복하는 것에 불과하다. 마조히즘이 전복적이라고 주장하기 위해서는 마조히즘의 구조와 드라마를 철저히 신뢰할 수 있어야만 한다. 다시 말해서 마조히스트가 자신의 권력을 포기한다고 할 때 그가 정말로 그렇게 할 것이라고 믿어야 하는 것이다. 그래야만 비로소 마조히즘은 권력에 오염되지 않은 것으로 묘사될 수 있다. 그러나 내 논의의 근본적인 목적은 마조히즘이 소외를 통해 권력을 강화하고 동시에 재생산하는 그러한 권력을 보여주는 한 모델이며, 우리가 서구 문화에서 물려받은 특정한 권력들의 집합체——남성성, 유럽중심주의 등——가 이러한 자기 부정의 형태로 이어져 왔음을 보여주는 데 있다. 이것이 바로 우리가 함께 살아가야 하는 마조히즘이다. 따라서 단순히 정형화된 남성적 이성애의 이미지가 좀 더 선명하다고 해서 전복적일 것이라고 믿는 그런 고전적 마조히즘과는 무관하다.

들뢰즈와 베르사니의 텍스트들을 분석한 이유는 포스트모더니티의 관점에서 마조히즘을 이해하려면 가죽, 채찍, 속박, 지배자 여성 등 일반적인 기호들만 살펴보아서는 안 된다는 나의 주장을 뒷받침하기 위한 것이었다. 나는 지금까지 마조히즘적 성이 심오하지만 또한 즉각적인 문화적·정치적 형태의 한 가지 차원일 뿐이라고 주장해 왔다. 포스트모더니티에서는 이 추상적인 마조히즘——그 주체성의 구조, 미학과 권력에 대한 관계——이 지배적인 위치를 차지한다. 이제 나는 롤랑 바르트, 미셸 푸코, 질 들뢰즈와 펠릭스 가타리 등 몇몇 주요 후기구조주의 이론가들의 글을 통해서 이 문제들을 살펴보고자 한다.

바르트의 《사랑의 단상》

그의 경력의 중반기, 즉 기호학자에서 후기구조주의자로 전환하던 시점에서 롤랑 바르트는 이후 프랑스 이론에서 가장 영향력을 미치게 된 아이디어를 개진했다. 즉 텍스트상의 복수성이 데카르트 이후 유럽의 형이상학의 기반이었던 단일한 주체를 전복시킴으로써 권력을 위협할 수 있다는 것이었다. 비평가들은 물질주의 전통과 상관없이 또 다른 급진주의가 가능하다는 것을 알게 되었다. 그 급진주의는 계급에 의해 구성되든 남녀의 성에 의해 구성되든 역사화된 권력 관계에 대한 자유주의 비평과 마르크스주의 비평 모두를 감시할 준비가 되어 있고 문화 자체의 추동력에 더 근본적인 변화를 승인하는 것, 즉 텍스트성과 주체성의 범주들에 대한 것이었다. 바타유에 대해 논하면서 수잔 슐라이만은 그 한 예를 보여준다. 한편으로 바타유의 《눈 이야기》에 나타난 성의 정치학에 대한 기존의 페미니즘적 시각을 인정하면서, 그녀는 한 발 더 나아가 또 다른 수준의 전복의 필요성을 인식할 필요가 있다고 제안한다. 우리는 이미 어느 정도 이 논의의 지평선들을 다룬 바 있으므로 이제 그 이론적 근거로 눈을 돌려 문화적 마조히즘의 정치적 문제를 좀 더 자세히 분석해 볼 필요가 있을 것이다. 그리고 바르트의 후기 저작에는 바로 이 문제가 가장 명확히 전개되고 있다.

바르트에서 우리는 주체를 넘어서는 어떤 범주 대신 텍스트상의 급진주의, 즉 "'살아 있는 모순' 외에 그 어느 것도 아닌 것, 텍스트를 통해 자아의 확고함과 붕괴를 동시에 즐기는 분열된 주체"(바르트 1975, 21)를 주장하는 급진주의를 발견한다. 그런데 여기에서 우리는 자기 강화와 자기 손실 사이의 모순에 의존하는 존재, 즉 우리에게 이미 친

숙한 마조히즘적 주체를 확인하게 된다. 주체성에 대한 이러한 언급은 바르트의 후기 저작에서 흔히 나타나며 주로 그 당시 텍스트들의 핵심 사상을 형성하는 문단이나 하부 섹션의 마지막 부분에 등장한다. 다시 말해서 이 특정한 주체성의 모델은 이론적 사고의 종결점이며 텍스트 상의 가능성이나 정치적 가능성에 대한 개괄로서가 아니라 단호한 어법의 한 유형으로 구성되는 것이다. 그리고 그 역할은 첫째, 주체성의 불가능성 또는 바르트의 어휘를 빌리자면 주체성의 다루기 어려운 본질을 텍스트상의 실험의 필수적인 목적으로 보는 것이며, 둘째, 그것을 특정한 유형의 담론, 즉 바르트 자신의 자기-방해적, 금언적, 자아 반영적 스타일에 동기를 부여하는 원리로 보는 것이다.

우리는 이미 마조히즘적 주체가 어떻게 그 불가능성을 살아갈 수 있도록 허용하는 방식으로——위반의 가능성을 극대화시키기 위한 것이 아니라——숭고미 속에서 그 모순적 구조를 추구하는지를 살펴본 바 있다. 마조히즘적 주체는 숭고미에서만 생존 가능한 하나의 불가능성으로 자신을 구성한다. 그리고 이것이 바로 바르트의 후기 저작들에서 드러나는——또는 상상된——주체이다. 물론 여기에서 자연적이거나 또는 진정한 주체를 정의하려는 시도는 찾아볼 수 없다. 오히려 어떤 특정한 담론 속에서 그 다루기 어려운 본질——말 그대로 꼼짝도 하지 않는——을 살아갈 수 있는 허구적 주체에 초점이 맞추어져 있다. 이러한 사실은 《사랑의 단상》의 도입부에 구체적으로 나타나 있다. 바르트는 "모든 것이 따라야 하는" 원리를 개괄한다. 연인은 이론적, 유사-체계적 메타 언어의 서술적 범주에 따라 자신의 본질적 속성들을 객관화하거나 분석하지는 않는다. 그 대신 바르트의 책은 연인의 다루기 어려운 본질에 대한 극적인 묘사를 보여준다. 연인의 말은 재현 된다기보다는 상연된다. 그것은 묘사되지 않는다. 가장할 뿐이다.

바르트의 책은 "분석이 아니라 발화"(바르트 1990, 3)를 극화한다. 연인이 되는 그 주체는 확실한 일반화를 위한 예비 재료나 어떤 '심리적 초상화'가 아니라 하나의 "광범위한 장소"(3)이다. '나'는 단지 부작용, 이 광범위한 장소의 근거 또는 구현으로서만 나타날 뿐이며 나의 말도 궁극적인 정의를 지향하지 않는다. 중요한 것은 심리적 초상화에서는 사라지거나 억압될 수밖에 없는 주체의 비현실성 또는 그 다루기 어려운 본질이다. 대신 우리는 그 본질의 활동을 감상하거나 느껴야 한다. 바르트의 담론은 주체의 이러한 자유로운 유희를 위해 존재한다. 돌이켜 보면 그의 단상은 성취할 수 없는 것을 성취하려는 불가능한 시도를 보여준다는 의미에서 숭고미를 지향하던 낭만주의 예술의 원형적 형태이며, 칸트식으로 표현하자면 이성적으로 파악할 수는 있으나 상상력으로는 묘사할 수 없는 바로 그것이었다. 다루기 어려운 그 주체의 본질은 묘사될 수 없지만 그 불가능성을 극화하는 것은 가능하다.

　나는 《사랑의 단상》의 주체성 묘사를 통해 여기에서 묘사된 주체가 어떻게 우리가 지금까지 마조히즘적이라고 보았던 그 주체와 양립할 수 있는지를 보여주고자 한다. 내가 주장하고자 하는 바는, 후기구조주의에서 전복과 위반의 중심지로 간주되었던 그 주체가 마조히즘이 보여주는 그 특수한 권력 관계와 일치한다는 것이다. 따라서 마조히즘의 논리에 따라 주체의 가능성이 숭고미 속에서 불가능성의 존재 가능성으로서만 가능한 것이라고 볼 경우, 권력 전복의 최종적 결과로서 주체의 가능성을 주장하는 후기구조주의의 입장의 근거는 약화될 수밖에 없다. 다시 말해서 그 역동적이고 엔트로피적인 것은 단지 불가능한 것을 미학적으로 옮겨 쓸 수 있도록 해줄 뿐이지만 후기구조주의에서는 이를 그 반대로 시끄럽고 때로 폭력적이기까지 한 어떤 열린 가능성의 확대로 오독한 것이다.

여기에서 구성된 불가능성이 단순히 급진적 충동들의 좌절만을 보여주는 것은 아니다. 그것은 새로운 시각에서 권력을 적극적으로 재구성하는 것이기도 하다. 그러나 이는 권력에 대해 거의 흑백논리식으로 거부해 왔던 후기구조주의가 또 다른 새로운 정설이나 담론상의 어떤 헤게모니로서 기존 권력 구조의 하인 역할을 하는 것으로 보아야 한다는 의미는 아니다. 오히려 이 상황은 후기구조주의의 정치적 담론의 기본 용어들 중 하나인 위반 문제를 다루면서 우리가 접했던 상황과 동일하다. 우리는 거기에서 권력이 중립화된 위반을 통해서 자신을 성취하며 사실은 그 위반이 전복적인 '자주적' 위반이었다는 사실을 확인할 수 있었다. 후기구조주의는 대체로 이후의 분석에서도 그와 같은 사실을 알아차리지 못했고 지금까지도 계속해서 권력의 전략이 전복의 책략이라고 주장하고자 한다. 중립화된 위반이 자주적 위반으로 간주, 논의된 것과 마찬가지로 차이의 부재와 불가능성도 차연과 가능성으로 묘사되어 왔다.

이제부터 나는 바르트의 주체에 대한 논의에서 그 다루기 어려운 본질의 문제를 좀 더 구체적으로 살펴보고 싶다. 《사랑의 단상》은 상호주체성에 대한 텍스트로서 여기에서 주체의 정의는 타자의 위치를 제한하는 문제와 얽혀 있다. 책의 도입부에 나와 있듯이, 타자를 정의하는 속성은 그(녀)가 "말을 하지 않는다"(3)는 것이다. '헌정'의 형태로 타자에게 말을 걸면서 연인은 그(녀)에 대한 찬사를 통한 타자의 신격화가 타자의 발화 능력에 대한 엄격한 제한을 적절히 대체하는 것이어야 한다고 주장한다. 텍스트 내에서 타자는 인식되지 않는 존재가 된다. 그러나 이는 그(녀)가 추론적 분석이나 성애적 강박증의 대상으로 변하기 때문이 아니다. 그 대신 타자는 일종의 무형적인 '힘,' 모든 자연적인 가치의 범주들을 포기하는 어떤 불안정하고 예측 불가능한 특질이 된다. 이러한 강력한 모호성을 성취한만큼 타자는 정체성과 자율적 주체성의 측면에 남아 있는 권위와 신뢰성이라는 치장을 그리워해서는 안 된다. 바르트는 이렇게 쓰고 있다. "따라서 당신이 끊임없이 침묵으로 환원되고 당신의 말이 매혹적인 주체의 그 괴물 같은 말 아래에 깔려 질식하는 듯이 느껴져도 문제될 것이 없다"(79). 연인이 그(녀)를 위해 구성한 그 형태 속에서 타자는 인식되지 않는 존재가 된다. 그(녀)는 연인에 의해 단순한 대상으로 변하지 않는다. 그(녀)는 물신이 되지 않는다. 그 대신 그(녀)는 연인을 괴롭히며 또한 흥분시키는 불안정한, 어떤 의미에서 표현할 수조차 없는 하나의 영역이 된다. 우리는 《모피를 입은 비너스》에서 완다가 세브린에 의해 그의 욕망의 성취이자 좌절로 구성되는 것을 확인한 바 있다. 위협적이고 모순적인 모호한 힘으로써 작용할 때만 비로소 그녀는 세브린의 성의 이상적 도구가 될 수 있었다. 이러한 정치적 구조는 그녀를 강력하게 보이도록 하며 그녀의 약점이 세브린에게 거의 무의미한 것처럼 보이게 했다. 《사랑의 단상》에 등장하는 타자의 상황도 이와 동일하다. 그녀의 권력은 부정적으로 정의된다. 사실상 부재하는 존재에 의해 행사되는 힘이기 때문이다. 말하지 못한다는 것이 반드시 문제가 될 필요는 없다. 이어서 바르트는 이런 상태의 부정적 권력을 파졸리니의 영화 〈테오레마〉의 주인공에 비유하고 있는데 여기에서 주인공의 침묵과 모호성은 한 부르주아 가정의 내적 삶──욕망의 삶──에 말없는 영향을 미치는 요소이다. 침묵하는 타자는 바르트의 천사이다(79). 따라서 타자는 거의 "신"(79)의 수준에 달할 정도로 강력하다. 그러나 마조히즘에서와 마찬가지로 타자의 권력은 그 권력을 용인해 준 주체에 의해서만 축복받을 뿐이다. 타자는(권력을 정의하는 데 실제적인 역할을 하지 못하므로)

자신의 권력을 축복할 수 없다. 그(녀)는 "말을 하지 않기 때문이다."
우리는 타자가 '자신의' 권력을 정말로 원하는지, 필요로 하는지 또는
그에 대해 감사해하는지 결코 알 수 없다. 타자가 입을 열더라도 그것
은 연인이 엄격하게 정의하고 허용해 놓은 상황에서만 가능할 뿐이다.
타자는 자동인형처럼 연인의 요구에 단순한 반응만을 보인다. 따라서
타자의 말 자체도 큰 의미는 없다. 타자의 말은 그저 완벽한 침묵의 직
조물 속에서 연인이 자신의 목적을 위해 잠시 열어두는 작은 틈새에 불
과하다. 바르트는 타자의 말을 프루스트의 작품에서 샬뤼가 손가락으
로 화자의 얼굴을 턱에서 귀까지 어루만지는 장면에 비유한다. 연인이
그런 행동을 보일 때 그것은 사소한 몸짓 이상의 것이 된다. 그것은 그
상황을 예기치 않은 상징적 가능성으로 채우고 관념적으로 운명과 연
결된 어떤 "눈부신 의미"(바르트 1990, 68)를 얻는다. 그런데 이 의미
는 해부학적으로 이해된다. "나는 타자의 불투명한 신체를 찢어 열고
자 한다"(68)고 바르트는 쓰고 있다. 타자는 연인이 계획한 의미의 영
역 속으로 들어간다. 그리고 연인은 자랑스럽게 선언한다. "나는 **타자
가 말을 하도록** 하려 한다"(68). 이 이미지 속에는 타자의 가짜 주도권
에 대한 정치적 폭력이 분명하게 드러나 있다. 타자는 천사나 신, 또는
어떤 불안정한 '힘'이라고 할 수 있다. 그러나 그는 찢겨지고 해체될
'운명'이다. 실제로 어떤 의미가 연인들의 신체에 새겨질 때 비로소 연
인은 주도권을 성취한 자가 된다. 비록 그(녀)에게 지금까지 거부되어
왔던 것, 즉 말할 수 있는 능력이 비로소 주어진 듯이 보일지라도 결
국 실제로 고통받는 것은 타자이다. 단지 연인 또는(지금까지 마조히
즘적 글쓰기에서 확인했듯이) 화자만이 즐거움을 향유할 수 있다. 타자
의 말은 고문의 결과이다.

우리는 자허-마조흐에게서도 마조히즘적 상호 주체성의 복잡한 정

치학의 결과가 결국 마조히스트가 지배자 여성의 주체성을 소비하는 것이라는 사실을 확인한 바 있다. 완다의 권력은 그리스인에게로 넘어간다. 그러나 그는 여성으로 오인되며 어떤 의미에서 세브린의 분신이기도 하다. 즉 전이 과정상의 인물인 것이다. 결국 모피를 걸친 세브린은 완다가 된다. 우리는 《율리시즈》에서 블룸의 여성화도 보았고 프로이트의 마조히즘 분석에서 여성성이 사취되고 있다는 카야 실버만의 지적도 떠올리게 된다. 이제 바르트에게서 우리는 이 마조히즘적 변형의 두 가지 측면들을 보게 된다. 연인은 타자가 되고 또한 여성화된다. "연인이 '사랑'을 하고자 한다면," 바르트는 말한다. "그것은 자신을 여성화함으로써만 가능하다"(126). 연인의 성적 대상이 남성이든 여성이든 상관없이 이 여성화 과정은 주체가 타자와 융합할 수 있게 하기 위한 일종의 속기이다. 바르트는 이렇게 쓰고 있다. "나와 타자 사이의 본질적 일치와 관련해서… 나는 타자가 되고 싶다. 나는 타자가 나이기를 바란다. 마치 우리가 같은 피부를 공유하며 하나로 결합되듯이"(127-28). 이 상황을 설명하는 데에는 실버만이 주장한 사항이 적절해 보인다. 마조히즘적 주체는 자신의 환상 속에서 타자가 되기를 꿈꾼다. 마조히즘에서 자아와 타자의 관계는 자유로운 상호적 존경의 형태로 형식화될 수도 없고 이리가레이를 포함한 몇몇 사람들의 시각처럼 남성성의 형이상학적 오염이라고 치부될 수도 없다. 타자는 철저히 주체의 계획에 복종한다. 그(녀)는 실제로는 주체가 자기 자신이자 동시에 타자가 되고자 하는 꿈을 잠시 동안 극화시킨 것이기 때문이다. 여기에서 가장 중요한 것은 우리가 차이의 부재라고 불렀던 이것이 해체와 구별되어야 한다는 것이다. 주체는 주체와 대상이라는 범주들을 계속 유지하면서 자기 자신이자 동시에 대상이 되는 것을 꿈꾼다. 바로 이런 이유 때문에 여기에서 그것이 철저히 불가능한 용어들로 묘사되었던 것이다. 즉 주체는 사랑하는 신체와 사랑받는 신체가 동일한 것처럼 행동해야 하지만 또한 이러한 정체성의 불합리성을 허용함으로써 양자간의 차이를 계속 상상한다. 그리고 여기에서 우리는 바르트가 끊임없이 자신을 방해하고 단상이라는 숭고미의 형태로 최종성을 강조해야 했던 이유를 이해하게 된다. 마조히스트의 환상으로부터는 어떤 의미도 만들어질 수 없다. 그리고 그 환상의 미래는 수사학, 역할놀이, 그리고 수수께끼에 있다.

《사랑의 단상》중 주체의 다루기 어려운 본질을 직접 언급하는 부분에서 바르트는 이를 해체의 전주곡으로 묘사하고자 한다. 흔히 상식적으로 이야기하는 이항적 대립들의 논리와 반대로 연인은 "진실과 거짓을 넘어서, 성공과 실패를 넘어서, 나는 수용하고 긍정"하는 "또 다른 논리"(22-23)에 따라서 작용한다. 연인은 이성, 합리성의 원리, 목적론에 종속되지 않는다. "승자도 아니고 패자도 아니다." 연인은 그저 "비극적"(23)일 뿐이다. 그(녀)는 인간의 모든 행위를 정의하고 판단을 가능케 해주는 것으로 보이는 기존의 관습적 평가와 해답에 안주하지 않는다. 연인은 완벽한 비논리의 영역에 갇혀 모순적인 감정을 동시에 경험한다. 그는 행복하면서 불행하고 성공하면서 실패한다. 고전적인 니체식 수사법을 빌리자면 그는 이항성을 '넘어서' 있다. 그러나 여기에는 두 가지의 서로 다른 비이항성이 기록되어 있다. 한 가지는 수용과 긍정을 만들어 내는 어떤 '넘어서'이고 또 한 가지는 좌절과 모욕당한 시도의 결과인 '둘 다 아닌' 것이다. 후기구조주의는 '넘어서'라는 것이 시간적이든 공간적이든 상관없이 이항성에 대한 거부가 언제나 '장엄한' 것이고 확장의 순간이라고 주장하고자 하는 유혹 때문에 이러한 차이를 거의 구별하지 않는다. 바르트의 문장에 나타난 이 개별적인 비이항성들은 한편으로는 우연성이고 또 한편으로는 비극이라는 서로 다른 목적을 가지고 있다. 그리고 다루기 힘든 이 마조히즘적 주체에게 그 특수한 매력을 제공해 주는 것은 바로 열려 있고 재현할 수 없는 것과 영웅적이고 최종적인 것 사이의 이러한 혼란에 대한 시도이다. 이항성 너머에서 전복과 변화의 희망적인 계획이 손짓하고 있지만 실제로는 데리다의 말대로 우리는 장엄하고 긍정적인 것이 아니라 중립화된 것과 부정적인 것을 추구하고 있는 것인지도 모른다. 어쩌면 시도의 규모나 고상함만으로도 충분할지도 모른다. 비극은 미래나 또는 우리가 갈망하는 그 어떤 곳을 만들어 내지 않을지도 모른다. 그러나 최소한 우리의 용기와 노력만큼은 남을 것이다.

주체는 항상 살아남아 이야기를 들려주기 때문에 그 매혹적인 주체의 비극에는 거짓말이 덧붙여진다. 우리는 마조히즘적 주체의 불가능성이라는 것이 그 주체가 스스로를 파괴하면서 동시에 강화할 뿐 아니라 언제나 견고한 상태를 유지한다는 사실을 의미한다는 것을 알고 있다. 그리고 이러한 견고함은 대체로 서술의 형태를 취한다. 자신의 소멸에 대한 주체의 실험에는 항상 일정한 서술 작용이 동반된다. 그리고 이 서술의 화자는 불가능한 주체가 미학의 영역, 즉 숭고미에서 자신을 반복하는 능력이 있음을 보여주는 증거이다. 따라서 텍스트의 언술행위 자체가 불가능한 주체의 전이 또는 생존이 된다. 《사랑의 단상》의 도입부에서 바르트가 언급한 사항, 즉 그 매혹적인 주체는 묘사되거나 분석되기보다는 생산될 뿐이라는 언급에서도 우리는 다소간 이러한 사실을 확인하게 된다. 그 파편화된 담론 자체가 다루기 어려운 그 주체의 숭고미적 형태이다. 바르트는 사랑은 전이되거나 진단 또는 해석되지 않는다고 주장한다. 사랑은 축소 불가능한 것이고 불가해한 것으로서 사랑의 가장 진정한 유희는 감정의 추상적 수준이나 분석의 측면이 아니라 "매혹된 언어, 그 다루기 어려운 언어의 수준"(24)에서 이루어진다. 기호와 지시 작용을 다루는 부분을 자세히 살펴보면 이것이 무슨 의미인지 알 수 있다.

　문제의 그 부분에는 "무엇을 해야 할 것인가?"라는 제목이 붙어 있으며 그 까다롭고도 매혹적인 주체, 즉 마조히즘의 불가능한 주체를 겨냥해서 "계속 해야 할 것인가?"라는 질문을 던지면서 논의를 시작한다. 숭고미에 대한 논의에서 살펴보았듯이 불가능성을 지속하기 또는 불가능성을 살아남기라는 문제는 마조히스트의 핵심적인 문제이다. 여기에서 바르트는 마조히즘적 주체를 항상 괴롭히는 문제, 즉 상호 배타적인 구조적 대안들로서의 의미를 상실해 버린 이항 요소들을 어떻게 할 것인가라는 문제로 되돌아간다. 괴테의 베르테르로서는 라이벌인 빌헬름과 같은 종류의 논리에 순응할 수 없다. 빌헬름은 어느 한쪽을 선택해야 하는 상호 배타적인 대안들에 따라 행위하도록 하는 윤리학적 제약들에 종속되어 있다. 베르테르의 딜레마를 빌헬름의 체계에 대입한다면 분명한 선택이 가능해지고 그에 따라 의미 있는 삶을 계획하는 것이 가능해진다. 샬로테가 베르테르의 품으로 돌아오든지 그렇지 않으면 사실을 직시하고 그녀를 포기한 후 다른 미래를 찾는 것이다. 그러나 바르트가 논의하는 연인의 원형인 베르테르는 자신의 상황을 그런 식으로 보지 않는다. **"이것 또는 저것은 '건강한' 주체의 담론이다. 그러나 매혹적인 주체는 (베르테르처럼) 이렇게 대답한다. 나는 두 가지 대안들 사이로 미끄러져 들어가고 싶다. 다시 말해서 나에게는 희망이 없다. 그러나 결국 마찬가지다. 나는 선택하지 않을 것을 선택한다. 나는 떠돌아다닐 것을 선택한다. 나는 계속한다"**(62). 이 매혹적인 마조히즘적 주체는 다시 이항성의 논리를 넘어서 위치한다. 이 '넘어서'는 두 가지 방식 또는 대안들로 묘사된다. 이항 요소들 사이로 미끄러져 들어가 어떤 묘사되지 않은 미래를 향하거나 또는 떠돌아다니는 것이다. 그런데 떠돌아다니는 것은 어떻게 묘사되고 있을까? 바르트에 따르면, 떠돌아다닌다는 것은 "선택하지 않을 것을 선택하는 것"이다. 바르트가 제안하는 이 두 가지의 비이항성들 중에서 하나는 일종의 밀레니엄 수사학의 에너지에서 유래한 순수한 상상적 공간이며 다른 하나는 역설이다. 그러나 이 역설은 비록 모호하기는 하지만 상상 속의 저 너머를 향하지는 않는다. "선택하지 않을 것을 선택"한다는 역설은 차이의 부재에 대한 고전적인 예이다. 선택이 선택 행위의 중지로서 그리고 중지에 의해서 이루어지기 때문이다. 선택을 하지만 동시에 선택하지 않는다. 선택하지 않기 위해서 선택한다. 다시 말하지만 바르트의 텍스트는 서로 다른 비이항적 요소들간의 불일치를 인정하려 하지 않는다. 하나는 차연의 너머에 있고 다른 하나는 마조히즘적 차이의 부재에 대한 해체 이전의 중지이다. 우리는 마조히즘적 주체를 통해서 그 주체의 욕망의 극화가 욕망의 좌절이라는 형태로 이루어진다는 사실을 잘 알고 있다. 결국 욕망하지 않기 위해서 욕망하는 것이다. 이것은 '선택하지 않을 것을 선택' 한다는 바르트의 역설을 복제하듯 그대로 보여준다. 그리고 이러한 행위는 이항성의 논리적 범주를 폐기하거나 산포시키지 않으면서 선택과 그 반대 행위를 동시에 묶는 행위이다. 차이의 부재는 해체를 복제하지만 특정 수준까지만 그러할 뿐이다. 이항대립은 단일한 행위로 결합됨으로써 불가능한 것이 되어 버린다. 그러나 비이항성의 한 형태를 다른 비이항성의 형태와 동일하게 하려는 후기구조주의 비평가들의 반복된 시도에도 불구하고 그 불가능성이 어떤 '넘어서' 를 드러내는 것은 않는다. 오히려 미학의 언어로부터 전혀 새로운 영역이 유래하여 이 불가능성이 계속될 수 있도록 허용한다.

그렇다면 이 계속이라는 것은 어디에 위치하는 것일까? 이는 동일한 부분의 그 다음 문단을 보면 명확해 진다. 그 문단은 작은 일화로 이루어져 있다. 연인은 타자가——의도적이든 우연이든——자신에게 전화번호를 남긴 사실을 문제화한다. 바르트는 우리에게 연인은 모든 것을 기호로 받아들인다는 사실을 상기시킨다. 전화번호를 주는 행위는 무엇을 의미하는 것인가? 타자는 무엇을 기대하는 것일까? 일상적인 안부 전화를 달라는 것인가 아니면 어떤 중요한 일이나 시급한 일이 있을 때에만 연락하라는 의미인가? 연인은 이 다양한 대안들 중에서 그가 선택한 것이 즉시 하나의 기호가 되고 타자는 거의 알 수 없는 여러 가지 독특한 독법(讀法)들에 따라 그 기호를 해석할 것이라는 사실을 알고 있다. 결국 끊임없이 증식하고 다양해지는 해석들의 장이 펼쳐지게 될 것이다. "나의 전화는 기호가 되어 우리 사이에는 요동치는 이미지들의 책략이 뒤따를 것이다. **모든 것은 의미한다.** 이 가설을 통해 나는 나 자신에게 족쇄를 채운다. 나는 계산에 빠져든다. 나는 즐거움으로부터 거리를 유지한다"(63). 분리되거나 명료화되지 않는 대안들 사이에서 주체는 일종의 광대한 기호들의 바다에 빠진다. 행위의 의미인 해석은 더 이상 진행되지 못한다. 단지 이론화될 수 있을 뿐이다. 기호들은 매혹적인 관계 속에서 끊임없이 서로를 생성하지만 일종의 침투할 수 없는 장벽, 주체가 그 주변을 돌아다니고 때로 장벽을 쌓는데 도움을 주기도 하지만 결코 침투 할 수는 없는 그런 장벽을 만들어 낸다. 여기에서 문제가 되는 것, 대안들의 다루기 어려운 본질이 생성해 내는 것은 그 대안들을 묘사하는 행위이다. 주체는 사로잡힌 채 움직임이 없다. 계속할 것인지의 문제는 해결되지 않았다. 계속의 장소가 질문에 답할 필요가 없는 자아 심문적 담론——파편화되고 숭고화된 담론——으로 변했기 때문이다. 그리고 주체는 그 계속의 문제를 계속 제기함으로써 스스로를 지속시킨다. 이런 식으로 주체는 결코 문제에 답하지 않으며 결코 타자로부터 명확한 의미를 통고받지도 않는다. 따라서 더 이상 진행되지도 않는다. 그러나 주체는 자신의 불가능성이 다시 언급될 수 있는 담론을 계속해서 생산한다. 어떤 대안도 모호하고 무기력하기만 하다. 어떤 행위도 무효하다. 그러나 담론은 계속된다.

여기에서 우리는 바르트의 미학적 작용을 발견한다. 담론은 전이 또는 주체성의 불가능성의 실현으로서 계속 이어진다. 처음에 보았던 담론의 기능은 그 매혹적인 주체를 정의하고 묘사하고 분석하기 위한 것이 아니었다. 차이가 부재하는 주체성의 불가능성은 이 대안들을 학문상의 괴물로 만들 뿐이다. 연인의 담론은 단지 활성화되거나 바르트의 표현을 빌리자면 '흉내' 내어질 뿐이다. 그리고 이렇게 볼 때 연인의 본질은 정의될 수 없으며 회복될 수도 없다. 그것은 언제나 항상 허구적이다. 즉 묘사되거나 기록되기보다는 만들어지는 주체성인 것이다. 글쓰기는 단지 진정한 주체성을 표현하겠다는 꿈을 포기했을 때만 비로소 가능해진다(98-99). 따라서 글쓰기는 또 다른 기능을 가진다. 그것은 주체성의 재현이 아니라 불가능하고 차이가 부재하는 주체성이 살아갈 수 있는 어떤 장소를 고안해 내는 것이다. "사랑의 상처는 바로 이와 같은 것이다. 그것은 결코 아물지 않는 급진적인 틈새(존재의 '뿌리들'에서)로서 주체는 이 속으로부터 스며나오고 이 스며나옴을 통해 주체로서 자신을 구성한다"(189). 연인의 담론은 이 역설적인 주체를 정의하는 것을 목적으로 하지 않으며 주체에 대한 적절한 묘사를 시도하지도 않는다. 담론은 단지 이러한 언급이 이루어지는 장소일 뿐이다. 불가능한 주체성은 자아 심문적이고 열려 있는 산문 속에서 그 숭고함을 찾는다.

푸코와 주체성

'주체'라는 것은 도대체 무엇인가? 지난 30년간 문화 이론을 설명하는 데 있어서 주체만큼 적절한 용어는 없을 것이다. 그런데 가장 영향력 있었던 이론들은 주체를 언어, 담론, 권력에 의해 구성되는 것으로 보았다. 그리고 이러한 이론들 중심에 푸코가 위치해 있다. 푸코와 관련해서 내가 살펴보고자 하는 문제는 주체가 문화와 역사의 구성물이라면 주체를 확인하고 이해하려 시도했던 이론적 논의들도 역시 문화적으로 구성되는 것이 아닌가라는 가정에 근거한다. 푸코식으로 말하자면 여기에 어떤 계보가 있을 수 있다는 것이다. 나의 가설은 정치, 자아성, 성, 그리고 미학의 교차점으로서 마조히즘이 비록 계보를 통해서는 아닐지라도 최소한 문화-역사적 상황에 대한 통찰을 통해서만큼은 주체성에 대한 포스트모던적인 논의를 제공할 수 있을 것이라는 것이다. 이렇게 볼 때 푸코의 주체에 대한 논의는 이 책의 종착지라고 할 수 있다. 간단히 말해서 푸코의 '주체'는 마조히즘적 자아의 구조적 논리를 그대로 복제한다. 사실 차이가 부재하는 또는 불가능한 마조히즘적 주체는 우리가 마조히즘과 푸코의 작업에서 발견하는 병치 관계, 즉 자아성과 권력의 병치에 의해 구현되는 자아의 필연적인 형태이다.

나는 이제부터 푸코의 말기 저작들 특히 《성의 역사》와 그 외의 몇몇 짧은 글들을 중심으로 주체성에 대한 논의들을 살펴보고자 한다. 〈주체와 권력〉은 푸코의 권력과 자아성에 대한 논의의 적절한 출발점을 제공한다. 여기에서 푸코는 권력에 대한 자신의 저작과 관련하여 생겨났던 오해를 명확히 밝히려 하고 있다. 푸코는 자신의 이력을 따라가면서 자신의 작업의 주된 초점이 주체성, 특히 "우리 문화 내에서 인간을 주체로 만드는 여러 가지 방식들의 역사"(푸코 1982, 208)에 있다고 주장한다. 푸코의 작업에서 중요한 것은 광기, 병원, 감옥에 대한 그의 작업에 독특한 이미지를 제공해 준 사회 제도들과 그 메커니즘이 아니라 그 제도들의 기능을 돕고 정당화하기 위해 사용된 '기술들'이다. 그리고 그 기술들 중 가장 중요한 것이 바로 '주체'이다. 그러나 주체는 단순히 권력이 작용하는 지점이 아니다. 권력은 주체를 역사적 형태로 창조한 후 이를 여러 제도들이 특수한 상황을 강조하고 자기 합리화를 위한 '진리들'로 이용하도록 하는 특별한 창조물이다. 그리고 이러한 작용의 장소와 구실이 바로 신체이며 신체는 주체의 특정한 방식들을 위한 적용 지점이 된다. 이는 말하는 주체의 '대상화,' 생산적 주체, "단순히 자연사 또는 생물학적으로만 살아 있다는 사실"(208) 등 그가 분석한 세 가지 유형의 주체화 방식들을 살펴보면 더욱 분명해진다. 푸코는 여기에서 그의 초기 작업, 특히 《사물의 질서》에 나타났던 시각을 후기의 생물학적 권력 문제에 적용시키고 있다. 언어학·경제학·생물학이 창조해 낸 주체의 신체는 다양한 형태로 조작되면서 언어화된 신체, 경제적 신체, 살아 있는 신체 등 각각의 학문이 분석하고자 하는 구체적 대상으로 변한다. 신체는 선택되고 체계화되며 다시 분리되고 지식으로 공식화되는 일련의 행위들을 제공한다. 이런 식으로 구성된 자아의 특수한 배열들이 소위 말하는 주체이다.

푸코는 자신의 논의를 더 확장시키고자 한다. 이 권력/지식의 과정은 실제로 일상생활의 사회적 실천 단계에서 무엇을 만들어 내는가? 실제적으로 이야기하자면, 주체의 대상화는 푸코가 말하는 소위 "분류 행위들"(208), 즉 정상과 광기, 병과 건강, 범죄와 바람직한 시민 의식 사이의 이항대립을 통해서 이루어진다. 지식은 특정 방식을 통해 주체를 정의하며 새롭게 정의된 주체는 사회적 관리 행위의 대상이 된다. 또한 지식이 배양하는 주체들은 동시에 제도화된 권력의 특정한 유형들이 작용하는 구체적인 작용 지점이 된다. 이러한 의미에서 푸코가 말했듯이 지식과 권력은 결코 분리되지 않는다. 그런데 앞에서 살펴본 바에 따르면 분류 행위들에는 두 가지 형태가 있다. 첫째, 제도들은 지식을 통해 더 정교해지는 단순한 이항적 분류 주변에서 스스로를 구성하는데, 분류 행위들은 이러한 제도들의 일상적 형태와 구조를 미리 결정한다. 둘째, 원초적 두려움과 고백이 반복적으로 지속되는 상태에 있는 현대적 주체는 끊임없이 자신에게 질문을 던져야 한다. 내가 미친것은 아닐까? 아픈 것은 아닐까? 범죄자가 아닐까?

권력/지식의 작용이 주체 속에 반영되는 이 최종적 지점에서 푸코의 마지막 작업이 시작되며 이 작업의 초점은 "성의 영역에서 인간이 자신을 주체로 변신시키며… 인간이 자신을 '성'의 주체로 인식하게 되는"(208) 과정에 맞추어져 있다. 성에 대한 연구는 우리에게 주체가 어떻게 자신을 주체로 인식하는지, 더 정확히 말해서 주체로 만드는지 그리고 어떻게 주체가 지식의 관습과 권력의 작용에 맞추어 행위해야 한다는 사실을 이해하게 되는지에 대해 통찰력을 제공해 줄 것이다. 그리고 주체의 이러한 자의식이 가장 명료하게 드러나는 곳이 바로 성이다.

그런데 앞에서 인용된 문구는 그 문구에 내재한 역설 또는 문제점을 여실히 드러내고 있다. 능동성과 수동성의 관계는 무엇인가? 푸코는 "인간이 자신을 주체로 변신시킨다"고 말하지만 곧바로 그 과정에서 "인간이… 주체로 인식하게 된다"라고 묘사한다. 개인이 자기 자신의 주체성을 창조하지만 그것은 정확히 말해서 자기-창조가 아니다. 자기-창조는 인식이다. 자기-창조가 외부에서 오는 어떤 것이라는 이러한 역설적 묘사는 푸코가 주체에 대해 말하고자 하는 바를 정확히 보여준다. 이는 '주체의 주체화'라고 하는 표현에도 분명하게 반영되어 있다. 푸코는 여기에서 자의식적으로 현대 인식론의 가장 기본적인 이항 요소, 즉 기존의 일반적인 주체와 객체 사이의 구별을 무너뜨리고 있는 것이다. 푸코에게 주체는 언제나 객체이다. 자율성은 언제나 외부적 원인들의 결과일 뿐이다. 자발성은 언제나 어떤 유형을 따른다 등등.

결국 푸코의 관심은 항상 객체성으로서의 주체성에 있다. 그런데 이것은 어떻게 작용하는 것일까? 이 질문에 대한 대답은 푸코가 주체의 행위를 간결하게 요약할 수 있는 적절한 말을 찾으려 했던 이후의 어떤 글에서 찾아볼 수 있다. 푸코는 다음과 같이 쓰고 있다.

권력은 가능성을 가진 행위들에 행해진 행위들의 전체 구조이다. 그것은 자극하고 권유하고 유혹하며 더 쉽게 또는 더 어렵게 만든다. 극단적인 경우 억압하거나 완전히 금지하기도 한다. 그러나 그것은 항상 어떤 행위하는 주체 또는 행위할 수 있음으로 인해 행위하는 주체에게 행해지는 행위이다. 다른 행위들에 행해진 일군의 행위들인 것이다.

아마도 안내라는 말이 가진 이중적 의미가 권력 관계의 특수성을 다루기에 가장 좋은 도구일 것 같다. '안내'하기라는 말은 타인들을 '이끌어 주는' 것(엄격하고 강제적인 메커니즘에 따라서)이며 동시에 다소간 열린 가능성들의 장 내에서의 행위 방식이기 때문이다. 권력의 실행은 안내의 가능성을 조종하고 가능한 결과에 질서를 제공하는 것으로 이루어진다(220-21).

여기에서 푸코는 주체의 객관화를 동반하고 수용하는 능동성과 수동성 사이의 특정한 관계를 포착할 수 있는 이미지를 찾고 있다. 권력은 "다른 행위들에 행해진 일군의 행위들"을 통해 작동한다. 주체는 어떤 행위자가 되었을 때 비로소 권력의 작동을 받아들이는(수동적) 수용체가 될 수 있다. 반대로 주체는 그의 능동적 행위가 권력의 작동 앞에 열려 있고 '수동적'일 때 비로소 능동적인 권력의 실례가 될 수 있다. 능동성은 수동성으로만 가능하며 수동성 역시 능동성으로만 가능하다.

푸코의 후기 작업들의 전반적인 계획은 그가 "철학적 주체의 붕괴" "주체의 부재" "극단적 주체의 상실" "미친 철학자의 가능성"(푸코 1977, 42-44)을 생각하던 초기의 계획과는 다르다. 《성의 역사》에서 우리는 더 이상 그런 단순한 분열 또는 눈에 띄는 종말을 찾아볼 수 없다. 푸코는 완전히 다른 방식의 주체성을 생각하고 있는 것이다. 그것은 그때까지의 방식을 포기하면서 우리의 철학적 실험들이 자아성이나 존재의 한계를 거부하는 새로운 가능성들을 비추어 줄 수 있을 것이라고 믿으며 인간을 가로지르는 그 어두운 밤 속으로 호탕하게 걸어 들어가는 모습과는 거리가 멀다. 또한 그것은 이러한 무모함으로부터의 급진적인 이탈도 아니다. 그 대신 푸코는 '존재의 미학'이라는 모델을 통해서 주체의 문제를 재고하고 있는데 이는 초기의 급진주의를 정교하게 다듬은 것이다. 그러나 내가 주장하는 바는 이러한 자아에 대한 배려가 그 이전의 주체적 해체를 자주적 위반으로 보는 급진적 모델과 관련되어 있다는 것이다. 다시 말해서 그 모델이 그것의 지평선이고 전조이지만 결국 실제적 형태는 아니라는 것이다. 그 대신 푸코가 여기에서 상상하는 자아는 마조히즘적 주체이다. 그것은 주체성과 객체성을 넘어서지 않는다. 능동성과 수동성을 넘어서지도 않는다. 그것은 이항성을 파괴하거나 폐기하지 않으면서 이항성을 무너뜨린다. 이러한 비논리성을 고려해 볼 때, 그 종착점으로 제시되고 있는 것이 미학적 범주, 특히 급진적이거나 실험적인 미학의 범주라는 사실은 놀랄 일이 아니다.

푸코의 후기 작업에 나타난 자아의 묘사를 좀 더 살펴보면서 그의 미학의 형성 과정에 접근해 보자. 푸코의 목적은 지식과 권력이 우리를 이용해 만들어 낸 주체성을 전복시키거나 폐기하는 것이 아니다. 그는 단지 주체성이 자의식을 가지도록, 즉 주체성의 구성을 자아가 자아에 대해 가지는 비판적 관계로 바꾸어 놓으려 했을 뿐이다. 물론 그러한 주체에게 대안이란 있을 수 없다. 그러나 주체가 자신이 지식과 권력에 의해 구성된 것이라는 사실을 인식하게 된다면 그 비판적 관계에 대한 의식이 권력에 대한 저항의 한 방식이 될 가능성이 있다고 할 수 있다. 〈계몽이란 무엇인가?〉에서 푸코는 바람직한 비평 행위를 이렇게 묘사하고 있다. "그것이 우리를 구성하고 있는 형태로부터 우리가 행할 수 없고 알 수 없는 것이 무엇인지를 추론할 수 있게 해주지는 않는다. 그러나 현재의 우리를 가능케 한 우연성으로부터 더 이상 존재하지 않거나 행하지 않을 수 있는 가능성 또는 우리가 무엇이며 무엇을 행하고 생각하는지를 더 이상 생각하지 않을 수 있는 가능성을 분리시켜 줄 것이다"(푸코 1984, 46). "주체의 객관화"와 "다른 행위들에 대한 행위들"을 구성했던 역설은 여기에서 하나의 프로그램을 반영한다. 우리가 무엇인가라는 문제를 명료화시키려는 노력은 전통적 휴머니즘 또는 푸코가 말하는 '반현대적' 태도가 그랬듯이 자아의 한계를 정의하는 데 도움이 되지 못한다. 그 대신 우리가 무엇인지를 아는 것은 우리 스스로를 행하지 않는 것, 우리 자신을 다른 어떤 것으로 만들기 위한 예비적 단계이다.

그러나 문단이 이어지면서 자아의 행하기 않기라는 것이 가진 부정적 측면은 '자유'라는 계몽주의 정치철학의 가장 신성한 용어가 등장하면서 목소리를 잃는다. 푸코는 이렇게 결론짓고 있다. "[이 비판은] 과학이 되어 버린 형이상학을 추구하지 않는다. 그것은 자유라는 정의되지 않은 작업에 최대한의 새로운 추동력을 제공하고자 할 뿐이다"(46). 우리가 무엇이며 무엇을 행하고 생각하는지를 문제화하는 행위는 해체 너머에 있는 어떤 미지의 것을 향해 우리를 부추기는 듯하다. 이 '정의되지 않은' 너머는 형이상학의 대안이다. 그의 문장은 여기에서 끝나며 텍스트에는 간극이 있어 우리에게 바르트가 행한 조심스러운 강조를 떠올리게 한다. 푸코의 말에서 우리는 어떤 의미를 얻어낼 수 있을까? 주체가 자신을 행하지 않기 위해서 행하는 행위를 인식한다는 사실은 분명하다. 그러나 자유의 내용은 어떤 것일까? 자유는 단지 조심스럽게 조정된 부정성에 대해서만 정의되는 텅 빈 공간인가? 아니면 푸코에게 여기에서의 간극이 단지 일종의 정치적 책략에 불과한 것인가? 우리는 다시 만들어져야 한다. 그러나 푸코는 우리에게 그 방법을 제시하지 않고 있다.

이 수사적 전개에는 의도적인 혼란이 내재되어 있다. 우리가 할 수 있는 말은 단지 주체가 자유로와지기 위해서는 스스로를 만들지 말아야 한다는 것뿐이다. 푸코도 이 문제를 인식하고 있었다. 우리가 자유를 탐구하면서 이용하는 주체성에는 단지 영원한 또는 본질적인 내용이 부족할 뿐이다. 우리가 멀리 해야 할 것은 바로 형이상학이다. 우리는 우리 자신을 만들지 **않**을 수 **없**다. 우리가 목표로 생각하는 자유는 현재의 우리를 만들어 낸 것이 무엇인가라는 문제를 비판적으로 그리고 역사적으로 고려함으로써 생겨나는 것이다. 그것은 알려져야 하고 실험적이어야 하며 언제나 "동시대의 리얼리티의… 검증"(46)에 종속되어야 한다. 이러한 종류의 준비와 방향이 있어야 비로소 우리는 어떤 종류의 변화와 실험이 필요한지를 알 수 있다.

우리 입장에서나 푸코의 입장에서나 우리 자신을 만들지 않는다는 것은 결코 공허한 몸짓이 아니다. 우리는 우리 자신을 다시 만들기 위해서 우리 자신을 만들지 않는다. 이러한 주체는 우리의 역사적 상황을 이해하는 특정한 유형에 따라 끊임없이 진행되는 자아-만들지 않기와 다시 만들기의 연속적 과정 속에 위치해 있다. 이 과정에는 목표가 없으며 끝을 상상하는 것도 불가능하다. 그것은 체계나 이데올로기가 아니라 어떤 태도이고 윤리이다. 좀 더 고상하고 잘 알려진 것에 대한 개인의 종속이 아니라 주체성의 한 방식이다. 이렇게 볼 때, 주체성의 만들지 않기와 다시 만들기는 해결될 수 없는 과정이다. 목표를 향하지 않으므로 주체성의 어떤 영원한 상태로만 작용할 뿐이다. 끊임없이 진행되는 만들지 않기와 다시 만들기의 과정, 이것이 바로 푸코의 주체이다.

여기에서 또 다른 문제를 고려해야 할 필요가 있다. 주체가 만들기와 만들지 않기를 반복하는 한편 그 과정 전반에 걸쳐 변화하지 않고 남아서 과정을 통제하는 어떤 나머지 부분이 있다. 사실 푸코의 주체 깊숙한 곳에는 끝없는 실험적·자아파괴적 주체에 대응되는 잘 훈련되고 통제된 또 다른 주체가 있다. 우리는 마조히즘적 주체 역시 끝없는 자기 파괴와 자기 표현의 과정에 관련되어 있음을 알고 있다. 그런데 이 주체에는 또 다른 측면이 있다. 주체는 자기 모순과 변화의 과정을 동반하고 부추기며 나아가 계획도 하지만 그 과정에서도 주체의 일부는 그대로 남아 위협받지 않고 확고한 상태를 유지하면서 **서술**상의 의식을 통제하고 구성한다. 푸코의 글에서도 유사한 주체성이 숨어 있다. 자아의 만들지 않기와 다시 만들기는 확고한 상태를 계속 유지하는 주체의 어떤 일부에 의해 생겨나고 통제된다.

《자기에의 배려》의 끝부분에서 우리는 주체의 그러한 측면을 보여주는 논리적 궤도를 발견할 수 있다. 주체성이 보여주는 고도의 실험적 방식은 훈련으로 끝난다. 여기에서 푸코는 헬레니즘 시대에서 로마 시대로 변화하는 과정에서 성은 그 이전의 쾌락의 미학에서 어떤 금욕적 성질을 이끌어 내는 설득력에 의존했다고 주장하면서 자신의 논의를 다음과 같이 요약한다.

바로 이 문맥에서 이 쾌락의 윤리학이 가진 특징인 이중적 현상이 발생한다. 한편으로 사적 행위에 대한 더 활발한 관심, 유기체에 대한 그 효과, 결혼과 관련해서 성의 장소와 기능, 소년들과의 관계에서 성의 가치와 문제점들에 대한 더 많은 관심이 필요하다. 그러나 동시에 성문제에 대해 숙고할수록, 그에 대한 관심이 강화될수록 성은 사람들과 타협적 관계를 만들어 낼 수도 있는 위험한 것으로 보이게 된다. 따라서 더욱 믿을 수 없는 것이 되고 가능한 한 부부 관계에 더 강력한 의미를 부여하는 한이 있더라도 결혼 관계에만 제한시켜 두어야 할 필요가 있다. **염려와 문제화는 나란히 진행된다. 조심스러움에 조사가 덧붙여진다**(푸코 1990, 239: 필자 강조).

여기에서 우리는 푸코가 〈계몽이란 무엇인가?〉에서 주장했던 "지난 20년간 가능했던" 자아의 '현대적' 재구성("권위와의 관계, 양성간의 관계, 광기와 병을 인식하는 방식"[푸코 1984, 46-47])과는 전혀 다른 상황을 확인하게 된다. 그러나 우연성을 인식하고 있고 스스로 어떻게 변하게 될지를 상상한다는 의미에서 주체의 구조는 여전히 동일하다. 마조히즘적 주체를 통해 우리가 확인할 수 있었던 사항이 푸코의 주체성에서도 발견된다. 즉 문제화하고 조사하며 급진적이고 '실험적인' 계획으로 보이는 주체의 그 행하기 않기와 다시 행하기 너머에 계속해서 통제하고 '염려' 하며 '조심스러워하는' 주체가 변하지 않고 남아 있다는 것이다.

자기 자신의 객체성, 특히 그 객체성이 주체성을 환원시키지 않을 때 그 주체성을 조정하고 통제하는 주체보다 마조히즘적 수사법을 더 잘 보여주는 것은 없을 것이다. 푸코가 상정하고 있는 것도 스스로 자신을 대상화하는 주체, 변하지 않고 남아 있으면서 자신을 환원하고 동시에 재구성하는 주체이다. 마조히즘적 주체가 그 자신의 대상이라는 아이디어는 이미 프로이트 그리고 이후 카야 실버만도 지적한 사항이며 지금까지 텍스트들을 분석하면서 항상 확인할 수 있었던 내용이다. 후기구조주의에서 이 차이가 부재하는 마조히즘적 주체의 중요성은 그것이 가능성, 자유, 확장, 어떤 그 거대한 '넘어서' 의 이미지를 상기시키고 자랑하면서도 동시에 이것들을 멀리한다는 데 있다. 그런데 이것은 우리가 바타유를 논하면서 살펴보았던 두 가지 위반 유형이 보여주는 구조이기도 하다. 여기에는 '중립적' 위반이 수사적으로 부풀려져 '자주적' 위반으로 혼입되도록 허용하려는 시도가 숨어 있다. 우리는 '넘어서' 라는 비이항성과 '이것도 아니고 저것도 아닌' 비이항성이라는 바르트의 서로 다른 비이항성들에 대해 살펴본 바 있다. 그리고 그 이항성들에 대한 의도적 혼란에서도 동일한 구조를 발견할 수 있었다. 푸코에게서 우리는 '정의되지 않은 자유' 라는 강한 어조의 주장을 접하게 된다. 여기에서 푸코는 〈위반에 대한 서문〉과 같은 초기 글에서 볼 수 있었던 영웅적 이미지와 수사법을 떠올리게 한다. 그런데 이 자유와 주체의 정치학 사이에는 어떤 관계가 있는 것일까? 영웅적 몸짓은 단지 훨씬 더 공손한 정치적 계획, "자신을 대상으로 함으로써 성취하고자 하는 변신"(푸코 1986, 29), "자아에 대한 자아의 노력"(푸코 1988, 6)을 미리 알리는 역할을 할 뿐이다. 주체성의 어떤 '넘어서'에서 "존재의 예술"(푸코 1986, 10)로의 전환은 위반을 영웅적이고 자주적인 야망에서 현대문화에서 더 중요하고 전혀 다른 어떤 것으로 환원시키고자 하는 시도를 반복하는 것이다. 중립적 위반은 우리가 계속해서 실행하고 있는 현대적 행위이며 좀 더 급진적인 변화가 약속하는 매력과 혼동되도록 허용함으로써 그로부터 벗어나고자 하는 대상이기도 하다. 후기구조주의는 중립적 위반이 그보다 더한 어떤 것이 되기를 바라는 꿈을 재현한다. 그러나 지금까지 살펴보았듯이 이 꿈은 그 또 다른 측면, 권력의 부재를 심각하게 수용하지도 않으면서 그 부재를 즐기고 있는 자아의 모델을 드러낸다.

푸코의 계획에 나타난 모순들과 재귀적 모형들을 고려해 볼 때 그의 계획이 마조히즘과 마찬가지로 '예술'과 '미학'의 영역을 부활시키고자 하는 것은 당연하다. 이제부터 푸코에게서 그런 용어들이 가지는 기능이 무엇인지 살펴보자. 〈계몽이란 무엇인가?〉라는 글의 목적은 '현대적' 태도를 표현할 수 있는 자아의 실천 가능성 문제를 살펴보는 데 있다. 후자는 이렇게 정의된다. "현대성의 태도와 관련해서 현재의 가장 큰 가치는 그것을 상상하려는 열의, 그것과 다르게 상상하고 파괴가 아니라 있는 그대로의 모습을 파악함으로써 그것을 변형시키려는 열의로부터 분리될 수 없다. 보들레르의 현대성은 실제적인 것에 대한 극단적인 관심과 이 현실을 존중하고 동시에 위반하는 자유의 행위가 서로 맞부딪히는 하나의 연습이다"(푸코 1984, 41). 여기에서 자아의 변화를 스스로 통제하는 푸코의 계획은 보들레르의 경우와 일치하는 것으로 나타난다. 푸코의 목적은 자아-다시 만들기에 대한 자신의 묘사를 좀 더 정확히 하려는 데 있다. 그러나 그는 여기에서 잠시 멈춘 채 미학적 자아성에 대한 보들레르의 모델을 끌어들인다. 자아-

다시 만들기 계획은 '현대적' 계획으로 시작되었지만 그것은 또한 '예술'이라는 신성한 후기낭만주의 용어와 공생하는 형태로 보여져야만 한다.

보들레르에게 현대성은 단순히 현재에 대한 어떤 관계 형태가 아니다. 그것은 자신과 함께 성취되어야 할 관계의 한 방식이다. 현대성의 진지한 태도는 어떤 금욕주의에 연결되어 있다. 현대적 존재가 된다는 것은 자신을 지나가는 순간들이 흐름 속의 존재로 수용히는 것이 아니다. 그것은 자신을 복잡하고 까다로운 정교화의 대상으로 보는 것이며 이는 당시 유행하던 용어로 보들레르가 **댄디즘**이라고 불렀던 바로 그것이다(푸코 1984, 41).

현대성의 개념에 적합한 주체는 일종의 금욕주의적 엄격함에 따라 자신을 하나의 대상으로 간주한다. 그런데 이는 우리가 지금까지 살펴보았던 주체, 우리가 마조히즘적 주체와 연결시켰었던 바로 그 주체이다. 정확히 위치해 있고 극히 자의적이며 엄격할 정도로 훈련된 현대적 주체는 자아-만들지 않기와 자아-다시 만들기를 통해 자신의 고유성과 위상을 확고히 한다. 그러나 이 엄격함은 성문화된 윤리, 즉 외부에서 부과된 규정의 체계와는 무관하다. 단순하고 인식 가능한 외부적 기준과 일치하지 않기 때문이다. 푸코가 묘사하고자 했던 제도들의 작용처럼 주체의 현대적 태도는 현대적 주체의 정신을 형성하고 재형성하면서 마치 내부에서 기원한 것처럼 만들어진다. 자아 변신 과정을 미학적인 것으로 만들어 주는 것은 바로 이러한 창조적 특성이다. 푸코는 댄디의 행동을 간략하게 요약한다. "댄디는… 그의 신체, 행동, 느낌, 정열, 그의 존재를 하나의 예술 작품으로 만든다"(41-42). 그러나 20세기 말에 '예술'이라는 말은 더 이상 단순한 용어가 아니다. 여기서 말하는 예술은 어떤 종류인가? 칸트에서 러스킨에 이르는 고상한 미학 전통의 예술인가? 자율적인 예술을 급진적인 실천으로 보고자 했던 프랑크푸르트 학파의 시도와 관련되어 있는 것은 아닐까? 니체의 예술인가? 초현실주의? 다다? 팝 아트? 푸코는 이에 대해 대답하지 않았다. 그의 언급 중에서 이 예술에 가장 가까운 경우는 주류와 급진적 형태를 모두 포함해서 현대 미학의 가장 폭넓은 모티프를 제공하는 말인 '실험적'이라는 표현이었다.

푸코의 미학에 대한 이 문제의 해답을 찾기 위해서 엘스피스 프로빈의 《자아의 성: 문화 연구에서 성의 위치》를 살펴보고자 한다. 그녀는 여기에서 푸코의 자아의 윤리를 문화 연구(특히 페미니스트)의 적절한 모델로 보고자 한다. 프로빈은 푸코의 모델을 이렇게 설명한다. "자아의 기술들은 일상적인 실천에서 자아의 위치와 이론적 구현 즉 '그 현실적인 것을 파고드는' 분석적 도구로서의 자아의 능력 이 두 가지를 모두 묘사한다. 이때 이 자아의 이중적 구현은 문화 연구에서 이론적 실천을 위한 필수적인 기반과 그 정교한 실천의 출발점을 제공한다"(프로빈 1993, 135). 이 이중적 자아는 결국 우리가 알고 있는 자아 통제적이고 자아를 행하면서 또한 행하지 않는 자아이다. 여기에서 눈여겨 볼 것은 프로빈이 일종의 '구성적' 수사를 사용한다는 점이다. 이 자아는 '기반'이고 '출발점'이다. 그녀가 푸코에게서 발견한 것은 주체성의 역사적 존재 형태에 대한 묘사나 역동적이고 문제적이며 문제화하는 주체성에 언어를 제공해 주고자 하는 시도가 아니었다. 그녀의 글은 환원적이고 프로그램화되어 있다. 이러한 의미에서 그녀의 글은 거의 스스로를 인식하지 못하는 프로그램화된 언어를 지향하는 푸코의 후기 작업을 보여준다. 〈계몽이란 무엇인가?〉에서 등장하는 "자유라는 정의되지 않은 작업"(46)이나 이후에 등장하는 "자유에 대한 우리의 조급함에 형식을 제공하는 끈질긴 노력"(50)과 같은 표현에는 후기구조주의의 목적론에 대한 일반적 의구심이 어느 정도 유지되기를 바라면서도 계몽주의의 정치적 담론의 거대한 어휘와의 연관성을 유지하려는 의도가 드러나 있다.

정치적 담론의 전통적 지평선에 대한 이러한 조심스러운 언급은 단순히 윤리적 글쓰기의 유혹의 일부가 아니다. 마조히즘적 주체를 분석하면서 우리가 두처에서 발견했듯이 그리고 "무엇을 행해야 할 것인가?"(바르트 1990, 62)라는 바르트의 질문에도 요약되어 있듯이 미래는 결코 부정할 수 없는 문제이다. 푸코와 프로빈에게서도 현대의 금욕주의적 주체는 미래를 하나의 문제로 인식한다. **주체의 미래는 미래이다.** 다시 말해서 현대적 주체는 일종의 미래가 만들어 낸 자아로 정의되어야 하며 여기에서 윤리적 방향은 특정한 내용을 향한 방향 설정이 아니라 변화와 유동성을 향한 실천 관계를 통해 정해진다는 것이다. 프로빈은 다음과 같이 쓰고 있다. "그것은 삶의 방식의 구현, 일군의 기술들, 푸코가 고대에서 찾아와 현대에 전해 준 그 이론적 계획으로서의 자아의 가능성이다. 빌헬름 슈미트가 말했듯이 '분명 그것은 고대에서 가져온 실천에 대한 문제이다. 그러나 미셸 푸코는 그것의 구현을 가능성으로서의 자아라는 관점의 시작으로 간주한다'"(123) 푸코가 보들레르에게서 보았던 그 자아의 예술은 어떤 가능성의 자아로 이해되어야 한다. 그것은 내용이 없지만 의지가 있고 긍정적이며 비판적이다. 여기에서 자아는 금지하거나 처벌하는 주체-위치들에 대한 하나의 대안으로 이해되어야 한다. 그러나 그 긍정적 특성들은 정의되지 않는다. 대신 문제화, 변화, 확장에 대한 능력, 상기, 구현만이 있을 뿐이다. 내가 주장하고자 하는 바는 이 제고의 순간이 칸트가 "우리 내부에 가지고 있는 초감각적 능력에 대한 느낌을 되살려 내는 것"(칸트 1987, 106)이라고 묘사한 것을 포스트모던 정치학의 언어로 다시 한 번 반복한 것이라는 점이다. 푸코의 주체 개념도 이와 동일한 되살림, 자아 내부의 자아-발견 능력에 의존하고 있다. 자유에 대한 정의를 거부하는 푸코의 이론적 묘책도 칸트가 자신의 수사에서 정의될 수 없는 그 신성한 것에 허용했던 일종의 찬란한 침묵과 유사하다. 다시 말해서 칸트는 숭고미에 대한 주관적 경험이 형이상학의 불가능한 차원과 공명하는 것으로 본 것이다. 푸코는 표현 불가능성을 향한 자아의 다시 만들기라는 논리를 추구하고 있지만 그것은 칸트와 달리 정치학의 언어에 위치해 있다. 푸코가 단순히 형이상학적인 것을 정치적인 것으로 이식시키면서도 그 사실을 인식하기를 거부하고 있는 것은 아니다. 푸코와 칸트 모두 동일한 주체성의 외곽을 추적하고 있으며 주체성의 종착점이 언어임을 알고 있다. 그러나 그 선택된 언어는 불합리하다. 그 언어는 종교가 될 수도 있고 정치, 성, 신비주의가 될 수도 있다. 미래로서의 마조히즘적 자아의 숭고한 꿈은 우리가 여기에서도 다시 한 번 확인하는 핵심 구조이다.

마조히즘은 자아를 현대의 미학적 형태로 이끔으로써 현대문화 그리고 포스트모던 문화에 독특한 자아의 모델을 제공한다 따라서 우리가 포스트모던 문화 이론에서 살펴보았던 '현대적' 주체가 문학적이라는 것은 당연한 일이다. 이는 물론 마조히즘적 주체가 무엇보다도 문학적 수사이기 때문이다. 그러나 프로빈이 말하는 주체가 현대소설을 지배하는 인물 묘사 스타일을 개괄할 수 있다는 사실은 놀랍기만 하다. 딕 헤디지의 글을 논하면서 프로빈은 "우리를 구성하고 우리 스스로를 만들고 다시 만드는 작업이 이루어지는 그 유동적인 이미지와 말의 **껍질들**을 벗겨 버리려는" 헤디지의 야망을 인용하고 있다(헤디지, 프로빈 1993, 133에서 재인용). 파편화된 언어 조각들의 역동적인 유동성으로서의 주체라는 이 이미지 뒤에서 의식의 흐름 소설 속의 주인공의 내면을 느끼는 것은 충분히 가능한 일이다.

후기구조주의의 '주체'는 정치적 '가능성'으로서의 모더니스트 소설의 수사들을 재정의하려는 시도이다. 이러한 수사적 조건들하에서 구성된 주체는 포스트모던 텔레비전에서 보게 되는 좀 더 희극적이고 비현실적인 가짜 주체와는 닮은 점이 거의 없다. 이렇게 볼 때 주체의 효용성이라는 것은 근본적으로 정치적 실수이고 시대착오이며, 정치적 사고범주의 발명은 그 종단 속도를 변위시키고 감추는 긍정적이고 확장적인 프로필이다.

들뢰즈와 가타리

《천개의 고원》의 핵심 문단에서 들뢰즈와 가타리는 마조히즘 문제를 직접적으로 언급하고 있다. 들뢰즈의 〈냉정함과 잔인성〉, 베르사니의 《프로이트적 육체》, 실버만의 《마조히즘과 남성 주체성》과 함께 이 문단은 후기구조주의의 시각에서 본 마조히즘에 대한 가장 중요한 글들 중 하나이다. 여기에서 나의 목적은 들뢰즈-가타리의 사상과 앞에서 살펴본 마조히즘 분석 사이의 관계를 살펴보는 데 있다. 들뢰즈와 가타리는 마조히즘을 기존의 욕망 구조, 특히 쾌락과의 관계를 문제화시키는 방법으로 사용하고 있다. 그들은 다음과 같이 주장한다.

마조히스트가 겪는 고통은 쾌락을 얻기 위한 것이 아니라 외부의 판단 기준으로서 욕망과 쾌락 사이의 유사 결속 관계를 끊어 버리기 위해

지불해야 하는 대가이다. 쾌락은 결코 고통을 통해 우회적으로만 얻을 수 있는 어떤 것이 아니다. 그것은 최대한 지연되어야 하는 어떤 것이다. 그것이 긍정적 욕망의 지속적인 과정을 방해하기 때문이다. 사실 욕망에는 그 욕망 자체와 사고에 의해 채워진 것과 같은 어떤 내재적 즐거움, 부족함이나 불가능성을 의미하지 않으며 쾌락의 강렬함을 제공하고 불안, 부끄러움, 죄의식으로 채워지는 것을 방해하므로 쾌락에 의해 측정되지 않는 그러한 즐거움이 있다. 간단히 말해서 마조히스트는 기관 없는 신체를 구성하고 욕망의 일관성 있는 장을 이루기 위해 고통을 허용한다(들뢰즈와 가타리, 1987, 155).

여기에는 베르사니가 《프로이트적 육체》에서 보여주었던 논의와 유사한 면이 있다. 욕망은 프로이트의 에로스 모델(베르사니의 경우)과 같은 이론적 구성 또는 여기에서처럼 어떤 유사한 '쾌락'에 의해 선취되어 버릴 위험에 처한 고도로 활성화된 무형의 장이다. 마조히스트의 목적은 '불안, 부끄러움, 죄의식'을 통해 욕망을 봉쇄하고 훈련시키는 쾌락처럼 방향성과 의미를 지닌 어떤 것에 동일화되고 종속되는 것을 거부하는 것이다. 욕망의 관심은 쾌락의 이러한 측면, 즉 쾌락과 연관되어 있는 만족, 오르가슴, 성취라는 최종적 행위로 되돌아가지 않고도 바로 지금 여기에서 일종의 내재적 '즐거움'을 경험할 수 있는 그런 측면에 있다. 여기에서 비판의 대상은 프로이트뿐 아니라 마조히스트가 죄의식의 부담을 없애기 위해 스스로 고통을 초래한다는 라이크의 논의도 포함된다. 들뢰즈와 가타리에 의하면, 마조히스트는 일반적 결과들(그 결과들을 미리 경험함으로써)을 해소시키기 위해서 쾌락을 지연시키는 것이 아니다. 그는 쾌락이 통제하고 환원시키고자 하는 그 '즐거움'의 장을 열어 놓기 위해서 쾌락을 영원히 지연시키고 있는 것이다.

들뢰즈와 가타리의 용어로 표현하자면, 마조히스트는 '기관 없는 신체' 또는 '욕망의 일관성 있는 장'을 창조하고 있다. 그런데 '기관 없는 신체'란 무엇인가? 들뢰즈와 가타리에 의하면, 서양철학은 끊임없이 세계를 안정되고 구조화된 체계를 통해 이해하려 했다. 이에 대한 은유가 바로 해부학적 신체이다. 인간 개인은 지금까지 상호 연결된 기관들로 이루어진 안정되고 완결된 체계로 이해되었다. 그리고 이 개인이 맺게 되는 모든 관계들은 완결된 신체라는 기존의 이 기본 구조를 근거로 하고 있다. 그러나 들뢰즈와 가타리는 이와 반대로 기관이 없는 신체를 제안한다. 기관 없는 신체는 기존의 해부학적 신체를 거부한다. 오히려 그것은 인간의 상호 관계를 분자화된 부분들과 우리의 신체와 자신의 여러 형태들 사이에서 이루어지는 다양하고 부분적이며 역동적인 상호 연결 관계에 의해 구성되는 것으로 보고자 한다. 이렇게 볼 때 개별성은 존재하지 않으며 자아를 안정된 형태로 묘사하는 방식도 있을 수 없다. 전통적으로 개인이라 불리던 것은 각각 기관 없는 신체를 구성하는 여러 역동적이고 순간적이며 열려 있는 상호 관계들의 집합점에 불과하다. 모호하고 모순적이지만 이것이 바로 들뢰즈와 가타리가 주체성, 일관성, 기존의 묘사 방식을 벗어나 자아의 모델을 구성하는 방식으로 묘사하는 몇몇 중첩된 용어들 중 하나이다.

그런데 주체에 내적 구조가 부재하고 단지 우연이나 수많은 기관 없는 신체들의 교차로에 불과하다면 인간의 행동을 어떻게 묘사할 수 있을까? 들뢰즈와 가타리는 해부학적 신체와 기관 없는 신체의 대조가 수목(樹木)과 리좀(rhizom)의 대조에 해당한다고 주장한다. 수목적 구조는 전통적으로 여러 현상들에 적용되어 왔다. 그것은 현상들을 위계 질서나 체계적 구조, 개념적 단일성으로 묘사했으며, 발전을 지향한다. 반면 리좀은 어떤 방향에서나 새롭게 시작하며, 단일한 것으로도 다양한 실체로도 묘사되지 않고 구조적 중심도 없다. 들뢰즈와 가타리는 이렇게 쓰고 있다.

위계질서화된 의사소통 방식과 기존의 통로들을 갖춘 중심 있는 (또는 여러 중심들의) 체계와는 반대로 리좀은 중심이 없고 위계질서도 없으며 일반적인 것, 조직화하는 기억 또는 상태들의 순환을 통해 정의되는 중심적 자동화 기제가 없는 비지시 체계이다. 리좀은 관계의 문제로서 그것은… 동물, 식물, 세계, 정치, 책, 자연적이거나 인공적인 것들——수목적 관계와는 전혀 다른 관계: 즉 모든 방식의 '되기'이다(들뢰즈와 가타리 1987, 21).

리좀과 마찬가지로 기관 없는 신체는 고정된 실체가 아니다. 그것은 끊임없는 변화의 상태이다. 그러나 이 변화를 한 가지 상태에서 다른 상태로의 변신으로 이해해서는 안 된다. 또한 변화의 재료인 개별성에 한정된 모델을 제공하는 것이 불가능하듯이, 이 변화의 목적을 상정하는 것도 불가능하다. 중요한 것은 어떤 안정된 장소들이나 매개 변수로 정의될 수 있는 것들이 아니라 **움직임 그 자체**이다. "그것은 더 이상 기관이나 기능의 문제가 아니며, 유사 관계와 분기적 발전을 통해 조직화를 관장하는 어떤 초월적 단계의 문제도 아니다. 그것은 조직이 아니라 구성의 문제이며 발전이나 차이가 아니라 움직임과 휴식, 속도와 느림의 문제이다"(255). 이 움직임의 과정이 곧 '되기'이다. 되기는 기관 없는 신체를 가로지르고 구성하는 수많은 동선들을 의미한다. 안정된 정체성이나 내적 진실이 없으므로 여러 순간들로 파편화된 주체는 어떤 대상이나 존재의 허구적 의미를 상정함으로써 일련의 충동들 속에서 자신에게 활력을 제공한다. 안정된 주체성을 살아가는 대신 우리는 잠시 동안 우리의 일부분을 다른 성, 다른 종, 다른 사물들의 세계 속에 투사한다.

그런데 이러한 타인이 되기 또는 동물이 되기를 통해 무엇을 얻게 되는 것일까? 물론 자신의 진실성을 발견하거나 '표현' 하기 위한 것은 아니다. "문제는 자신을 발견하는 것이 필요한 것인가라는 점이다…. 그것은 강렬함들이 지나가는 기관 없는 신체를 자아와 타자로 만드는 것이다. 그리고 이것은 일반성이라는 상위의 단계나 더 넓은 확상이라는 이름으로 이루어지는 것이 아니라 더 이상 개인적이라고 할 수 없는 특이성들, 더 이상 확장적이라고 할 수 없는 강렬함들에 의한 것이다"(156). 부정적인 야망이 분명하게 드러나고 있다. 되기의 목적은 자기표현이나 억압적인 심리적·문화적·정치적 구조들로부터 자아를 해방시키는 것이 아니다. 이러한 자아 모델들은 오히려 우리가 멀리해야 할 것들이다. 사실 자아는 사회 구조에 취약하다기보다는 사회 구조의 궁극적 표현이며 무기이다. 주체의 긍정적 구조를 살펴보는 것은 단지 기관 없는 신체가 멀리해야 할 억압들을 재생산 할 뿐이다. 따라서 되기는 주체성의 차원에서조차 프로그램된 변화가 아니라 일종의 거부이고 도피의 행위이다. 1972년도 영화 〈윌라드〉의 주인공이 '쥐가 되는' 장면을 묘사하면서 들뢰즈와 가타리는 이렇게 쓰고 있다.

모든 것이 거기에 있다. 닮는다는 것은 장애나 중단이기에 닮음에 만족하지 않는 동물-되기가 있다. 우글거리는 쥐들이나 상자는 가족, 경력, 결혼 관계의 거대한 분자 권력들을 약화시키는 분자-되기를 초래한다…. 자기 파괴에까지 이르는 집단의 제도, 전쟁 기계, 범죄 기계가 있다. 비개성적 감성, 주관적 감정뿐 아니라 지시 작용마저도 단절시키는 교류 전류가 흐르면서 비인간적 성을 구성한다. 직업, 결혼, 또는 오이디푸스적 재영토화의 시도를 방해하는 저항할 수 없는 탈영토화가 있다(233).

따라서 무엇인가가 된다는 것은 "가족, 경력, 결혼 관계"를 향하는 기존의 관습적인 주체성들을 거부하는 방법의 하나이다. 주체에게 남아 있는 것은 위치를 지우는 일 또는 기존의 알려진 구조들과 형태들로부터 자신을 제거하는 일 뿐이다. 주체는 이러한 탈영토화를 통해서 내재성, 감정, 이분법적 성 등 전통적인 인간성의 개념과 연결된 속성들에게서 벗어난다. 그리고 이러한 탈영토화는 기존 사회를 수호하는 경찰이자 보증인인 오이디푸스적 주체 모델이 두 번 다시 재사취(再詐取) 또는 들뢰즈와 가타리의 용어를 빌리자면 '재영토화' 하지 못하도록 하는 방식으로 이루어진다.

들뢰즈와 가타리는 기관 없는 마조히즘적 신체에 대해 더 자세한 예를 보여주고 있다. 그들은 1929년에 쓰여진 로제 듀푸이의 글 〈마조히즘에 대해서〉에서 마조히스트가 고삐와 마구를 걸치고 말-되기를 상상하는 장면을 예로 들며 다음과 같이 주장한다.

이 마조히스트는 무슨 짓을 하고 있는 것인가? 그는 말을 흉내내고 있는 듯하다. 에로틱한 말인 것이다. 그러나 사실은 그렇지 않다. 말이나 말의 주인 또는 여주인 누구도 어머니나 아버지를 상상하지 않는다. 전혀 다른 어떤 것이 진행되고 있다. 이것은 마조히즘에 필수적인 동물-되기이다. 이것은 힘의 문제이다. 마조히스트는 이것을 이렇게 묘사한다. **훈련의 철칙——본능적인 힘을 파괴하여 그 힘을 전달된 힘으로 교체시키는 것.** 그런데 사실 이것은 파괴라기보다는 교환이고 순환("말에게 발생한 일이 나에게도 발생할 수 있다")이다. 인간은 말을 훈련시킨다. 즉 인간은 말의 본능적인 힘에 전달된 힘을 부과하여 말을 규정하고 선택하고 지배하며 규약화시킨다. 마조히스트는 기호들을 역전시킨다. 즉 말이 그 전달된 힘을 마조히스트에게 전달하고 이에 따라 마조히스트의 본래적인 힘은 길들여지게 된다. 따라서 두 개의 계열이 존재한다. 말의 계열(본래적인 힘, 인간이 전달한 힘)과 마조히스트의 계열(말을 통해 전달된 힘, 인간의 본래적인 힘)이 그것이다. 한 계열이 다른 계열로 피열되어 들어가면서 회로 구조를 형성한다. 힘의 구조 또는 강립함들의 회로가 형성되는 것이다. '주인' 또는 말을 타고 앉은 여주인은 힘의 전환과 기호의 역전을 확인시켜 준다. 마조히스트는 욕망의 내재성의 장을 끌어오고 동시에 채우는 하나의 완결된 집합체를 구성한다. 그는 자기 자신, 말, 여주인을 이용해서 기관 없는 신체 또는 일관성의 장을 구성한다. "성취해야 할 결과들: 계속해서 행위와 명령을 기다린다. 조금씩 조금씩 내가 당신과 **혼합**되면서 모든 방해물들이 제거된다…. 따라서 당신의 부츠를 상상만 해도 두려움을 느낀다. 이렇게 볼 때 **내게 영향을 미치는 것은 더 이상 여성들의 다리가 아니다.** 만약 당신의 포옹을 받을 수 있게 해준다면, 그 포옹을 느낄 수 있게 해준다면 당신은 나에게 그 전에 결코 경험해 보지 못했고 이후에도 경험하지 못할 당신 신체의 자극을 남겨 주게 될 것이다." 다리는 물론 기관이다. 그러나 이제 부츠가 자국 또는 기관 없는 신체에의 영역으로서 자극의 영역을 결정한다(155-56).

'마조히즘에 필수적인' 그 동물-되기는 조이스의 《율리시즈》 중 〈서씨〉장에 등장하는 마조히즘 묘사에서도 확인할 수 있었던 사항이다. 여기에서 마조히스트의 계획은 말을 흉내내거나 말의 상태에 도달하는 것이 아니다. 들뢰즈와 가타리에 따르면 마조히스트의 시나리오에는 목적이 없다. 그의 목적은 말에 대한 자신의 이미지를 통해 자신에게 전달된 힘에 스스로 굴복하는 것이다. 말이 인간이 주입시킨 규약에 의해 정의되므로 마조히스트는 그 전달된 규약에 자신을 적용시키고 있는 셈이다. 그는 말의 본능적 '본래의 힘'을 규약화시키는 전달된 힘의 회로에 자신을 연결시켜 자기 자신의 본래적 힘을 정복한다. 따라서 마조히즘은 지금까지 여러 번 확인했듯이 연극적인 것, 허구적인 것, 인공적인 것을 기꺼이 포용한다. 그리고 그 전체적 구조는 '마성(馬性)'이라는 아이디어가 인간에게 재전달하는 그 전달된 힘에 대한 복종 행위이다.

우리는 그 목적이 자연에 대한 인간의 승리 또는 본래적인 것에 대한 전달된 것의 승리를 축하하는 것이 아니라는 것을 알 수 있다. 논의 자체가 놀라울 정도로 자세하게 이를 암시하고 있다. 그러나 들뢰즈와 가타리는 여기에서 자신들의 욕망 이론을 다시 이끌어 내고 있다. 마조히스트의 목적은 자기 자신, 여주인, 말과의 상호 관계에서 '욕망의 장' '기관 없는 신체 또는 일관성의 장'을 구성해 내는 것이다. 전달된 힘의 기원이나 전통적인 이항성과의 관계 그 어느 것도 중요하지 않다. 전달 그 자체가 충동들, 규약들, 힘들이 서로 뒤얽힌 네트워크를 구성한다. 그리고 이것들은 기원도 끝도 없으며 욕망이 이동하면서 경험의 차원을 설정하는 감수성의 복수적 영역을 구성하고 유지한다.

그런데 그것은 도대체 누구의 경험인가? 표면적으로 볼 때 말이나 여주인 못지않게 마조히스트적인 기관 없는 신체를 만들고 다시 만드는 비개성적 공간을 구성하고 있지만 이 문단은 우리가 앞에서 살펴보았던 분명하고도 모순적인 마조히즘적 정치학을 재생산하고 있다. 첫째, 여기에서도 여주인의 역할이 수동적이라는 점이다. 마조히스트 자신이 '실행' 하고 '구성' 하는 곳에서 여주인은 단지 '확인' 시켜 줄 뿐이다. 계획 전체가 그녀에 의해 시작된 것도 아니고 그 계획을 구체화 하고 빛나게 할 능력도 없다. 그녀의 정체성은 무시해도 상관없다. 그녀는 이론화의 진행에 따라 성을 바꾸기도 한다. 그녀의 역할은 단지 마조히즘적 드라마의 정교화를 용이하게 하고 모니터링하는 것일 뿐이며 그 드라마는 그녀로 하여금 기관 없는 신체를 구성하기 위해 필요한 공간을 접하도록 이용할 뿐이므로 당연히 그녀의 드라마도 아니다. 들뢰즈와 가타리는 "마조히스트는 자기 지신, 말, 여주인을 이용하여 기관 없는 신체 또는 일관성의 장을 구성한다"라고 쓰고 있다. 마조히스트는 구성하면서 동시에 이용된다. 여주인은(말과 마찬가지로) 이용되고 있을 뿐이다. 여기에서 권력 분배의 차이는 《모피를 입은 비너스》의 상황을 똑같이 복제하고 있다. 완다의 욕망을 묘사하는 듯이 보이도록 정교하게 구성된 장면을 통해 완다의 주체성과 욕망이 완전히 성취된 것 같지만 결국 그녀의 욕망이 단지 세브린이 자신의 욕망의 허구적 한계를 상상할 필요성 때문에 구성한 것에 불과하다는 것이 명백해진다.

들뢰즈와 가타리의 여성 문제는 앨리스 자르딘, 엘리자베스 그로츠 등도 제기했었던 문제이다. "모든 되기는 여성–되기에서 시작하며 여성–되기를 통한다"(277)라는 주장은 남성 마조히즘의 논리를 반복하고 있는 듯하다. 여성은 어떤 특별한 특권적 상태로서 남성성은 그 여성의 주변에서 성공적으로 그리고 생산적으로 전개된다. 그런데 여기에서 여성성에 대한 우선권이 인정되는 듯하지만 그 여성성이 경험의 가능한 차원으로 인식된다고 말하기는 어렵다. 사실 이것은 마조히즘에서 여성성은 남성적 주체가 아름답게 극화시키고 성취할 수 있는 변화의 몫을 재인식하는 고도로 민감하고 영웅적이기까지 한 순간에 남성적 주체의 소유물로 변하게 될 뿐이라는 실버만의 주장과 동일하다. 《모피를 입은 비너스》의 매질 장면에서 우리는 어떻게 이 드라마가 남성에 의한 여성의 사취, 자아에 의한 타자의 사취를 극화시키는지 살펴본 바 있다. 들뢰즈와 가타리가 "나와 당신의 **혼합**"이라는 말로 마조히스트의 절정의 순간을 표현했을 때 우리는 앞에서의 이와 같은 내용을 다시 한 번 확인하게 된다. 우리는 여기에서 욕망의 일관된 단계가 기관 없는 신체의 상호 관계만을 구성하는 것이 아님을 알게 된다. 마조히스트와 마찬가지로, 그것은 부정하기 위해 차이를 상정하고, 차이가 부재하는 영역으로 흥겹게 용해되기 위해 개별성들을 상정하는 그런 장소를 꿈꾼다. 마조히스트는 구별이 드러나면서 동시에 제거되는 공간을 구성하기 위해 특이성들을 이용한다. 기관 없는 신체도 이와 유사하다. 마조히스트는 말과 여주인을 힘에 대한 복종을 꿈꾸기 위한 방법으로서 상상한다. 그리고 이때 그 힘은 운명적으로 복종과 용해에 연결되어 있다.

　마조히즘에 대한 들뢰즈와 가타리의 묘사는 기관 없는 신체를 차이가 부재하는 지역으로 볼 수 있는 근거를 제공해 준다. 기관 없는 신체에 대한 이전의 정의는 이와 같았다. "사람들은 묻는다. 그런데 이 기관 없는 신체라는 것이 무엇입니까? 그러나 이미 당신들은 그것을 경험하고 있다. 벌레처럼 돌아다니고 눈먼 사람처럼 더듬어가며 또 광인처럼 내달리면서 사막의 여행자와 초원의 유목민처럼 우리는 그것에서 잠자고 깨어나 생활하며 싸우고──싸우고 당하면서──장소를 찾고 알려지지 않은 행복과 환상적인 패배를 경험한다. 그것을 꾀뚫고 꾀뚫리면서 사랑한다"(150). 일관성의 장은 동시에 반대 방향으로 움직이는 충동들을 통해 펼쳐진다. 여기에서 이항대립은 서로를 배척하지 않는다. 그 대신 고유성과 모순이 서로에게 위협이 되지 않는 비

해체적 순간 속에서 공존한다. 실제로 기관 없는 신체는 숭고미의 공간이다. 여기에서 모순 속의 모순은 기존의 모든 논리를 거부하는 불가능성의 실례로서 우리가 취할 수 있는 허구적 인물들을 만들어 낸다. 따라서 우리는 벌레, 눈먼 사람, 사막의 여행자, 유목민 등등이 될 수 있는 것이다. 이러한 유형들은 회고적이다. 한편으로는 가능성과 대안들로 가득 찬 즐겁고 무게도 없는 미래를 향해 우리를 투사하면서 또한 주체적 진정성, 본질주의, 확고함이라는 금지 위주의 그리고 비현실적인 구조들로부터 이탈하는 것을 허용해 주기 때문이다. 결국 요점은 숭고미의 미래가 이미 우리와 함께 있다는 것이다. "당신들은 이미 그것을 경험하고 있다."

나는 지금까지 습관적으로 비이항성의 서로 다른 유형들을 구분해 왔다. 바르트에 대한 논의에서도 우리는 '넘어서'를 상상하는 비이항성과 양자/모두 또는 어느 것도/아닌 형태의 비이항성 사이의 의도적 혼란을 확인할 수 있었다. 앞의 내용에서도 우리는 똑같은 혼란을 확인한다. '넘어서'는 이곳에 있다. 미래는 현재다 등등. 나는 들뢰즈와 가타리의 기관 없는 신체의 구조가 후자 형태의 비이항성을 보여준다고 주장하고 싶다. 그것은 이미 프루스트와 조이스에게서 '마조히즘적 통합적 주체'라는 가면을 쓰고 등장한 바 있다. 우리는 이 소설가들로부터 자기 자신 속에 타자를 포함하며 영원히 지속되는 비이성적인 순환적 포용성 속에서 자신을 타자의 대상으로 상정하는 주체의 구성 또는 성취를 확인할 수 있었다. 따라서 이러한 주체는 기관 없는 신체——'되기'의 세계——의 신격화를 구체화한 것이라고 할 수 있다.

모더니스트 소설에서 보았던 마조히즘의 통합적 주체는 가능한 주체성과 상호 주체성의 그 모든 유동적 장소들이 될 수 있었다. 그는 자신을 모든 것을 포함하며 끝도 없이 반복되고 자아의 모든 방식과 분자들을 새롭게 하는 가설화의 재료이자 방향으로 상상할 수 있었다. 이런 의미에서 그는 자연적으로는 불가능한 모든 대안적 자아들이 될 수 있는 가능성을 상상하고 극화시켰다. 들뢰즈와 가타리의 용어를 빌리자면 **모든 세계가 된다**(마수미의 번역). 즉 모든 사람/모든 것이 되는 것이다. 이 문구는 주체의 마조히즘적 통합화의 모순과 들뢰즈와 가타리가 범주로서의 마조히즘을 거부하는 모순을 포착한다. 모든 사람/모든 것이 됨으로써 나머지의 분열되는 주체는 최소한 서술적으로, 그 자신의 의도라는 기호 아래에서 자기 파괴와 자기 확장을 연출한다. 다음의 내용에는 이 특수한 과정이 어떻게 이루어지는지가 요약되어 있다.

바로 이러한 의미에서 '모든 사람/모든 것-되기,' 세계를 하나의 '되기'로 만든다는 것은 세계이기, 세계 또는 세계들을 만들기, 다시 말해서 구별되지 않는 근접성과 영역들을 발견하는 것이다. 추상적 기계로서의 우주, 세계를 실현하는 집합체로서의 각각의 세계. 만약 누군가가 스스로를 연장시키는 한 개 또는 서너 개의 추상적 계열들로 환원하거나 타자들과 결합되어 즉시 **그** 세계가 되는 **어떤** 세계를 생산한다면 그는 모든 사람/모든 것이 되는 것이다(280).

《자본주의와 정신분열자》에서 우리는 주체성 너머의 세계를 경험하지만 그것은 아직 자아의 행위를 상상하고자 시도하고 있었다. 이 행위는 '되기'라는 말을 통해 공명하는 대리자에서 발생한다. 니체가 《도덕의 계보》에서 경고했던 사항, 즉 문법으로부터 주체를 재형성하고 문법적 대리자가 자아 기능과 일치하기를 바라는 것은 분명 실수일 것이다. 그러나 여기에서 문법적 대리자는 최소한 자아가 무엇이 되든

안정된 경계를 제공해 주는 어떤 모니터링 또는 프로그램화된 일관성을 구성한다.

그러나 여기에서 중요한 것은 자아를 구별 불가능성과 세계로 동시에 변형시키는 것이다. '되기의 인간'은 자신 속의 어떤 구별 요소나 특이한 것을 제거함으로써 모든 사람이 된다. "그를 쳐다본다면 아무 것도 알아차릴 수 없을 것이다. 단지 한 사람의 부르주아, 단지 그것뿐이다"(279). 이렇게 해서 그는 타자를 모방하지 않으면서도 자신을 "하나의 추상적인 계열"(280)로 환원한다. 이렇게 해서 얻게 되는 구별 불가능성은 더 큰 비인격적 구조에 포함된 결과로서 그는 단지 그 구조의 한 구성 요소로 변한다. 그러나 주체는 역사적 사건으로서 이 구조의 주체화와는 관계가 없다. 구조 자체는 추상적인 상태를 유지한다. 구조 자체가 '되기' 그 자체이며 하나의 가상성으로서 라이크의 용어를 빌리자면 주체의 '되기'는 단지 '생각-시연'인 것이다. 이러한 의미에서 주체로서는 세계이기인 그것이 되는 것으로 충분하다. 다시 말해서 세계이기인 것은 세계가 아니라 주체이다. 세계이기라는 행위는 주체의 행위이며 또한 주체의 상태이다. 주체가 그 앞에서 고개를 숙이고 퇴장하는 그러한 이벤트가 아니다.

세계이기는 자아 유형의 한 속성이다. 이 자아는 창조자로서 사라지면서 동시에 자신을 극대화한다.

세계의 새벽에 존재하기. 이것이 인식 불가능성, 구별 불가능성, 비개성성이라는 세 가지 덕목들의 연결 관계이다. 스스로를 추상적 계열이나 어떤 흔적으로 환원하여 다른 흔적들과의 구별 불가능성의 영역을 발견하고 이렇게 해서 비개성적인 창조자 자체의 상태가 되기. 이렇게 해서 그는 풀이 된다. 그는 세계를 만들었다. 모든 사람/모든 것이며 '되기'이다. 그는 서로 소통되는 세계를 만들었기 때문이다. 우리가 사물들 속에 미끄러져 들어가고 사물들 사이에서 생장하는 것을 방해하는 모든 것들을 자신 속에 상정했기 때문이다. 그는 '모든 것'을 결합시켰다. 부정관사, 부정사적 '되기,' 고유명사까지도. 포화시키고 제거하고 모든 것을 집어넣는다(280).

모든 것을 결합시킴으로써 그는 단지 다른 것들 중 하나일 가능성, 소통되지 않는 공간 속으로 사라져 버릴 가능성을 제기한다. 세계-'되기'는 사물들간의 모든 소통 가능성을 동시에 열어 놓는다. 이렇게 해서 주체의 세계-'되기'는 모든 것을 하나의 세계로 만든다. "그는 세계를 만들었다. 모든 사람/모든 것이며 '되기'이다." 여기에서 주체의 세계-'되기'는 모든 것을 전체화시켰을 때 그 전체화의 의미이며 영감이다. 세계 속에서 자아의 상실은 세계의 '되기'의 모델로서 그 자아를 계속 유지한다. 자아와 세계의 '되기'는 서로를 비추고 상정한다.

이와 같이 들뢰즈와 가타리의 '되기'는 포괄적이다. 그것은 "모든 것을 집어넣는다." 그것은 일관된 저주의 담론과 윤리적 방향성에 종속되어 있는 자아 그리고 그 자아의 파괴와 전체화를 동시에 상상한다. 자기 자신이 '되기'는 주체성의 이러한 상태를 넘어서는 투사, 어떤 '넘어서' 또는 종착지는 아닐지라도 최소한 어떤 미래인 그 이후의 날에 대한 투사로 남는다. 주체의 세계-'되기'는 '세계의 새벽'에 존재한다. 주체의 미래를 표시해 주는 숭고미의 수사학처럼 '되기'는 미지의 결과, 즉 정의되기를 거부하지만 그 무한함 속에서 넓게 확장되며 더 밝은 빛으로 유혹하는 열린 공간을 상상한다. 이 불가능한 공간이 바로 들뢰즈와 가타리의 숭고미의 장소이다.

우리가 살펴본 바와 같이 후기구조주의자의 담론에서 '넘어서'의 비이항성과 양자/모두 또는 어떤 것도/아닌의 비이항성 사이에는 미끄러짐이 있다. 세계-'되기'는 후자가 전자의 형태를 띠고 있는 것이다. 그리고 이 미끄러짐 속에서 후기구조주의와 마조히즘의 관계가 포착된다. 마조히즘은 권력에 대한 독특한 현대적 경험으로서 여기에서 주체는 권력의 극대화와 파괴가 동일해지는 구조 속에서 승천을 상상한다. 마조히즘의 고유한 지역이자 언어로서 또는 종착지로서 숭고미가 선택되는 것은 이러한 모순 때문이다. 이 실험을 다시 한 번 인식하고 다루어 보고자 하는 두 번의(서로 연관되고 일치되는) 시도가 있었다. 첫째는 주체를 다시 만들고자 하는 후기구조주의의 정치 이론들이고 둘째는 1970년대부터 생겨난 성적 '실험'으로서의 교감적 사도마조히즘이다. 후자는 마조히즘적 권력 구조를 통제되거나 또는 자유롭게 해방된 어떤 '포스트 페미니즘'의 공간 내에서 재생산하고자 했다. 전자는 마조히즘적 차이의 부재를 폭발적이고 열린 차연으로 다룸으로써 마조히즘적 권력 구조를 하나의 급진주의로 재구성하고자 했다. 이렇게 해서 전자는 권력의 확고함이나 지속성과는 양립할 수 없으며 마조히즘적 역동성 내에서만 가능한 어떤 것을 상정하면서 자아의 급진적 분열을 계속해서 언급하고 끝없이 찬미한다. 자아의 새로운 가능성들이 최소한 수사학적으로나마 투사될 수 있는 어떤 '넘어서'를 기대함으로써 후기구조주의는 마조히즘적 권력의 작용이 의존하는 숭고미를 재생산하는 결과를 가져왔다. 차연의 숭고성은 결국 주체의 해방이라기보다는 주체가 마조히즘적 논리를 성취하는 척도라고 할 수 있다.

후기구조주의는 주체를 인간성을 다시 만드는 급진적인 장소로 보려는 시도를 포기하지 않았다. 그러나 마조히즘은 자아-만들기와 자아-다시 만들기의 모순된 정치학이 얼마나 자유롭지 못한 것이며 진보적이지 못한지 분명히 볼 수 있게 해준다. 후기구조주의는 마조히즘적 정치학의 잔존물을 드러낸다는 의미에서 이 독특한 권력 구조의 지속이나 성취가 아니다. 그러나 그것이 마조히즘이 도착한 후에 발생했다는 것은 우연이 아니다. 마조히즘은 영원히 스스로를 부정하는 상태에서 작용하는 그러한 권력의 가능성을 계획했다. 후기구조주의 역시 가장 순수한 형태에서조차 권력을 지속적으로 의심하고 시험하는 상태나 존재의 가능성으로서 발생했다. 그리고 이 두 가지 모두 절대적인 용어로는 더 이상 찾아낼 수 없는 그런 권력을 다루고자 했다. 리오타르에 따르면 후기구조주의는 "우리가 이미 전체적인 것 그리고 단일한 것에 대한 향수를 위해 너무나 값비싼 대가를 치렀다"(리오타르 1984, 81)는 사실을 의식하면서 생겨났다. 끝없이 재분배되는 권력이라는 것의 의미는 두 번 다시 중심을 차지할 수 없는 권력에 대해 공감하고 그러한 권력을 주장하면서 동시에 이를 인식하고 거부하는 가능성들을 열어두는 방법인 듯이 보인다는 데 있다. 그러나 마조히즘은 단일한 방향으로 이루어지는 권력의 붕괴라는 것이 또 다른 모순적이고 자아 부정적인 권력, 자신을 파괴하는 행위를 통해 자신을 강화하고 영속화시키는 권력, 적대자를 자신의 일부로 만들어 그의 실험을 선점하고 그의 정치학을 일종의 예술로 만들어 버리는 그러한 권력을 이해하는 데에는 적합하지 않다는 사실을 보여준다.

결 론

    포스트모던 시대에 살면서 우리는 이제 우리의 삶을 구성하고 부수는 권력의 구조가 과연 명료하게 드러날 수 있을지에 대한 감각 자체를 잃어버렸는지도 모른다. 그러나 또 한편으로 지금처럼 권력이 우리 가까이에 있다고 느껴본 적도 없을 것이다. 우리는 권력의 위협을 받으며 살고 있다. 후기구조주의에서 권력과 관련된 주체성의 이론화는 서양사에서 기념비적인 일이다. 물질적인 것의 폭력과 유입으로부터 우리를 보호해 준다고 생각하는 장막들——정신적인 것——은 이론적 또는 수사학적 효율성을 빼앗기고 말았다. 우리는 권력의 구현이며 이제 권력은 우리에게 낯선 것도 아니고 우리의 소유물도 아니다.

    따라서 급진적인 성의 실천에서 권력 문제가 제기되는 것은 당연하다고 할 수 있을 것이다. 이미 언급한 바와 같이, 현재의 학문적 논의에서 가장 타당성이 적은 것들 중 하나가 권력에 대한 지속적인 저주이다. 마치 권력이 언제나 나쁜 것이고 우리의 주체성 내에서 권력을 다룰 때조차도 이미 그리고 언제나 이질적인 것으로 보기 때문이다. 현재 진행되고 있는 교감적 사도마조히즘의 실천은 이러한 나쁜 믿음에서 벗어나고자 하는 시도이다. 사도마조히즘의 옹호론자들은 그것이 다른 정치학이나 문화에서와 같은 안정되고 억압적인 지배 구조를 생산하지 않으면서도 권력에 매혹된 실천자의 모습을 보여준다고 주장한다. 이렇게 해서 사도마조히즘은 권력을 통제하고 권력의 유희를 원하는 자들이 후원하는 공간에서 권력을 재생산하기를 희망한다. 어떤 의미에서 이 실험은 주네를 연상시킨다. 자신들의 제도적 위치를 인식하고 있는 자들은 끊임없이 스스로를 권력의 희생자로 만들지만 그 권력을 혐오하거나 권력을 너머서는 어떤 유토피아를 상상하지는 않는다. 오히려 그들은 자신들이 통제할 수 있는 공간을 정의하여 그곳에서 자신들의 기준에 따라 권력과 유희를 즐긴다. 따라서 교감적 사도마조히즘과 레즈비언/게이 문화 사이에 강한 연계성이 있다는 것은 당연한 일이다.

나의 목적은 이러한 선택 또는 이 선택이 야기시킨 토론을 비판하거나 승인하고자 하는 것이 아니다. 성적 문맥에서의 권력 실험은 생산적인 아이디어인 것 같다. 그러나 내가 의도하는 바는 권력 그 자체가 20세기 전반에 걸쳐 점점 더 마조히즘적 방식으로 작용해 왔다는 인식을 일깨우는 것이다. 권력의 노골적인 구조적 소유권은——가장 전통적인 권력을 행사하는 사람들 사이에서도——영원한 부인(否認)에 자리를 내주고 말았다. 나의 목표는 이 부인이 역사적으로 남성성과 동일시되어 왔던 어떤 현대적 주체성의 한 유형이 가지고 있는 구조의 일부라는 것을 보여주는 것이다. 이 주체성은 종잡을 수 없을 정도로 모순적이고 통합적이다. 어느 것도 낯설지 않고 어느 것도 그것의 외부에 있지 않으며 들뢰즈와 가타리의 용어를 빌리자면 모든 사람/모든 것이 될 수 있다. 그것은 타자성을 부추긴다. 타자성은 자신의 가능한 영역의 일부이기 때문이다. 또한 궁극적으로 확고함을 유지하면서 자신을 위반하고 해체한다. 타인들에게 권력을 분배하지만 결코 조금의 권력도 포기하지 않는다.

따라서 나의 연구는 남근중심주의를 거부하는(남성적) 권력의 모델을 보여주는 것이다. 우리는 남성적 권력이 본질주의, 남근, 이항성에 투자되어 있다는 사실을 너무나 쉽게 믿게 되었다. 마조히즘은 남성성이 단순히 이항성의 해체를 통해서 도전할 수 있는 대상이 아니며 거세마저도 수용할 수 있는 그러한 권력을 작용시킬 수 있다는 것을 보여준다. 따라서 급진적 사도마조히즘이 위협적인 묘사에 영향을 받지 않을 뿐 아니라 같은 방식으로 스스로를 묘사할 수 있는 권력을 목표로 한 또 다른 문화적 제스처 이상의 것이 되려면 이러한 복잡한 논리를 이해해야만 한다.

사모이즈가 편집한 사도마조히즘에 대한 글과 그림의 모음집 《권력을 향해서》에서 바바라 로즈는 보수적인 마조히즘적 문화의 여러 표현들을 반복하고 있는 듯하다. 그녀는 사도마조히즘에 대해 이렇게 쓰고 있다.

그것은 이전에 결코 꿈꾸어 본 적이 없는 가능성들, 환상들에 나의 몸과 마음을 주고, 믿고, 열어 주는 것이다. 나는 그녀의 노예, 하인, 선생, 어머니가 될 수 있다. 나는 어느 것이나 될 수 있고 누구든 될 수 있다. 나는 나 자신의 연인이다. 그녀는 나의 일부이고 나는 그녀의 일부이다. 그녀는 나를 해치지 않을 것이다. 나를 이끄는 것, 그녀가 공유하는 것은 바로 나의 욕망이기 때문이다. 나는 그녀가 웃을 때 꼬집고 내 얼굴을 때린다. 나의 음부와 복부를 느끼며 숨을 멈춘다. 그녀는 내게 깊이 키스한다. 나는 이 고통, 이 쾌락의 차이를 구별하지 못하고 구별하고자 하지도 않는다. 나는 나의 신체이다. 그 이상 어느 것도 아니다 (사모이즈 1987, 14-15).

여기에는 내가 지금껏 살펴보았던 마조히즘적 주체성의 모든 요소들이 묘사되어 있다. 무엇보다도 쾌락과 고통 사이의 차이의 부재, 거대하고 복잡하며 포괄적인 내재성을 만들어 내는("나는 나 자신의 연인이다") 자아와 타자 사이의 차이의 상실, 가능성이라는 말로 표현될 수 없는 숭고미에 대한 언급. 물론 이러한 종류의 사도마조히즘이 단순히 권력을 반복한다는 의미는 아니다. 《권력을 향해서》의 다른 작가들이 주장하듯이 레즈비언 사도마조히즘은 문화 전반에 걸친 성적 권력의 구조적 차별로부터 더 쉽게 자신을 제거할 수 있다. 따라서 좀 더 쉽게 그리고 분명하게 권력 관계를 역전시키고(사모이즈 1987, 187을 볼 것) 권력을 충분히 다룰 수 있는 것으로 묘사할 수 있다. 그러나 교감적 사도마조히즘은 디루어야 할 문화적 역사가 길다는 깃을 깨달아야 한다. 그렇지 않으면 그것이 자아 혐오적인 권력이 정치적으로 무엇인가를 성취할 것이라는 후기구조주의의 꿈을 소비해 버렸듯이 이 역사가 그것을 소비해 버릴 것이다.

마조히즘에 대한 이 논의의 마지막 문제는 주체성의 정치학이라는 것이 과연 가능한가라는 것이다. 나는 이 문제에 만족스러운 대답을 할 능력이 없다. 그러나 우리는 권력이 얼마나 유동적인 것인지를 알아야 하며 우리가 가장 떳떳하게 그것을 위반하는 순간에 그것이 요구하는 것에 어떻게 순응할 수 있을지를 알고 있어야 할 필요가 있다. 이 연구는 단지 우리를 권력의 마조히즘적 차원을 다룰 수 있는 문화정치적 행위의 출발점까지만 안내할 뿐이다. 내부에 위치한 타자성의 축복, 숭고한 가능성에 대한 언급 등 주체성에 바탕을 둔 정치학은 거의 언제나 마조히즘의 형태로의 귀환을 포함한다. 우리가 거부해야 하는 것은 바로 이러한 여러 가지의 수사학적 유혹들이다. 이것은 정치학을 더 천박한 실천으로 만들어 버리는 것처럼 보일 수도 있을 것이다. 그러나 정치학의 천박함이 여기에서 시작된 것은 아니라고 말하는 것으로 충분할 것이다.

참고 문헌

Barthes, Roland. *The Pleasure of the Text*. Translated by Richard Miller. New York: Hill and Wang, 1975.

—— *A Lover's Discourse: Fragments*. Translated by Richard Howard. Harmondsworth: Penguin Books, 1990.

Bataille, Georges. *Story of the Eye*. Translated by Joachim Neugroschal. Harmondsworth: Penguin Books, 1982.

—— *Erotism: Death and Sensuality*. Translated by Mary Dalwood. San Francisco: City Lights Books, 1986.

Baumeister, Roy F. *Masochism and the Self*. Hillsdale: Lawrence Erlbaum Associates, 1989.

Beckett, Samuel. *The Beckett Trilogy*. London: Picador, 1979.

Bernauer, James, and David Rasmussen, eds. *The Final Foucault*. Cambridge: MIT Press, 1988.

Bersani, Leo. *The Freudian Body*. New York: Columbia University Press, 1986.

—— ⟨Is the Rectum a Grave?⟩ In *AIDS: Cultural Analysis, Cultural Activism*, edited by Douglas Crimp. Cambridge: MIT Press, 1989, 197–222.

Blincoe, Nicholas. ⟨Deleuze & Masochism⟩. In *Deleuze & the Transcendental Unconscious*, edited by Joan Broadhurst. Warwick: University of Warwick Press, 1992, 81–96.

Boundas, Constantin V., and Dorothea Olkowski, eds. *Gilles Deleuze and the Theater of Philosophy*. New York: Routledge, 1994.

Boyne, Roy. *Foucault and Derrida: The Other Side of Reason*. London: Unwin Hyman, 1990.

Cadava, Eduardo, Peter Connor, and Jean-Luc Nancy, eds. *Who Comes after the Subject?* New York: Routledge, 1991.

Caplan, Paula J. *Women's Masochism: The Myth Destroyed.* London: Mandarin, 1989.

Champagne, Roland A. ⟨The Engendered Blow Job: Bakhtin's Comic Dismenberment and the Pornography of Georges Bataille's *Story of the Eye*⟩, *Humor*, 3 no. 2(1990): 177-91.

Chénieux-Gendron, Jacqueline. ⟨La position du sujet chez Breton et Bataille⟩. In *L'Objet au Défi*, edited by Jacqueline Chénieux-Gendron and Marie-Claire Dumas. Paris: Presses Universitaires de France, 1983, 59-76.

Cixous, Hélène. ⟨The Laugh of the Medusa⟩. Translated by Keith Cohen and Paula Cohen. *Sings* 1, no. 4(1976): 875-93.

Creet, Julia. ⟨Daughter of the Movement: The Psychodynamics of Lesbian S/M Fantasy⟩. *Differences* 3, no. 2(1991): 135-59.

Dean, Carolyn J. *The Self and Its Pleasures: Bataille, Lacan, and the History of the Decentered Subject.* Ithaca: Cornell University Press, 1992.

De Lauretis, Teresa. ⟨Sexual Indifference and Lesbian Representation⟩. *Theatre Journal* 40, no. 2(1988): 155-77.

—— *The Practice of Love: Lesbian Sexuality and Perverse Desire.* Blooming-ton: Indiana University Press, 1994.

Deleuze, Gilles. *Foucault.* Paris: Les Editions de Minuit, 1986.

—— ⟨Coldness and Cruelty⟩. In *Masochism* by Gilles Deleuze and Leopold von Sacher-Masoch. Translated by Jean McNeil. New York: Zone Books, 1989, 9-138.

—— *Critique et Clinique*, Paris: Les Editions de Minuit, 1993.

Deleuze, Gilles, and Felix Guattari. *Capitalism and Schizophrenia.* Vol. 2, *A Thousand Plateaus.* Translated by Brian Massumi. Minneapolis: University of Minnesota Press, 1987.

Derrida, Jacques. ⟨From Restricted to General Economy: An Hegelianism without Reserve⟩. In *Writing and Difference*, translated by Alan Bass. London: Routledge & Kegan Paul, 1978, 251-77.

—— *Glas*. Translated by John P. Leavey, Jr. and Richard Rand. Lincoln and London: University of Nebraska Press, 1986.

Dollimore, Jonathan. *Sexual Dissidence: Augustine to Wilde, Freud to Foucault*. Oxford: Clarendon Press, 1991.

During, Simon. *Foucault and Literature: Towards a Genealogy of Writing*. London: Routledge, 1992.

Foucault, Michel. 〈A Preface to Transgression〉. In *Language, Counter-Memory, Practice: Selected Essays and Interviews*, edited by Donald F. Bouchard and translated by Donald F. Bouchard and Sherry Simon. Ithaca: Cornell University Press, 1977, 29–52.

—— *The History of Sexuality*. Vol. 1, *An Introduction*. Translated by Robert Hurley. New York: Vintage Books, 1980.

—— 〈The Subject and Power〉. In *Michel Foucault: Beyond Structuralism and Hermeneutics*, edited by Hubert L. Dreyfus and Paul Rabinow. Brighton: The Harvester Press, 1982, 208–26.

—— 〈What Is Enlightenment?〉 In *The Foucault Reader*, edited by Paul Rabinow. Harmondsworth: Penguin Books, 1984. 32–50.

—— *The History of Sexuality*. Vol. 2, *The Use of Pleasure*. Translated by Robert Hurley. New York: Vintage Books, 1986.

—— 〈The Ethic of Care for the Self as a Practice of Freedom: An Interview with J. D. Gauthier SJ〉. In *The Final Foucault*, edited by James Bernauer and David Rasmussen. Cambridge: MIT Press, 1988, 1–20.

—— *The History of Sexuality*. Vol. 3, *The Care of the Self*. Translated by Robert Hurley. Harmondsworth: Penguin Books, 1990.

Freud, Sigmund. 〈Three Essays on the Theory of Sexuality〉. In *On Sexuality*, edited by Angela Richards and translated by James Strachey. 1905. Harmondsworth: Penguin Books, 1977, 33–169.

—— 〈A Child Is Being Beaten: A Contribution to the Study of the Origin of Sexual Perversions〉. In *On Psychopathology*. edited by Angela Richards and translated by James Strachey. 1919. Harmondsworth:

Penguin Books, 1979, 159−93.

—— 〈The Economic Problem of Masochim〉. In *On Metapsychology,* edited by Angela Richards and translated by James Strachey. 1924. Harmonds−worth: Penguin Books, 1984, 409−26.

Gallop, Jane. *Intersections: A Reading of Sade with Bataille, Blanchot and Klossowski.* Lincoln: University of Nebraska Press, 1981.

Garber, Marjorie. *Vested Interests: Cross−Dressing and Cultural Anxiety.* Harmondsworth: Penguin Books, 1993.

Genet, Jean. *Miracle of the Rose.* Translated by Bernard Frechtman. Harmondsworth: Penguin Books, 1965.

Gray, Margaret E. *Postmodern Proust.* Philadelphia: University of Pennsylvania Press, 1992.

Haraway, Donna J. *Simians, Cyborgs, Women: The Reinvention of Nature.* London: Free Association, 1991.

Hart, Lynda. 〈Blood, Piss and Tears: The Queer Real〉. *Textual Practice* 9, no. 1(1995): 55−66.

Heimonet, Jean−Michel. 〈From Bataille to Derrida: *Différance* and Heterology〉, *Stanford French Review* 12, no. 1(1988) 129−147.

Jardine, Alice A. *Gynesis: Configurations of Woman and Modernity.* Ithaca and London: Cornell University Press, 1985.

Joyce, James. *Ulysses.* Edited by Hans Walter Gabler with Wolfhard Steppe and Claus Melchior. Harmondsworth: Penguin Books, 1986.

Kant, Immanuel. *Critique of Judgment.* Translated by Werner S. Pluhar. Indianapolis: Hackett Publishing Company, 1987.

Krafft−Ebing, R. von. *Psychopathia Sexualis.* Translated by F. S. Klaf. London: Staples Press, 1965.

Kritzman, Lawrence D. *Michel Foucault: Politics, Philosophy, Culture: Interviews and Other Writings 1977−1984.* Translated by Alan Sheridan et al. London: Routledge, 1988.

Land, Nick. *The Thirst for Annihilation: Georges Bataille and Virulent*

Nihilism. London: Routledge, 1992.

Lemert, Charles C., and Garth Gillan. *Michel Foucault: Social Theory and Transgression*. New York: Columbia University Press, 1982.

Lenzer, Gertrud. 〈On Masochism: A Contribution to the History of a Phantasy and Its Theory〉. *Sings* 1(1975): 277−324.

Lyotard, Jean−François. *The Postmodern Condition: A Report on Knowledge*. Translated by Geoff Bennington and Brian Massumi. Manchester: Manchester University Press, 1984.

—— 〈The Sublime and the Avant−Garde〉. In *Postmodernism: A Reader*, edited by Thomas Docherty. Hemel Hempstead: Harvester Wheatsheaf, 1993, 244−56.

—— *Lessons on the Analytic of the Sublime*. Translated by Elizabeth Rottenburg. Stanford: Stanford University Press, 1994.

McWhorter, Ladelle. 〈Foucault's Analytics of Power〉. In *Crises in Continental Philosophy*, edited by Arleen B. Dallery and Charles E. Scott. Albany: SUNY Press, 1990.

Martin, Luther H., Huck Gutman, and Patrick H. Hutton, eds. *Technologies of the Self*. Amherst: University of Massachusetts Press, 1988.

Millot, Catherine. 〈Not Yet Virgin〉. *James Joyce Quarterly* 29, no. 1(1991): 43−46.

Morel Renée. 〈Plaisir de déplaisir ou désir dans le réalisme et le masochisme〉. *Paroles Gelées* 6(1988): 23−40.

Pfeil, Fred. *White Guys: Studies in Postmodern Domination and Difference*. London: Verso, 1995.

Plunka, Gene A. *The Rites of Passage of Jean Genet: The Art and Aesthetics of Risk Taking*. Cranbury: Associated Universities Presses, 1992.

Probyn, Elspeth. *Sexing the Self: Gendered Positions in Cultural Studies*. London and New York: Routledge, 1993.

Proust, Marcel. *Remembrance of Things Past*. Translated by C. K. Scott Moncrieff, Terence Kilmartin, and Andreas Mayor. Harmondsworth:

Penguin Books, 1983.

Rajchman, John. *Michel Foucault: The Freedom of Philosophy.* New York: Columbia University Press, 1985.

Reik, Theodor. *Masochism in Modern Man.* Translated by Margaret H. Beigel and Gertrud M. Kurth. New York: Farrar, Strauss and Company, 1941.

Restuccia, Frances L. *Joyce and the Law of the Father.* New Haven: Yale University Press, 1989.

Running—Johnson, Cynthia. 〈The Medusa's Tale: Feminine Writing and 'La Genet'〉. *Romanic Review* 80, no. 3(1989): 483−95.

Sacher—Masoch, Leopold von. *Venus in Furs.* Translated by Uwe Moeller and Laura Lindgren. New York: Blast Books, 1989.

Samois. *Coming to Power: Writings and Graphics on Lesbian S/M.* Boston: Alyson Publications Inc., 1987.

Sartre, Jean—Paul. *Being and Nothingness.* Translated by Hazel E. Barnes. New York: Washington Square Press, 1956.

―――― *Saint Genet: Actor & Martyr.* Translated by Bernard Frechtman. London: Heinneman, 1963.

Saylor, Douglas B. *The Sadomasochistic Homotext: Readings in Sade, Balzac and Proust.* New York: Peter Lang, 1993.

Schad—Somers, Susanne P. *Sadomasochism: Etiology and Treatment.* New York: Human Sciences Press, 1982.

Sedgwick, Eve Kosofsky. *Between Men: English Literature and Male Homosocial Desire.* New York: Columbia University Press, 1985.

―――― *Epistemology of the Closet.* London: Penguin, 1990.

Shaviro, Steven. *Passion and Excess: Blanchot, Bataille and Literary Theory.* Tallahassee: Florida State University Press, 1990.

Siegel, Carol. *Male Masochism: Modern Revisions of the Story of Love.* Bloomington: Indiana University Press, 1995.

Silverman, Kaja. 〈Masochism and Male Subjectivity〉. *Camera Obscura* 17 (1988) 31−68.

—— *Male Subjectivity at the Margins*. New York: Routledge, 1992.

Stallybrass, Peter, and Allon White. *The Politics and Poetics of Transgression*. London: Methuen, 1986.

Stambolian. George, and Elaine Marks, eds. *Homosexualities and French Literature*. Ithaca: Cornell University Press, 1979.

Stoekl, Allan. *Politics, Writing, Mutilation: The Cases of Bataille, Blanchot, Roussel, Leiris and Ponge*. Minneapolis: University of Minnesota Press, 1985.

Studlar, Gaylyn. *In the Realm of Pleasure: Von Sternberg, Dietrich, and the Masochistic Aesthetic*. Urbana: University of Illinois Press, 1988.

Suleiman, Susan Rubin. 〈Pomography, Transgression and the Avant—Garde: Bataille's *Story of the Eye*〉. In *The Poetics of Gender*, edited by Nancy K. Miller. New York: Columbia University Press, 1986, 177—36.

—— *Subversive Intent: Gender, Politics and the Avant—Garde*. Cambridge: Harvard University Press, 1990.

Todd, Jane Marie. 〈Autobiography and the Case of the Signature: Reading Derrida's *Glas*〉. *Comparative Literature* 38, no. 1(1986): 1—19.

색 인

이강훈
한국외국어대학교 졸업
동대학원 졸업, 문학박사

문예신서
359

마조히즘

초판발행 : 2008년 10월 15일

東文選
제10-64호, 78. 12. 16 등록
110-300 서울 종로구 관훈동 74번지
전화 : 737-2795

편집설계 : 李姃롯

ISBN 978-89-8038-642-0 94160

東文選 文藝新書 273

중 립

롤랑 바르트
김웅권 옮김

　본서는 바르트가 타계하기 3년 전 콜레주 드 프랑스에 취임한
뒤 두번째 해의 강의를 위해 준비한 노트를 엮어낸 것이다. 강의
의 제목은 '중립'이다. 중립은 프랑스어 낱말 'neutre'를 옮긴 것
인데, 중성이란 문법적 의미도 있다. 바르트 역시 이 문법적 용어
로부터 일반적인 범주를 도출해 중립이라는 포괄적 주제를 선정
했음을 밝히고 있다. 따라서 그것은 경우에 따라 중립과 중성으
로 번역되었다.

　본서에 대한 해설이나 소개는 '일러두기'와 '서문,' 혹은 바르
트가 쓴 '요약문'에 담겨 있다. 독자는 학자와 예술가−작가로서
원숙기에 다다른 바르트가 전개하는 자유자재하고 폭넓은 사유
의 움직임과 흐름을 맛보는 즐거움을 얻을 수 있으리라 기대된
다. 바르트는 첫번째 강의, '어떻게 더불어 살 것인가'에서와 마
찬가지로 이 강의에서도 동양의 선불교와 도가 사상 등을 수용
하면서 동·서양을 넘나드는 지적 유희를 하고 있다. 그가 일본
을 여행했을 때 '탈중심화된' 문화에 충격을 받아《기호의 제국》
을 쓴 이래로 변화한 그의 사유의 움직임은 지구촌 차원에서 폭
넓게 전개되고 있다. 독자는 그의 강의가 보여 주는 사유의 한
전형을 통해 많은 것을 생각할 수 있으리라 기대된다.

東文選 文藝新書 229

폴 리쾨르

프랑수아 도스

이봉지/한택수/선미라/김지혜 옮김

　오늘날 세기말의 커다란 문제점들을 밝히기 위해 철학이 복귀한다. 이 회귀가 표현하는 의미의 탐색은 폴 리쾨르라는 인물과 그의 도정을 피할 수 없다. 30년대부터 그는 항상 자신의 사유를 사회 참여의 한 형태로 생각했다. 금세기에 계속적으로 미친 그의 영향력은 부인될 수 없을 것이다. 대사상가라기보다는 지도적 사상가로서 그의 작업은 가장 다양한 분야에서 영감의 주된 원천이 됐다.

　프랑수아 도스는 《구조주의의 역사》를 쓰면서 이러한 생각이 60-70년대에 얼마나 무시되었는지 평가했다. 역사가로서 그는 이 책에서 프랑스의 반성적 전통, 대륙적이라 불리는 철학, 그리고 분석적 철학의 교차점에서 각각의 기여를 유기적으로 결합시키려는 변함없는 관심을 가지고 작업한, 위대한 사상가를 정당하게 평가하려는 지적 전기를 구현한다.

　1백70명의 증인을 대상으로 한 폭넓은 조사와 폴 리쾨르의 작업에 대한 철저한 연구 덕택에 저자는 그의 일관된 사상의 도정을 서술하고, 시사성에 대한 관심으로 여러 차례 반복된 사상의 새로운 전개를 회상시킨다. 저서뿐만 아니라 추억의 장소(동포모제의 수용소, 샹봉쉬르리뇽, 스트라스부르, 소르본대학, 하얀 담의 집, 낭테르대학, 시카고…)와 그가 속했던 그룹(가브리엘 마르셀의 서클, 사회그리스도교, 《에스프리》, 현상학연구소…)을 통해 다원적이고 동시에 통일적인 정체성이 그려진다. 계속해서 적응해야 한다는 의미에서 다원적이지만, 항상 학자적인 삶을 일관성 있게 지키려 했다는 의미에서 통일적이다.

　이러한 시나리오를 자극하는 열정은 새로운 기사상을 세우려는 것을 목적으로 하지 않는다. 저자는 단지 마음을 터놓는 지혜의 원천인 폴 리쾨르의 헌신을 나누고 싶어한다. 이 도정은 회의주의와 견유주의에 굴복하지 말 것과, 언제나 다시 손질된 기억을 통해 희망의 길을 되찾을 것을 권유한다.

東文選 文藝新書 223

담화 속의 논증

루스 아모시

장인봉 [외] 옮김

어떻게 상대방을 설득할 것인가? 이는 사용하는 형태나 수단에 관계 없이 모든 의사 소통이 공통적으로 추구하는 바이다. 특히 언어 활동을 통한 의사 소통에서는 나와 의견이 다르거나 무관심하던 '그들'을 나에게 공감하는 '우리'로 만들기 위해 끊임없이 언어로부터 풍부한 자원을 끌어온다.

전통적으로 고대 그리스의 수사학은 이런 설득술을 중시하였다. 하지만 수 세기를 거치면서 수사학은 논증 차원이 배제되고 표현에만 치중하는 말장난으로 폄하되는 수모를 감수해야 했다. 다행히 뒤늦게나마 20세기 중반부터 시작된 수사학에 대한 재평가와 함께 논증에 대한 연구도 활성화되고 있다. 이 책의 저자 루스 아모시 교수는 수사학적 전통과 화용론을 토대로 논증을 연구한다. 화자에 의한 언어 활동으로서의 '담화' 안에서 진행되는 논증 작용을 보여 주기위해 다양한 장르의 담화를 분석 대상으로 삼는다. 국회 연설, 여성 운동 전단지, 신문이나 잡지에 실린 논쟁, 문학 작품에 이르기까지 그 대상은 다양하다. 따라서 논증에 쓰인발화 작용 장치를 연구하는 화용론뿐 아니라, 청중을 설득하고자 하는 정치·법정·광고 등 각 분야에서 참고할 만한좋은 읽을 거리를 제공할 것이다.

東文選 文藝新書 242

문학은 무슨
생각을 하는가?

피에르 마슈레

서민원 옮김

문학과 철학은 어쩔 도리 없이 '엉켜' 있다. 적어도 역사가 그들 사이를 공식적으로 갈라 놓기 전까지는 말이다. 이 순간은 18세기 말엽이었고, 이때부터 '문학'이라는 용어는 그 현대적인 의미에서 사용되기 시작하였다.

문학이 독자들에게 제공하는 즐거움과는 우선 분리시켜 생각하더라도 과연 문학은 철학적 가르침과는 전연 상관이 없는 것일까? 사드·스탈 부인·조르주 상드·위고·플로베르·바타유·러셀·셀린·크노와 같은 작가들의, 문학 장르와 시대를 가로지르는 작품 분석을 통해 이 책은 위의 질문에 긍정적인 대답을 하고 있다. 왜냐하면 문학은 그 기능상 단순히 미학적인 내기에만 부응하지 않는 명상적인 기능, 즉 진정한 사유의 기재이기 때문이다. 이미 널리 인정되고 있는 과학철학 사상과 나란한 위치에 이제는 그 문체로 진실의 효과를 창출하고 있는 문학철학 사상을 가져다 놓아야 할 때이다.

피에르 마슈레는 팡테옹-소르본 파리 1대학의 부교수이다. 주요 저서로는 《문학 생산 이론을 위하여》(마스페로, 1966), 《헤겔 또는 스피노자》(마스페로, 1979), 《오귀스트 콩트. 철학과 제 과학들》(PUF, 1989) 등이 있다.

東文選 文藝新書 251

어떻게 더불어 살 것인가

롤랑 바르트
김웅권 옮김

■ 롤랑 바르트의 풍요롭고 창조적인 기록들

본서는 바르트가 타계하기 3년 전 콜레주 드 프랑스에 취임하여 첫 해의 강의와 세미나를 위해 준비한 노트를 엮어낸 것이다. 따라서 강의를 위한 것과 세미나를 위한 것, 두 부분으로 나누어진다.

제도적·지적 차원에서 불가분의 관계에 있는 세미나와 강의는 대립과 보완의 작용을 한다. 더불어 살기의 어두운 면을 나타내는 것은 세미나이고, 반면에 그것의 보다 빛나는 면을 설명하고 하나의 유토피아의 의지적 탐구에 뛰어드는 것은 강의이다.

■동·서양을 넘나드는 지적 유희

"이 교수직의 취임 강의에서, 우리는 연구를 연구자의 상상계에 연결시킬 수 있는 가능성을 전제했다. 금년에 우리는 다음과 같은 특별한 상상계를 탐사하고자 했다. 그것은 '더불어 살기'의 모든 형태들(사회·팔랑스테르·가정·커플)이 아니라, 주로 동거가 개인적 자유를 배제하지 않는 매우 제한된 집단의 '더불어 살기'이다."

바르트의 본 강의는 그만의 독특한 양식(style)을 창조하는 하나의 예술 작품으로 이해해야 할 것이다. 어떤 주제를 놓고 우연에 의지하여 단상들을 펼쳐 가는 방식은 예술적 창조의 작업으로서 하나의 양식을 낳고 있다.

독자는 학자와 예술가−작가로서 원숙기에 다다른 바르트가 전개하는 자유자재롭고 폭넓은 사유의 움직임과 흐름을 맛보는 즐거움을 얻을 수 있을 것이며, 경우에 따라 그의 강의에 담겨 있는 독창적 발상들로부터 많은 아이디어를 얻을 수 있으리라 생각된다. 위대한 창조자들의 주변에는 아이디어들이 풍요롭게 맴돌고 있음을 기억하면서.

東文選 文藝新書 258

역사철학

프랑수아 도스
최생열 옮김

　'역사란 무엇인가?' '역사는 무슨 의미를 지니며 어떤 용도가 있는가?' 최근의 역사 연구자들은 이런 유의 질문을 케케묵은 것으로, 혹은 너무 당연하여 더 이상 거론할 필요가 없는 것으로 여기는 경향이 있다. 이 책의 저자는 이 질문들에 대한 성찰이 절실하다고 여기며, 역사학이 현재 서 있는 지점과 앞으로 나아갈 방향을 진지하게 탐색해 나간다. 프랑스에서 아날학파와 구조주의 인류학·사회학 연구 성과의 지대한 영향을 받으며 학문적으로 성장하고 현재 활발한 저술 활동을 벌이고 있는 저자는, 그간 역사학이 처한 구조적인 침체로부터 벗어나 보다 획기적 전기를 맞이하기를 희구한다. 그는 역사적 이야기가 과학적이고 독자적이며 실용적 가치를 지닌 학문으로서의 특별한 이야기가 되게 하고, 역사 서술 방식의 다양성을 발굴해 내고자 한다. 그러기 위해 우선적으로 그간 역사학이 걸어온 자취를 역사철학적으로 성찰하고, 역사학자들이 활용한 개념들에 대해 다시 질문을 던질 것을 요구하며, 나아가 역사 활동 일반에 대한 반성적 고찰을 촉구한다. 저자는 이러한 성찰을 바탕으로 하여, 다양한 문화간에 접촉이 빈번히 이루어지고 개방적 대화가 필요한 현 시점에서 다원적이고 논쟁의 소지가 많은 역사학 본유의 특성이 대화 공간을 열어 주고 개방성을 지향하는 실용적 학문으로 자리매김할 수 있다고 전망한다.

《양 이야기》 ⓒ 2000 JUN MACHIDA

돋을새김

東文選 文藝新書 217

작은 사건들
— INCIDENTS

롤랑 바르트
김주경 옮김

이 책의 출간은 많은 스캔들을 불러일으켰는데, 바르트의 동성애가 처음으로 공공연하게 알려졌기 때문이다.

116쪽(원서)의 짧은 책은 4편의 텍스트로 구성되었으며, 그 중 2편은 미발표의 글로 1968년과 1969년에 씌어진 수필 모로코에서의 〈작은 사건들〉과 1979년 8월과 9월에 씌어진 일기 〈파리의 저녁 만남〉이 그것이다. 1980년 당시 사회당 당수였던 프랑수아 미테랑과의 회식에 참석한 후 걸어서 귀가하던 중 작은 트럭에 치여 병원으로 이송되었으나 한 달 만인 3월 26일 사망한 바르트는, 처음에는 심각하지 않은 것으로 알려졌지만 회복을 위해 별 노력을 기울이지 않았다 하여 한때 자살이라는 소문이 돌기도 하였다. 〈파리의 저녁 만남〉에 실린 1979년 9월 17일자 일기의 마지막 대목은 그래서 가슴에 남는다. "피아노를 연주한 다음, 일할 것이 있다는 말로 그를 돌려보냈다. 이젠 끝났음을 알기 때문이다. 그와의 관계만이 아니라 그 무엇인가도 함께 끝이 났다. 젊은이와의 사랑이 끝난 것이다."

바르트의 유작 관리 책임을 맡은 프랑수아 발은 "여기 있는 텍스트들을 한 책에 실을 수 있게 만든 연결점, 그것은 글쓰기를 통해 순간을 포착하려고 노력했다는 점이다"라고 〈편집인의 글〉을 시작하고 있다.

東文選 文藝新書 191

그라마톨로지에 대하여

자크 데리다

김웅권 옮김

"언어들은 말하기 위해 만들어지고, 문자 언어는 음성 언어에 대리 보충의 역할만을 한다……. 문자 언어는 음성 언어의 대리 표상에 불과하다. 사람들이 대상보다 이미지를 규정하는 데 더 많은 주의를 기울이는 것은 기이한 일이다." ― 루소

따라서 본서는 기이함을 드러낼 수밖에 없는 책이다. 그러나 그 이유는 문자 언어에 모든 주의를 기울임으로써, 이 책이 문자 언어로 하여금 근본적인 재평가를 받게 하기 때문이다. 그런 만큼 총칭적 '논리 자체'로 자처하는 것의 가능성을 사유하기 위해 그것(그러한 논리로 자처하는 것)을 넘어서는 일이 중요할 때, 열려진 길들은 필연적으로 상궤를 벗어난다. 이 논리는 다름 아닌 상식의 분명함에서, '표상'이나 '이미지'의 범주들에서, 안과 밖, 플러스와 마이너스, 본질과 외관, 최초의 것과 파생된 것의 대립에서 안정적 입장을 취하면서 음성 언어와 문자 언어의 관계를 규정하게 되어 있는 논리이다.

우리의 문화가 문자 기호에 부여한 의미들을 분석함으로써, 자크 데리다가 또한 입증하는 것은 그것들의 가장 현실적이면서도 때때로 가장 눈에 띄지 않은 파장들이다. 이런 작업은 개념들의 체계적인 '전치'를 통해서만 가능하다. 실제, 우리는 "문자란 무엇인가?"라는 질문에 야생적이고 즉각적이며 자연발생적인 어떤 경험에 '현상학적' 방식으로 호소함으로써 대답할 수는 없을 것이다. 문자(에크리튀르)에 대한 서구의 해석은 경험·실천·지식의 모든 영역들을 지배하고, 사람들이 그 지배력으로부터 해방시킬 수 있다고 생각하는 질문――"그것은 무엇인가?"――의 궁극적 형태까지 지배한다. 이러한 해석의 역사는 어떤 특정 편견, 위치가 탐지된 어떤 오류, 우발적인 어떤 한계의 역사가 아니다. 그것은 본서에서 '차연'이라는 이름으로 인지되는 운동 속에서 하나의 종결된 필연적 구조를 형성하고 있다.

東文選 文藝新書 185

푸코와 문학

시몬 듀링
오경심 · 홍유미 옮김

　프랑스 사학자이자 문학비평가 및 철학자인 미셸 푸코에 대한 글쓰기는 1970년대 후반부터 문학 연구 발달에 있어 상당한 중요성을 가진다.

　그는 어느 누구보다도 현재 국제 문학 연구를 지배하는 '새로운 역사주의'와 '문화적인 유물론'의 배후에 있는 인물이다.

　시몬 듀링은 푸코의 작품 전체에 대해, 특히 그의 문학 이론에 대해 상세한 소개를 제공한다.

　듀링은 사드와 아르토에서부터 1960년대 프랑스의 '새로운 소설가들(누보로망 작가들)'에 이르기까지 '위반하기 쉬운' 글쓰기에 대한 푸코 초기의 연구와, 사회 통제와 생산에 관한 특수하고 역사적인 메커니즘 내에서의 글쓰기 및 이론화, 저자/지식인의 계보학에 대한 푸코 후기의 관심사를 탐구하고 있다.

　《푸코와 문학》은 푸코와 동시에 그에 의해 영향을 받은 문학 연구에 대한 비평을 제안하고, 후기 푸코식 문학/문화 분석에 대한 새로운 방법론을 발전시키기 위해 계속 나아간다.

　이 책은 문학 이론, 문학 평론 및 문화 연구에 대해서 학자들과 대학생에게 흥미를 일으킬 것이 틀림없다.

東文選 文藝新書 153

시적 언어의 혁명

줄리아 크리스테바

김인환 옮김

　미셸 푸꼬는 《말과 사물》에서 19세기 이후 문학은 언어를 사기 존재 안에서 조명하기 시작하였고, 그런 맥락에서 횔덜린·말라르메·로트레아몽·아르토 등은 시를 자율적 존재로 확립하면서 일종의 '반담론'을 형성하였다고 지적한다. 그러한 작가들의 시적 언어는 통상적인 언어 표상이나 기호화의 기능을 초월하기 때문에 다각적이고 종합적인 연구를 필요로 한다. 본서는 바로 그러한 연구를 구체적으로 보여 주는 시도이다.

　20세기 후반의 인문과학 분야를 대표하는 저작 중의 하나로 꼽히는 《시적 언어의 혁명》은 크게 시적 언어에 대한 일반적인 특징을 종합한 제1부, 말라르메와 로트레아몽의 텍스트를 분석한 제2부, 그리고 그 두 시인의 작품을 국가·사회·가족과의 관계를 토대로 연구한 제3부로 구성된다. 이번에 번역 소개된 부분은 이론적인 연구가 망라된 제1부이다. 제1부 〈이론적 전제〉에서 저자는 형상학·해석학·정신분석학·인류학·언어학·기호학 등 현대의 주요 학문 분야의 성과를 수렴하면서 폭넓은 지식과 통찰력을 바탕으로 시적 언어의 특성을 다각적으로 조명 분석하고 있다.

　크리스테바는 텍스트의 언어를 쌩볼릭과 세미오틱 두 가지 층위로 구분하고, 쌩볼릭은 일상적인 구성 언어로, 세미오틱은 원초적이고 본능적인 언어라고 규정한다. 그리하여 시적 언어로 된 텍스트의 최종적인 의미는 그 두 가지 언어 층위의 상호 작용에 의해서 결정된다고 본다. 그리고 시적 언어는 표면적으로 보기에 사회적 격동과 관계가 별로 없어 보이지만, 실상은 사회와 시대 위에 군림하는 논리와 이데올로기를 파괴하는 힘이 있다는 것을 말라르메와 로트레아몽의 《말도로르의 노래》에 대한 연구를 통하여 증명한다.